Juni 03

In autobiographischer Form schildert der Autor seine Erlebnisse in den Jahren zwischen 1943 und 1945. Im besetzten Polen erlebt der junge Ignacy die Deportation seiner Mutter ins Vernichtungslager Treblinka. Er selbst wird bei der Auflösung des Ghettos ins Zwangsarbeiterlager Bliżyn verschleppt. Um der Vernichtung durch Arbeit zu entgehen, beschließen Ignacy und sein Freund Stanisław, von dort zu flüchten. Ende des Jahres 1943 entkommen sie aus dem Lager. Die beiden begeben sich auf eine abenteuerliche Odyssee durch das winterliche Polen. Schnell müssen sie erkennen, daß ihnen fast niemand freundlich gesonnen ist. Sie entkommen einigen lebensgefährlichen Situationen mit knapper Not und erreichen Warschau.
Aber auch das Leben im von den Nationalsozialisten terrorisierten Warschau wird überschattet durch ständige Kontrollen, Razzien und Verhaftungen. Sie können dank der Hilfe eines Freundes für kurze Zeit untertauchen. Ignacy unternimmt von dort aus einen Versuch, seinen Bruder und dessen Familie, die in Bliżyn verblieben waren, zu befreien – vergeblich. Die Freunde beschließen daraufhin, sich mit gefälschten Papieren um eine Arbeit in Riga zu bewerben. Stanisław fährt als erster. Im Februar des Jahres 1944 verläßt Ignacy Warschau in Richtung Riga.
Dort arbeiten Ignacy und Stanisław als Mechaniker in einem Werk, das Treibstofftanks für die deutsche Armee herstellt. Im Oktober des Jahres 1944 erleben sie die Befreiung. Erst fünf Monate später, im Februar 1945, kann Ignacy von dort aufbrechen, um in seine Heimat zurückzukehren. Durch die Wirren der Nachkriegszeit verzögert sich seine Reise jedoch immer wieder. In seiner Heimatstadt Tomaszów erfährt er schließlich vom Tod seiner Freundin, die er in Bliżyn zurücklassen mußte; Ignacy sucht seine Schwägerin in Deutschland und findet ihr Grab in Neustadt-Gleve, wo sie kurz nach ihrer Befreiung starb.

Ignatius Burnett (eigentlich Ignacy Bierzyński) wurde 1925 in Tomaszów/Polen geboren. Dort wuchs er auf und erlebte die Internierung seiner Familie im durch die deutschen Besatzer errichteten Ghetto von Tomaszów Mazowiecki. Bei Auflösung des Ghettos 1943 wurden er, sein Bruder und ein Teil von dessen Familie ins Zwangsarbeiterlager Bliżyn deportiert. Von dort gelang ihm die Flucht nach Warschau und im Jahre 1944 nach Riga. Nach Ende des Krieges emigrierte Burnett nach Sydney, wo er studierte und zuerst als Atomphysiker, nach einem weiteren Studium als Arzt arbeitete. Er lebt heute in Australien.

Lebensbilder

Jüdische Erinnerungen und Zeugnisse

Herausgegeben von
Wolfgang Benz

Ignatius Burnett

Mit achtzehn Jahren vogelfrei

Ignacy und Stanisław aus Polen 1943–1945

Aus dem Polnischen und Englischen übersetzt
und mit einem Vorwort versehen
von Beate Kosmala

Fischer Taschenbuch Verlag

Die Zeit des Nationalsozialismus
Eine Buchreihe
Herausgegeben von Walter H. Pehle

Deutsche Erstausgabe
Veröffentlicht im Fischer Taschenbuch Verlag GmbH,
Frankfurt am Main, November 1996

Titel der englischen Originalausgabe:
›In Footsteps of Memory‹

Gesamtherstellung: Clausen & Bosse, Leck
Printed in Germany
ISBN 3-596-13428-5

Gedruckt auf chlor- und säurefreiem Papier

Inhalt

Vorwort

Ignatius Burnett erlebte als Vierzehnjähriger, wie seine Heimatstadt Tomaszów Mazowiecki in Polen wenige Tage nach Beginn des Zweiten Weltkriegs im September 1939 von der deutschen Wehrmacht besetzt wurde. Damals trug er noch den Familiennamen seiner Eltern, Bierzyński, die in Tomaszów ein Pelzgeschäft führten. Sein älterer Bruder Henryk, der ein Jahr zuvor in Montpellier sein Medizinstudium begonnen hatte, verbrachte gerade die ersten Semesterferien zu Hause.

Tomaszów war eine der Textilstädte der Lodzer Industrieregion und Heimatstadt verschiedener nationaler bzw. religiöser Bevölkerungsgruppen. Einst hatte die Stadtgeschichte hoffnungsvoll begonnen. Graf Antoni Ostrowski, Reformer und Industriepionier in Polen, hatte in den zwanziger Jahren des 19. Jahrhunderts deutsche Tuchmacher und Weber und jüdische Kaufleute, Weber und Tagelöhner eingeladen, sich zu gleichen Bedingungen auf dem Gebiet der späteren Stadt anzusiedeln, um die Textilindustrie aufzubauen und mit den polnischen Einwohnern gemeinsam »im polnischen Haus« zu leben. Vor dem Zweiten Weltkrieg waren von den etwa 43 000 Einwohnern knapp 30 Prozent Juden und fast zehn Prozent evangelische Deutsche. Das Leben im Tomaszów der zwanziger und dreißiger Jahre war von ökonomischen Krisen, hoher Arbeitslosigkeit und sozialen und politischen Spannungen geprägt, da sich die Textilindustrie, die überwiegend in jüdischen und deutschen Händen lag, wegen des Verlusts des riesigen russischen Marktes nicht wieder zu ihrer früheren Bedeutung hatte entwickeln können. Dennoch verlief das Zusammenleben von Polen, Juden und Deutschen in dieser Stadt bis Mitte der dreißiger Jahre ohne offene Feindseligkeiten. Der jüdische Dichter Zusman Segalowicz, der sich 1936 in Tomaszów aufhielt, formuliert seinen Eindruck: »Wirklich eine originelle Stadt, wo die Fabrikschornsteine von grünen Bäumen umgeben sind«, und er fügt hinzu, daß ihm auch die Beziehungen der drei Teile der Bevölkerung menschlicher und freundlicher erschienen als in anderen Städten. Ignatius Burnett, dessen Familie es zu gewissem Wohlstand gebracht hatte und zum Kreis der eher assimilierten Juden gehörte – man sprach zu Hause polnisch, nicht jiddisch – war Schüler des 1903 entstandenen »Philologischen Gymnasiums«. Dort wurde Ignacy, wie der polnische Vorname des Autors lautet, zusammen mit deutschen, jüdischen und polnischen Mädchen und Jungen, meist Kindern aus den wohlhabenderen Kreisen der Stadt, unterrichtet.

Die eigentliche Geschichte, die von Widerstand, Flucht und dem Überlebenskampf der Freunde Ignacy und Stanisław handelt, beginnt im Mai 1943. Schon in den Jahren davor hatte sich das Leben dieser jungen Leute drastisch verändert. Mit der deutschen Besetzung von Tomaszów wurde Schritt für Schritt alles zerstört, was ihr Leben bisher geprägt hatte. Ignacy, ein lernbegieriger und guter Schüler, mußte, wie alle polnischen und jüdischen Gymnasiasten, im Dezember 1939 sein Lyzeum verlassen, das ab sofort eine deutsche Oberschule wurde.
Im Frühjahr 1941 zwangen die deutschen Besatzer alle Juden von Tomaszów, in einen »jüdischen Wohnbezirk« zu ziehen. Auch Familie Bierzyński mußte Geschäft und Wohnung im eigenen Haus verlassen und in der qualvollen Enge des Tomaszówer Ghettos leben. Neben den etwa 13000 einheimischen Juden befanden sich dort jüdische Flüchtlinge aus Lodz, die bereits Ende des Jahres 1939 aus dem von Deutschland annektierten Warthegau in das 60 Kilometer entfernte Tomaszów geflohen waren, das im Generalgouvernement lag. Zu ihnen gehörte Ignacys Jugendliebe Stella Robinson, genannt Tetka, die mit Mutter und Bruder in Tomaszów lebte; ihr Vater, Berufsoffizier der polnischen Armee, war nach der Kapitulation von Warschau nicht mehr zurückgekehrt. Vor dem Zwangsumzug in das Ghetto konnten sich Tetka und Ignacy fast noch wie normal aufwachsende Jugendliche kennenlernen. Sie gehörten zu einer Gruppe von Gleichaltrigen, die auf dem Hinterhof zusammen Ball spielten, Gespräche über die Existenz Gottes führten und sich gemeinsam auf den Unterricht vorbereiteten, der ihnen heimlich in Privatwohnungen erteilt wurde.

Im Dezember 1941 riegelten die deutschen Besatzer das Ghetto endgültig ab; auf Verlassen des jüdischen Wohnbezirks stand fortan die Todesstrafe. Immer mehr Juden aus umliegenden Orten oder auch

weiter entfernten Städten wurden in das Tomaszówer Ghetto verbracht. Unter den besonders grausamen Bedingungen des Winters 1941/42 – extreme Kälte, Mangel an Brennmaterial und katastrophale hygienische Verhältnisse – grassierten Typhus-Epidemien, denen viele Ghetto-Bewohner zum Opfer fielen, da die Deutschen keine Medikamente zur Verfügung stellten. Auch Ignacys Vater erkrankte an Typhus und starb im Februar 1942 im Ghettospital.
Ignacy wurde in dieser Zeit oft mit dem Tod konfrontiert. Zu einem alltäglichen Anblick auf den Straßen um das Ghetto wurden die Leichen von Kindern, die von verzweifelten Eltern auf die »arische« Seite geschickt worden waren, um Lebensmittel zu kaufen, tauschen oder zu erbetteln. Es gab deutsche Polizisten, die es darauf anlegten, diese Kinder zu erschießen, unter ihnen einige Volksdeutsche aus Tomaszów und Umgebung, die auch an Erschießungskommandos im Ghetto teilnahmen. Im Mai 1942 erlebte Ignacy, inzwischen siebzehn Jahre alt, eine der nächtlichen »Aktionen«. Dr. Hirschsprung, ein guter Freund seines Vaters und stadtbekannter Rechtsanwalt, wurde vor den Augen seiner jungen Söhne Jerzy und Fred von einem Volksdeutschen erschossen, der für die Gestapo arbeitete. Wenige Tage später lagen auch die beiden Hirschsprung-Söhne ermordet auf der Straße.
Es waren diese Verbrechen, die Ignatius Burnett, seinen Bruder Henry Bernard und Stanley Grosman Jahrzehnte später von Sydney nach Darmstadt führten, wo sie, wie viele andere der jüdischen Überlebenden aus Tomaszów, inzwischen in alle Welt zerstreut, als Zeugen in einem Prozeß gegen diesen Mörder aussagten, der sich nach dem Krieg in der Bundesrepublik Deutschland niedergelassen hatte. In einem langwierigen und mühseligen Procedere versuchte das Gericht, die damaligen Ereignisse im Tomaszówer Ghetto zu rekonstruieren.

Im Sommer 1942 waren etwa 2000 jüdische Handwerker aus dem Ghetto in Schneider-, Schuster- oder Holz-Werkstätten in den »arischen« Stadtvierteln beschäftigt und verrichteten vorwiegend für die deutsche Zivilbevölkerung Zwangsarbeit. Außerdem wurden täglich etwa 1800 Personen aus dem Ghetto auf die »arische« Seite geführt, wo sie in der Tischlerei der Organisation Todt (OT), im Verpflegungslager, in Textilfabriken und für verschiedene Wehrmacht-Stellen eingesetzt waren. Ignacy fand Arbeit in der Tischlerei. Dort lernte er einen jungen Mann aus Lodz kennen, der zu seiner Tante nach Tomaszów geflüchtet war. Es war Zenon Neumark, genannt Zenek. Seine Eltern und die Schwester waren in Lodz, das die Deutschen inzwischen »Litzmannstadt« nannten, geblieben und befanden sich dort im Ghetto. Zenek und Ignacy wurden enge Freunde; in der Tischlerei schmiedeten sie die ersten Fluchtpläne. Ignatius Burnett hat nach wie vor Kontakt zu Zenon Neumark, der heute ein Los Angeles lebt.

Der 30. Oktober und 2. November 1942 waren die Tage der großen »Aussiedlung«, als die 15000 Juden des Tomaszówer Ghettos durch die Straßen der Stadt zum Bahnhof getrieben und in die Gaskammern des Vernichtungslagers Treblinka deportiert wurden. Bereits Tage zuvor waren in den Straßen der Stadt, außerhalb des Ghettos, die Vorbereitungen zu bemerken. Auffallend viele polnische Polizisten in blauer Uniform, schwarz uniformierte Ukrainer, die man nie zuvor in Tomaszów gesehen hatte, deutsche Soldaten, deutsche Gendarmerie in grüner Uniform und Schutzpolizei sorgten für Gerüchte, daß Teile der Ghetto-Bewohner »in Arbeitslager im Osten« umgesiedelt werden sollten. Unmittelbar vor den beiden Deportationstagen durften die jüdischen Arbeiter der Tischlerei die Fabrik nicht mehr verlassen und mußten die Nacht auf dem Fußboden schlafen. Als Ignacy am Morgen, durch Schüsse und Schreie geweckt, auf den Hof vor dem Fabrikgebäude blickte, bemerkte er seine Mutter, Teodora Bierzyńska, die neben Frau Robinson, Tetkas Mutter, abmarschbereit in einer Kolonne stand. Dies war das letzte Mal, daß er sie sah.

Etwa 900 Bewohner des Ghettos im Alter von etwa 17 bis 50 Jahren, die in den verschiedenen Werkstätten und Fabriken arbeiteten, blieben zurück, unter ihnen Ignacy und Henryk, außerdem Zenek Neumark und Stanisław Grosman. Zusammen mit Gruppen von Juden aus dem Landkreis war das »Kleine Ghetto« nach den Deportationen mit etwa 1200 Menschen belegt. Tod und Terror nahmen kein Ende. Am 6. Januar 1943 wurde die »Palästina-Aktion« zur tödlichen Falle: Alle, die Verwandte in Palästina hatten, sollten sich registrieren lassen, um angeblich gegen deutsche Geiseln in Händen der Alliierten ausgetauscht zu werden. Im Verlauf dieser »Aktion« wurden weitere

Hunderte Personen deportiert, so daß sich die Zahl der Insassen des Restghettos in Tomaszów auf 850 Personen reduzierte. Am 21. April 1943, einen Monat vor der endgültigen Liquidierung, folgte die »Purim«-Aktion, im Verlauf derer Ärzte und Rechtsanwälte, die sich noch im Lager befanden, auf den jüdischen Friedhof gefahren und von Mitgliedern der örtlichen Gendarmerie ermordet wurden.

Dies sind die Erfahrungen des achtzehnjährigen Ignacy, als er im Mai 1943, nach der Auflösung des kleinen Ghettos, zusammen mit seinem Bruder, seinen Freunden und fast allen anderen Gefangenen mit unbekanntem Ziel deportiert wurde – in das Arbeitslager Bliżyn bei Radom.

Am 10. Februar 1944, kurz nachdem Ignacy nach gelungener Flucht noch einmal von Warschau nach Bliżyn zurückgekehrt war und vergeblich versuchte, seine Freundin Tetka, seinen Bruder und dessen Freundin zu befreien, wurde dieses Arbeitslager in ein Konzentrationslager umgewandelt und von einer SS-Mannschaft aus dem KZ Majdanek bei Lublin übernommen. Ab diesem Zeitpunkt wurde das blutige Lagerregiment gemildert, die Verpflegung etwas verbessert, Selektionen fanden seltener statt, da die jüdischen Arbeitskräfte in dieser Etappe des Krieges verstärkt ausgebeutet werden sollten. In der zweiten Julihälfte 1944, als sich die Ostfront näherte, wurde die Liquidierung des Arbeitslagers Bliżyn angeordnet. Etwa 4000 jüdische Häftlinge wurden nach Auschwitz deportiert. Dieses Schicksal erlitten mit vielen anderen Ignacys Bruder Henryk, dessen Freundin Halinka und Stanisławs Freundin Hela.

Seinen um ein Jahr älteren Fluchtgenossen lernte Ignacy erst im Arbeitslager Bliżyn kennen. Stanisław Grosman kommt aus einer frommen jüdischen Familie aus Tomaszów, die dort vor dem Kriege einen kleinen Laden besaß. Er war stärker als Ignacy mit dem Judentum verbunden, sprach jiddisch und war als Junge in einer jüdischen Pfadfindergruppe der Betar-Jugend. Beide Eltern und drei Schwestern wurden in Treblinka ermordet, und auch der einzige Bruder und die vierte Schwester kamen in den ersten Kriegsjahren um, so daß Stanisław mit achtzehn Jahren völlig allein zurückblieb. Im Ghetto arbeitete er im Schneider-Shop, wo er das Mädchen Hela kennenlernte, seine spätere Frau, die er 1945 in Bergen-Belsen wiederfand. Trotz ge-

lungener Existenzgründung nach dem Krieg in Berlin-Tempelhof – er produzierte Füllfederhalter – entschlossen sich Stanisław und Hela, Deutschland wieder zu verlassen und in Australien eine neue Heimat zu suchen. Seit 1949 leben die beiden in Sydney. Stanley Grosman, wie er sich in Australien nannte, wurde ein erfolgreicher Geschäftsmann in der Textilbranche und ist Mitbesitzer einer großen Ladenkette für Bekleidung in Australien. Wenn Hela Grosman darüber spricht, was sie in Auschwitz-Birkenau erlebt und wie Stanley sie nach Kriegsende in Bergen-Belsen gesucht und gefunden hat, nimmt er bewegt ihre Hand. Das Ehepaar Grosman war am Aufbau des jüdischen Museums in Sydney beteiligt und ist dort immer noch engagiert. Hela macht regelmäßig Führungen und spricht über ihre Erlebnisse in Auschwitz.
Bis zum heutigen Tag ist Stanley Grosman mit seinem Fluchtgenossen Ignacy befreundet, der seinen Namen in den fünfziger Jahren in Australien aus beruflichen Gründen in Ignatius Burnett geändert hat. Nach einer Karriere als Ingenieur in der Atomphysik absolvierte er in fortgeschrittenem Alter ein Medizinstudium und arbeitete viele Jahre als Arzt und Menschenfreund in einem sozialen Brennpunkt von Sydney.

Was hat Ignacy und Stanisław befähigt, unter Lebensgefahr die Flucht aus dem Arbeitslager Bliżyn zu wagen und mit gefälschten Papieren als junge polnische Arbeitskräfte mitten aus den Gefahren des okkupierten Warschau scheinlegal nach Riga zu gelangen? Was war neben ihrem Mut und dem unbändigen Überlebenswillen noch ausschlaggebend für diesen Schritt? Mit Sicherheit spielten außer der erforderlichen physischen und psychischen Stärke auch ihr Aussehen eine Rolle, das nicht für typisch jüdisch gehalten wurde. Ignacy konnte durch seine polnische Erziehung und sein völlig akzentfreies Polnisch die jüdische Herkunft verbergen. Mit Sicherheit war auch die Tatsache, daß sie völlig allein und ungebunden waren, ausschlaggebend dafür, daß sie auf eigene Rechnung und völlig ichbezogen vorgehen konnten. Wichtig waren ihre Fähigkeit, rational zu planen und zu handeln, ihre hohe Risikobereitschaft und völlige Disziplin. Eine notwendige Voraussetzung waren die Kontakte zur Außenwelt; ohne eine Adresse, eine Anlaufstelle wäre es zwei abgerissenen jüdischen Ankömmlingen aus der Provinz, gerade aus einem Arbeitslager entlaufen, kaum möglich gewesen, sich in Warschau zu bewegen. Ohne ein konkretes Ziel draußen wäre eine Flucht so gut wie aussichtslos gewesen, und ohne die selbstlose Hilfe des polnischen Bauern Wrona aus Szydłowiec, der sich selbst in Lebensgefahr brachte, hätten sie kaum eine Chance gehabt, ihr Ziel zu erreichen. Und schließlich haben sie auch einfach Glück gehabt, zum Beispiel, als ihnen in Warschau eine eingehende medizinische Untersuchung vor der Abreise zur Arbeit auf der Baustelle in Riga erspart blieb.

Als Ignacy im Februar 1944 in der Stadt Riga eintraf, die am 1. Juli 1941 von der deutschen Wehrmacht besetzt worden war, konnte er nicht wissen, daß bereits der größte Teil der jüdischen Bevölkerung der lettischen Hauptstadt ermordet war. Das psychische Überleben in Riga war für Ignacy nur möglich, indem er versuchte, das Wissen um die Dimension der Vernichtung zu verdrängen, wie das Tagebuch deutlich zeigt, wo er fast pedantisch scheinbar nichtige Alltagsdinge in ihren ständigen Wiederholungen festhält, was zuweilen die Geduld des Lesers auf die Probe stellt. Verdrängungen, aber auch Schuldgefühle werden deutlich, wenn Ignacy und Stanisław mit dem jüdischen Schicksal, dem sie gerade entronnen sind, auf ihrem Arbeitsplatz, der Baustelle der deutschen Firma Schmitt & Junk, konfrontiert werden, wo jüdische Häftlinge aus dem Konzentrationslager Kaiserwald zur Arbeit eingesetzt sind, was sie aus ihrer quasi privilegierten Situation beobachten. Die Möglichkeiten für die beiden jungen Männer, irgendwelche Hilfe zu leisten, waren äußerst begrenzt, da sie auch auf der Baustelle in Riga in der Angst lebten, als Juden erkannt zu werden, wenn diese Gefahr dort auch sehr viel geringer war als in Warschau. Verdrängung und Ichbezogenheit wurden zur Überlebensstrategie.
Immer wieder beschreibt Ignacy in seinem Tagebuch die Qualen der Ungewißheit über das Schicksal der im Arbeitslager Zurückgebliebenen, – daß seine Mutter nicht mehr am Leben war, ahnte er, wußte es aber nicht –, und wenn er sich zu stark abgelenkt und zu wenig an seine Freundin Tetka und den Bruder gedacht hatte, peinigten ihn Schuldgefühle. Für den Leser ist es zuweilen schwierig, daß manches im Dunkeln bleibt, z. B. was Nachrichten »von zu Hause« betrifft, die Ignacy in Riga erreichen. Gemeint sind die Nachrichten über die Angehörigen im Konzentrationslager, die er aus Angst vor Entdek-

kung nicht festhält. Viele Gedanken und Fakten sind nur verschlüsselt formuliert, vor allem wenn es um Juden geht, die ebenfalls mit gefälschten Papieren untergetaucht waren. In diesen Fällen sind die Personen in den Tagebuchnotizen mit dem Adjektiv »sympathisch« gekennzeichnet.

Trotz aller Existenzprobleme und seelischen Belastungen suchen und erleben diese beiden jungen Leute im besetzten Riga auch eine Art Normalität. Sie flirten mit Mädchen, gehen ins Kino, freunden sich mit Gleichaltrigen an, machen Geschäfte. Ignacy kämpft um seine Anerkennung auf der Baustelle als fachlich ausgewiesene Kraft, zuweilen macht ihm die Arbeit auf seinem Traktor richtig Spaß. Doch immer wieder taucht die Frage bei ihm auf, wie sich einzelne Personen, deren Sympathie oder Wertschätzung er erlangt hat, verhalten würden, wenn sie wüßten, daß er Jude ist. Er erlebt die schizophrene Situation, daß er, solange er vorgibt, ein junger Pole zu sein, Beliebtheit und Akzeptanz erreichen kann, während ihm in seiner Eigenschaft als junger Mann jüdischer Herkunft das Lebensrecht abgesprochen werden würde. Bei Ignacy kommt die enorme Bemühung hinzu, sich ständig selbst zu disziplinieren, zu lernen und zu studieren, was für sein Selbstwertgefühl von großer Bedeutung ist und ihm offenbar hilft, die seelische Belastung und Gefühle von Einsamkeit und Verlassenheit auszuhalten. Der zähe Kampf um Ausbildung, Studium und intellektuelle Entwicklung, die er sich abverlangt, werden zu seinem Lebensmuster; es ist immer auch ein Kampf um Anerkennung durch andere und um die Selbstachtung eines Menschen, der als Heranwachsender erfahren mußte, daß sein elementares Recht zu leben ständig bedroht wurde.
Viele Überlebensgeschichten des Holocaust enden mit der Befreiung. Ignatius Burnett beschreibt, wie er sich nach Kriegsende aus dem inzwischen sowjetisch besetzten Riga bis in seine Heimatstadt Tomaszów durchkämpft und damit ein Versprechen einlöst, das er sich an dem Tag, als er in der Häftlingskolonne vom kleinen Ghetto zum Bahnhof marschieren mußte, selbst gegeben hat: um jeden Preis noch einmal hierher zurückzukehren. Nach und nach muß er sich mit der Gewißheit konfrontieren, daß Menschen, die ihm nahestanden, unwiederbringlich verloren sind. Er kehrt nach Bliżyn zurück und steht am Grab von Tetka, seiner großen Liebe, und auch auf der Suche nach

Halinka in Neustadt-Glewe findet er nur noch ein Grab vor. Von neuem nimmt er den Kampf auf, einen Platz im Leben zu finden: Zuerst in Mailand, schließlich in Sydney.

Ignatius Burnett hat seinem Buch, das 1993 in Australien in englischer Sprache erschien, sein Tagebuch zugrundegelegt, das er in der Zeit von Januar 1944 bis Juli 1945, als er unter falschem Namen in Warschau und Riga lebte, in polnischer Sprache geführt hatte. Zum Verständnis des Lesers fügt er Kommentare und Erklärungen hinzu. In der polnischen Ausgabe von 1995 ist der ursprüngliche Tagebuch-Text, der lebendiger wirkt als die Übersetzung ins Englische, mit geringfügiger Bearbeitung wörtlich übernommen worden. Die Übertragung ins Deutsche beruht daher auf der polnischen Fassung unter Berücksichtigung der englischen Ausgabe.

Beate Kosmala

Der Autor und sein Freund

Diese Erinnerungen sollen kein literarisches Meisterwerk sein. Ich habe niemals zuvor ein Buch geschrieben und nie die Kunst des Schreibens erlernt. Während der dunklen Tage des Krieges, als wir, weit entfernt von unserem Elternhaus, in einem fremden Land von unserer Vergangenheit abgeschnitten waren und so leben mußten, als wären wir andere, fühlte ich den Drang, die Erinnerungen an die täglichen Geschehnisse und die mich bewegenden Gedanken in einfacher Form aufzuschreiben. Es ist die absolut wahre Geschichte von Stanisław und mir. Sie stammt aus einer Zeit, als menschliches Leben nicht viel wert war. Diese Geschichte umfaßt unsere Erlebnisse seit dem Zeitpunkt der Flucht aus dem Arbeitslager Bliżyn in Polen bis zur Rückkehr in unsere Heimatstadt Tomaszów Mazowiecki, d. h. vom 13. Dezember 1943 bis zum 13. März 1945.

Die Grundlage des Berichtes bildet mein Tagebuch, weshalb der Text manchmal monoton erscheinen mag und Wiederholungen enthält. Als ich das Tagebuch schrieb, konnte ich darin z. B. nicht angeben, daß wir gefälschte Dokumente hatten und daß wir Juden waren, die sich unter fiktiven Namen versteckten. Deshalb habe ich hie und da Anmerkungen eingefügt, die die Hintergründe erklären sollen. Die vorliegende Schilderung schrieb ich erst fünfzig Jahre später. Zuerst ist es mir schwergefallen, doch dann ging es viel leichter, als ich anfangs dachte. Ich möchte noch einmal betonen, daß ich diesem Buch keinerlei literarischen Wert beimesse. Der größte Teil des Textes besteht aus dem Tagebuch eines Jungen im Gymnasialalter, der die Ereignisse lakonisch notiert und mit einfachen Worten kommentiert hat. Auf gewisse Art können wir hier einen Bezug zum berühmten »Tagebuch der Anne Frank« finden, da es sich ebenfalls um ein Tagebuch aus dieser Zeit handelt, geschrieben von einem ebenso ungeübten und einfachen Erzähler.

Ignatius Burnett

Von Tomaszów in das Arbeitslager Bliżyn

Übermorgen würden sie uns wegfahren. Wohin? Das wußte nicht einmal der liebe Gott. Er war zu beschäftigt, einige Probleme zu lösen, die das Elend des Krieges mit sich gebracht hatte, der nun schon das vierte Jahr andauerte. Es war der späte Abend des 28. Mai 1943. Welcher Wochentag? Ich kann mich nicht mehr erinnern. Es tat auch nichts zur Sache. Alle Tage waren gleich bis auf den Sonntag, denn »am Sonntag wird nicht gearbeitet« – einige gaben nur vor zu arbeiten, blufften, wann und wo immer es möglich war. Zenek und ich konnten bluffen, weil wir als Elektriker in der Schreinerei beschäftigt waren, in der Tischlerei der Organisation Todt, die zur siegreichen deutschen Armee gehörte, welche nun den größten Teil Europas beherrschte.

Die Zeit verging. Vielleicht war es Montag? Oder Dienstag? War das wichtig? Ich lag auf einer Matratze in meinem Hemd und den alten grauen, geflickten Unterhosen, die später so wichtig werden sollten. Es war ein Eisenbett, ohne Bettbezüge. Wozu auch? Bis die Matratze dreckig sein würde, wäre ich nicht mehr da. Oder ich hätte aus einer der leeren Wohnungen, die wir für die Deutschen im großen Ghetto nach der Deportation der Juden »reinigten«, eine andere holen können. Der Raum hatte an den gegenüberliegenden Wänden zwei Türen, eine führte zu einer breiten, ungefähr fünf Meter langen gepflasterten Passage, durch die man auf die Straße kam, die andere führte zu einem anderen Zimmer. Die Einfahrt erinnerte mich an die guten alten Tage, als noch Pferdekutschen in den Hof des Gebäudes hineinfuhren. Das zweite Zimmer belegten Halina Rozaner, Marys Robinson und seine Schwester Stella, genannt Tetka, die meine platonische erste Liebe war. Sie hatten drei Betten und einen Tisch. Eine Deckenlampe und ein kleiner Tisch zwischen zwei Betten vervollständigten die Einrichtung. Neben meinem Bett stand ein Karton für meine »Schätze«, Kleidung und andere Habseligkeiten. Es war ein dunkler Raum mit einer hohen Decke, und Tageslicht drang nur durch ein kleines Fenster zur Straße über meinem Bett herein. Die Wände wa-

ren fast schwarz. Diejenigen, die hier viele Jahre gelebt hatten, hatten sich offenbar nur Tünche leisten können, Farbe war wohl zu teuer für sie gewesen. Durch das kleine Fenster sickerte etwas Licht und warf den Schatten des Fensterkreuzes an die Wand vor mir. Es herrschte völlige Stille. Niemand schnarchte. Ich wußte, daß wir übermorgen nicht mehr hier sein würden. Zenek hatte von Herrn Triebe, dem Direktor der Tischlerei, erfahren, daß morgen der letzte Arbeitstag wäre und daß man uns woanders hinschicken würde. Aber er wußte nicht, wohin. Was erwartet uns? In Gedanken spielte ich alle Möglichkeiten durch. Meine gefälschten Dokumente bestanden aus einer Kennkarte, die von der Untergrundarmee zur Befreiung Polens mit der Hilfe von Herrn Wojciechowski, einem Schneider, der in der Antoniego-Straße Nr. 8 im Erdgeschoß über dem Hausmeister wohnte, hergestellt worden war. Die Blanko-Formulare waren im Rathaus gestohlen worden, und mein Foto ersetzte das Original. Der Stempel war perfekt. Das zweite Dokument war ein vollständig gefälschtes Beschäftigungszertifikat, das Marys einige Monate zuvor unter lautem Gesang, um das Geräusch des Tippens zu übertönen, auf einer der Schreibmaschinen hergestellt hatte. Den Stempel hatten Zenek und ich am 7. Februar 1943 in der Tischlerei, in der wir arbeiteten, gestohlen. (Einige Einzelheiten werden später beschrieben.) Tetka besaß genau die gleichen Dokumente. Auch mein Bruder Heniek und seine Freundin Halina waren mit ähnlichen Papieren versehen. Dies war der erste Schritt.
Das war ungefähr zu Ostern 1943. Die Papiere hatten wir mit unseren Ersparnissen bezahlen müssen. Wir erhielten sie von außerhalb der Mauer, von der anderen Seite des Stacheldrahts, wo die »freien« Polen lebten. Damit mußten wir nun nur noch durch den Stacheldraht, der das kleine Ghetto umgab, flüchten, um wieder in Freiheit zu sein. Vielleicht – aber es blieb uns nur noch ein Tag. Wir hätten am 29. Mai die Flucht versuchen sollen. Aber an diesem Tag gingen wir noch zur Arbeit, und Tetka würde im Lager zurückbleiben. Wie könnte ich sie in die Fabrik einschleusen? Irgendwie würde ich es schon deichseln. Angenommen, sie wäre da, was dann? Wir würden die Fabrik verlassen. Wenn Herr Zasepa erschiene, um uns in den Wald zu den Partisanen zu geleiten, wäre alles gut. Aber wenn er nicht kommen würde? Dann würden wir ohne ihn gehen, dachte ich. Aber wohin? Wohin? Immer dieselbe Frage wälzte ich im Kopf, ohne eine Antwort zu fin-

den. Der Schatten des Fensterkreuzes wanderte weiter, und die Zeit verfloß. Es gab keinen anderen Ausweg – Herr Zasepa mußte kommen, er durfte mich nicht im Stich lassen. Er hatte es versprochen. Er hatte gesagt, daß er mich in den Wald führen würde. »Falls er doch nicht erscheint«, dachte ich, »sollten wir dann vielleicht zu seiner Wohnung gehen? Nein. Wenn er nicht kommt, bedeutet dies, daß er nicht kommen will.« Er wohnte in der Warschauer Straße 212. Ich öffnete die Augen. Marys stand bereits angekleidet neben meinem Bett. »Steh auf, es ist sechs Uhr.« Es war der 29. Mai 1943. Ich zog mich eilig an und packte meine Habseligkeiten zu einem kleinen Bündel. Ich würde wohl in dieser Nacht und auch in den folgenden Nächten nicht mehr hierher zurückkehren. So verabschiedete ich mich von meinem Zimmer – für immer, wie ich dachte.

Aber ich hatte mich geirrt. Herr Zasepa kam nicht. Und ich kehrte an diesem Abend mit Tetka zurück. Es war ein seltsamer Tag. Wie gewöhnlich stellten wir uns in einer Kolonne und in Viererreihen nebeneinander auf und gingen zur Arbeit in die Tischlerei. Zenek und ich befanden uns in der Mitte der Kolonne. Um 6.30 Uhr marschierten wir durch das Lagertor in die »freie Welt« hinaus. Von dieser Welt trennte uns ein zwei Meter hoher Stacheldrahtzaun. Die Wieczność-Straße und die Krzyżowa-Straße waren die beiden Hauptwege, die zur Fabrik führten. Diese umgab ebenfalls ein fast zwei Meter hoher Bretterzaun, der noch um einen halben Meter Stacheldraht erhöht war. Den größten Teil des Geländes nahm ein Holzlager ein, wo verschiedene Bretter, Planken und anderes gesägtes Holz ordentlich in langen Reihen gestapelt waren. In der Nähe des Tores zur Wieczność-Straße stand ein kleines Haus, in dessen zwei Räumen sich die Elektrikerwerkstatt befand. Hier gaben Zenek und ich vor zu arbeiten, und hier planten wir unsere Flucht sowie unseren Stempeldiebstahl vom 7. Februar, mit dem wir die falschen Dokumente herstellten. Jedes Stück Papier mit unserem amtlichen Stempel war wichtig. Hier taten wir so, als montierten wir elektrische Anlagen. Wann immer wir Schritte in der Nähe hörten, nahmen wir die Lötkolben zur Hand und gaben vor, eifrig zu arbeiten.

An diesem letzten Tag war Zenek zur Flucht bereit. Sein Plan bestand darin, zu Freunden seiner Tante, Volksdeutschen, zu flüchten, um sich bei ihnen einige Tage zu verstecken. Von dort wollte er sich irgendwie nach Warschau durchschlagen. Sein Plan war jedoch voller

Unwägbarkeiten und deshalb höchst unsicher. Vor allem wußte er nicht, wie man ihn bei den Volksdeutschen aufnehmen würde und ob die Freunde der Tante tatsächlich bereit wären, einen Juden zu verstecken. Zenek kannte sie nicht persönlich, sondern nur vom Hörensagen.
Etwa um zehn Uhr ging ich zur deutschen Wache. Zenek begleitete mich, und in seinem guten Deutsch erklärte er, daß ich noch jemanden zur Arbeit bringen wollte: »Er gibt Ihnen hundert Mark.« Der Deutsche, ein einfacher älterer Mensch, war einverstanden. Mit ihm zusammen begaben wir uns zum kleinen Ghetto. Weder der jüdische Polizist, genannt Kapo, der den Lagereingang bewachte, noch der deutsche diensthabende Polizist stellten Fragen, da ich mich in der Begleitung des deutschen Soldaten befand, der am Tor wartete. Ich ging zur Werkstatt, in der Roma und Tetka arbeiteten. Mit knappen Worten erklärte ich ihnen die Situation und sagte zu Tetka: »Komm mit und sag nichts! Geh immer weiter!« Wir kamen zum Tor und meldeten dem wachhabenden Deutschen, daß wir zur Arbeit gingen und die Wache bereits draußen warten würde. Tatsächlich stand »mein Deutscher« direkt vor dem Eingang. Die Wache öffnete das Tor, und zu dritt marschierten wir vom Lager zur Fabrik zurück. Mein Herz klopfte wie ein Dampfhammer, denn Zenek war noch immer da. Nun hatte sich das Problem verdoppelt. Was, wenn Herr Zasepa nicht käme? In der Fabrik versteckten wir uns hinter einigen Holzstapeln, warteten und beobachteten das Tor. Es wurde Nachmittag und niemand kam. Um zwei Uhr sagte Zenek zu mir: »Ich gehe jetzt. Viel Erfolg.« Er schüttelte mir die Hand, küßte Tetka und verschwand zwischen den Holzstapeln, um das Fabrikgelände durch ein Loch im Zaun zu verlassen.
Ich blieb mit Tetka zurück. Gehen oder warten? Die Zeit verfloß. Es blieb uns nur noch eine halbe Stunde und kein Herr Zasepa in Sicht. Die Minuten schlichen dahin, bis wir uns schließlich entschieden, ins Lager zurückzukehren. Ich bat Icek, den Gruppenführer, um Hilfe. Er erwiderte: »Du hast mich nicht danach gefragt, bevor du sie hergebracht hast. Warum fragst du jetzt, wie du sie zurückbringen sollst? Es geht um deinen Kopf, dein Risiko, mach, was du willst!« Er hatte recht. Ich hatte nicht damit gerechnet, daß wir zurückkehren würden. Jetzt mußte ich mir schnell etwas ausdenken. Tetkas Haar steckte ich unter die Mütze, warf ihr die Tasche über die Schulter, und so nahm

sie Zeneks Platz in der Kolonne neben mir ein. Niemand wurde vermißt, denn die Kopfzahl war korrekt. Wir verließen zum letzten Mal die Fabrik, und um sechs Uhr abends befanden wir uns wieder im verschlossenen Lager.

Dort redeten alle über den morgigen Tag. Das ganze Lager war am Überkochen. Aber die Ungewißheit über das, was uns am nächsten Morgen bevorstehen würde, überschattete alles andere. Ich sprach mit Halina und Marys in unserem Zimmer über die mißlungene Flucht. Unsere Dokumente besaßen wir noch. Ich hatte die Last der Verantwortung für das Leben eines anderen Menschen gespürt – für Tetka. Doch plötzlich fühlte ich mich, als wäre ein großer Druck von mir genommen: Ich hatte sie heil zurückgebracht. Das war mein erster Triumph! Oder vielleicht eine Niederlage? Morgen würde es ein neues Kräftemessen geben. Wir gingen um Mitternacht zu Bett. Ich schlief ein, sobald ich meinen Kopf auf das Bett legte. In Tetkas Zimmer wohnte noch ihre Kusine Halina Rozaner, die immer von ihrem Freund Abram Morgenstern besucht wurde. Alle wußten, daß am Morgen des 30. Mai alle 700 Arbeiter des Lagers deportiert werden sollten. Nur eine kleine Gruppe würde zurückbleiben, um sauberzumachen, die Überbleibsel, Habseligkeiten und Möbel aufzuräumen und um Stacheldraht sowie Zaun, die Spuren der Unmenschlichkeit, zu entfernen. Diese Arbeiter würden – so lauteten die Gerüchte – in ein anderes Arbeitslager geschickt werden. War das die Wahrheit? Wohin? Wie? Wie weit entfernt? Niemand wußte es. Aber seltsamerweise schien niemand darüber besorgt zu sein.

Erneut unterhielt ich mich mit Tetka über die mißlungene Flucht, und wir fragten uns, was wir morgen tun sollten. Noch einmal versuchen zu entkommen? Schließlich waren wir noch im Besitz der wertvollen Dokumente. Aber Heniek und seine Frau Halinka standen einem neuen Fluchtversuch skeptisch gegenüber. Wir beschlossen, in unserem »neuen Umfeld« auf eine günstige Gelegenheit zu warten. Aber würden wir in diesem »neuen Umfeld« die Chance haben zu flüchten? Wir waren uns nicht darüber im klaren, daß eine Flucht äußerst schwierig sein konnte oder sogar völlig unmöglich. Man denke an Alcatraz oder San Quentin. Noch nie hatte ich von fluchtsicheren Orten gehört. Ich glaubte fest daran, daß – egal, wohin man mich schickte – es auch einen Weg geben würde, von dort zu flüchten.

Ich steckte meine Habseligkeiten in einen Beutel, machte ihn aber nur zu einem Viertel voll. Man konnte schließlich nicht wissen, wie weit man marschieren mußte, und es war besser, so wenig wie möglich tragen zu müssen. Der Diamant war sorgfältig in meine einzige Unterhose eingenäht, die ich jeden Tag trug und am Abend auswusch. Am Morgen war sie immer noch naß und trocknete tagsüber an meinem Körper. Ich ahnte, daß der Diamant eines Tages eine große Hilfe sein könnte. Er war eines der wenigen wertvollen Dinge, die unserer Familie geblieben waren, und vor ihrer Deportation hatte mir meine Mutter diese Unterhose aus altem, grauem Stoff angefertigt und sie mit Löchern und Flicken versehen, damit sie wirklich schlecht aussah. Unten am Hosenschlitz nähte sie den kleinen Diamanten aus ihrem Verlobungsring oder aus einem ihrer Ohrringe ein. Wir wußten alle, daß die Deutschen uns nicht in Urlaub schickten, und wir waren auf das Schlimmste gefaßt. Der Tod war niemals fern, alle waren wir mit ihm vertraut und lebten mit dieser Bedrohung.

Im Arbeitslager Bliżyn

Ich hatte gut geschlafen und wurde von Stimmen geweckt, die draußen vom Hof hereindrangen und auf deutsch schrien: »Alle raus, alle raus!« Innerhalb weniger Minuten begaben wir uns auf die Straße und bildeten eine lange Kolonne in Sechserreihen. Das Warten war am schlimmsten. Wie lange würde es noch dauern? Was würde geschehen? Ich hatte meine gefälschte Kennkarte in der einen und einige in Papier eingewickelte Dokumente in der anderen Tasche. Wenn ich ein Dokument verlieren würde, hätte ich so für die Flucht noch einige andere. Obwohl sie für mich von unschätzbarem Wert waren, steckte ich sie weder in den Beutel noch nahe an meinen Körper in die verborgene Tasche meines Hemdes. Falls wir durchsucht werden würden, wollte ich mir so die Möglichkeit offenhalten, sie wegzuwerfen oder zu vergraben.
Dazu sollte es bei dieser Gelegenheit doch noch nicht kommen. Ungefähr um zehn Uhr vormittags begann der langsame Marsch aus dem Stacheldrahttor des Lagers heraus durch die Straßen der Stadt, die zum Bahnhof führten. Die lange Menschenschlange wurde von Autos eskortiert und von Polizisten in Uniform, Gendarmen sowie schwarzuniformierten SS-Männern in Stiefeln bewacht. Der größte Teil der

Teodora Bierzińska, die Mutter des Autors. Das Foto entstand kurz vor ihrer Deportation aus dem Ghetto Tomaszów im Jahre 1942.

Eskorte hatte seine Maschinengewehre entsichert – schließlich waren wir Tiere, wie Hitler gesagt hatte.
Es war ein warmer und sonniger Tag. Wir erreichten die Stadtmitte und gingen auf die Brücke zu, die über den Fluß Wolbórka führte; die Sonne stand hoch über uns und schien genau zu beobachten, was da unten vor sich ging. Während wir durch die Straßen marschierten, stand die einheimische Bevölkerung auf den Gehwegen, entweder einzeln oder in kleinen Gruppen. Ich bin sicher, daß einige von ihnen so manchen in der Kolonne erkannten. Es war wenig Verkehr auf den Straßen. Die meisten Einheimischen standen schweigend, fast bewegungslos, wie in ungläubigem Staunen oder in Angst erstarrt. Hin und wieder bewegte jemand seine Hand, winkte mit dem Taschentuch, wischte Tränen ab. Wir kamen an dem Haus vorbei, in dem ich meine Kindheit verbracht hatte, ein graues, einstöckiges Gebäude in der Antoniego-Straße 10, mit zwei oder drei Geschäften im Erdgeschoß. Nebenan befand sich die Nummer 8, ein zweigeschossiges großes Haus, wo wir vor dem Krieg und in den ersten Kriegsjahren lebten. Unsere Wohnung lag im Ostflügel des zweiten Stocks mit vier Fenstern zur Straße und mit dem Blick auf die Wolbórka-Brücke.
Ich schaute hinauf und glaubte in den Fenstern einige Gesichter zu erkennen. Ein großes Spruchband am Bahnhof – oder war es über der Straße in der Nähe des Flusses? –, an beiden Seiten an einem Strommast befestigt, verkündete: »Tomaszów ist judenfrei!« Mir war, als sagte mir eine innere Stimme, daß ich wieder hierher zurückkehren und als freier Mensch durch diese Straßen gehen würde, daß dies nur ein vorübergehender Abschied sei. Am Bahnhof wartete ein Güterzug mit weitgeöffneten Waggontüren, und lange Bretter dienten als Rampe zum Einstieg in die Güterwagen. Niemand war in der Nähe. Die einzigen menschlichen Wesen, die umherliefen, waren, wie sich herausstellte, Ukrainer in schwarzen Uniformen und deutsche SS-Offiziere in glänzenden schwarzen Stiefeln und eleganten Mützen. Hin und wieder konnte man die braune Uniform der SA sehen, der gefürchteten Sturmabteilung, die für ihr sadistisches und grausames Vorgehen bekannt war. Einige deutsche Schäferhunde wurden an strategischen Punkten für den Fall eines Fluchtversuchs von Häftlingen an der Leine bereit gehalten.
Welche andere Bezeichnung konnte man jemandem in einer solchen Zwangslage geben als »Häftling«? Es gab unter uns weder Kinder

noch ältere Personen. Ihrer hatte man sich bereits im November 1942 entledigt. Die Gruppe bestand nur aus jungen, gesunden und kräftigen Menschen, die arbeitsfähig waren. Einige Rufe, das Zischen einer Peitsche, das die Luft durchschnitt, gefolgt von einem Schrei, sowie die gedämpft aufgeregten Stimmen der Häftlinge waren die einzigen Laute, die den pfeifenden Lärm der wartenden Lokomotive übertönten. Männer und Frauen, die in getrennten Kolonnen aus dem Lager hergebracht worden waren, wurden nun abgezählt und in die Waggons verfrachtet. Dort mußten wir alle dichtgedrängt stehen, und manche stellten sich auf ihr kleines Gepäckstück. Man roch die Ausdünstungen und den Atem des Nachbarn. In der Seitenwand des Waggons, wo ich mich befand, gab es eine kleine Luke mit einem Durchmesser von etwa zehn Zentimetern, einen halben Meter von mir entfernt: Ich konnte die Außenwelt sehen.
Drinnen war es heiß und stickig, aber man ignorierte diese Unbequemlichkeit. Der alles beherrschende Gedanke war: »Was wird geschehen?« Durch unsere aufgewühlten Gemüter wirbelten alle möglichen Gedanken, Gerüchte von Massenexekutionen und Greueltaten, die angeblich an Gefangenen begangen wurden. Bis jetzt hatte ich sie immer als Märchen und unglaubwürdige oder unwahrscheinliche Übertreibungen abgetan. Jetzt plötzlich, als ich mich mit Hunderten anderer Menschen in einem Güterwaggon eingesperrt wiederfand, verwandelten sich alle Gerüchte in eine mögliche Wirklichkeit, und ich wurde von bangen Vorgefühlen überwältigt. Doch irgendwie fühlte ich keine Angst. Die Dokumente besaß ich noch, und mein unwiderruflicher Entschluß, die Freiheit zu erlangen, stand fest.
Im Waggon gab es ein Loch im Boden, ein herausgenommenes Brett, das als Toilette benutzt wurde. Wer seine Notdurft verrichten wollte, mußte sich durch den überfüllten Waggon zu dieser Stelle drängen, an der man sich erleichtern konnte. Schließlich fuhr der Zug ab. Er kam zunächst nur langsam voran und fuhr in ruckartigen Bewegungen. Durch die kleine Luke konnte ich die Namen der Bahnstationen, die wir passierten, lesen. Etwa um fünf Uhr nachmittags hielt der Zug an. Durch die Luke entzifferte ich den Namen Bliżyn. Wie sich herausstellte, war das unser Bestimmungsort. Von draußen waren Rufe, Hundegebell, Schritte und Motorengeräusche zu hören. Bliżyn – ich hatte nie zuvor davon gehört. Jemand sagte: »Wir sind in der Nähe von Szydłowiec.« Plötzlich wurden die Türen aufgerissen, und das

gleißende Licht des spätnachmittäglichen Sonnenscheins blendete uns für einen Augenblick. Schon waren die Rampen vom Waggonrand zum Bahnsteig angebracht worden. Der Ruf »Alles raus!« durchschnitt die Luft wie ein scharfes Messer. Diejenigen, die neben der Tür standen, begannen auszusteigen. Draußen prügelten sie mit Stöcken und Peitschen auf die Körper derer, die am Rand der etwa zwei Meter breiten Rampe standen. Nur diejenigen, die beim Verlassen des Waggons in der Mitte der Rampe heruntergingen, entkamen dieser schmerzhaften Begrüßung.

Die Wachen sorgten dafür, daß sich die Waggons sehr schnell leerten. Wieder bildeten wir Kolonnen. Der Empfang auf der Bahnstation Bliżyn war sehr viel roher als die Behandlung bei der Abfahrt in Tomaszów. Einige der schwarz gekleideten Wachen waren Ukrainer. Wir wußten es, weil man hörte, wie sie sich hin und wieder untereinander auf russisch unterhielten oder über Gefangene fluchten, die zu langsam gingen. Ihre Stöcke wußten sie bestens zu gebrauchen! Die Kolonne bildete Viererreihen und setzte sich in Bewegung. Wer sein Gepäck verlor, hatte keine Zeit, es aufzuheben, er mußte es einfach liegenlassen. Wir kamen an einem kleinen hölzernen Schuppen mit der Aufschrift »Männer« auf der linken und »Frauen« auf der rechten Seite vorbei, der später unser »Handelsposten« und Ausgangspunkt unserer Flucht in die Freiheit werden würde. Nach einem etwa halbstündigen Marsch erreichten wir das Tor eines Stacheldrahtzaunes. Der Zaun zog sich an der Straße entlang, die durch einen mit Büschen überwucherten kleinen Graben vom Gehweg getrennt war, so daß sie dem Blick der auf der Straße Marschierenden verborgen blieb. Der Zaun war etwa zwei Meter hoch und oben nach innen gekrümmt, so daß es unmöglich war, ihn von innen zu überwinden. Ich bemerkte dies sofort, weil ich die ganze Zeit über wie besessen war von meiner Fluchtidee.

Neben dem Tor, das für unseren Durchmarsch geöffnet worden war, befand sich ein Wachhaus. Es bestand aus zwei kleinen Räumen mit Türen, von denen die eine zur Straße und die andere ins Lagerinnere führte. Der Wachturm, der auf vier Holzpfählen stand, hatte in der Höhe von etwa sieben Metern eine Plattform, über der eine kleine Dachgiebelkonstruktion errichtet worden war, und die mit einem Zaun von einem halben Meter Höhe an drei Seiten versehen war. Von der vierten Seite führte eine Leiter hinab, die im unteren Teil beweglich war und drei Meter über dem Boden endete. Die Leiter wurde nur zur Wachablösung heruntergelassen. So konnte niemand unerwartet auf den Turm klettern. Es gab mehrere Wachtürme, einer an jeder Ecke des Lagers sowie immer da, wo die zwei Abschnitte des Stacheldrahts einen stumpfen Winkel bildeten. Der Stacheldraht umgab eine große Fläche, deren Umfang ich damals noch nicht abschätzen konnte. Das Land fiel sanft von der Straße ab, und die Wiesen waren gepflegt.

Wir wurden einige hundert Meter über einen breiten Weg geführt und hielten an einem Rasenstück zwischen zwei Gebäuden an. Das Haus auf der rechten Seite, von der Straße aus gesehen, war ein Backsteingebäude, dessen Fenster im ersten Stock mit Blumenkästen geschmückt waren. Das Gebäude wirkte hell, fast cremefarbig, beleuchtet von der langsam verblassenden Sonne. Das andere auf der linken Seite sah aus wie ein gepflegter Stall aus Ziegelsteinen mit kleinen Fenstern. Dies war, wie sich später herausstellen sollte, ein Lagerraum der Deutschen, wo sie Geräte, Werkzeuge, Uniformen und Munition aufbewahrten. Indessen warteten wir auf der Wiese und kauerten eng beieinander im Gras. Mein Bruder Heniek, seine Frau Halinka, Halina Rozaner, Tetka und Marys Robinson saßen dicht neben mir. Es wurde angekündigt, daß man uns durchsuchen würde! Wohin sollte ich mit den Dokumenten? Ich verständigte mich schnell mit Heniek, Halinka und Tetka, und wir beschlossen, die Papiere zu zerreißen und sie heimlich unter dem Gras zu vergraben. Wir wußten, daß der Besitz von Kennkarten oder anderen Dokumenten gleichbedeutend war mit einem Todesurteil. Aber ich wollte leben! Die anderen rissen die Fotos aus den Dokumenten heraus, und ich steckte sie zusammen mit meinen eigenen in meine Tasche. Die Papiere zerrissen sie in kleine Fetzen und vergruben sie unter dem Gras. Das war eine verzweifelte Entscheidung, die uns fast das Herz brach. Ich hoffte, daß sie bei einem Dokument ohne Foto mit anderem Namen, Geburtsdatum und -ort den Inhaber nicht ausfindig machen könnten. Ich faltete es viermal und versteckte es unter weichem Gras in einer kleinen Mulde, die ich hastig mit einem Holzstück gegraben hatte. Sie war natürlich flach, und ich hoffte, daß ich sie wiederfinden würde. Es fanden jedoch gar keine Durchsuchungen statt, weil es bereits dunkel wurde. Später versuchte ich, an die Stelle zurückzugelangen, wo ich meine Dokumente vergraben hatte, aber ich konnte sie nicht mehr

finden. Ich war schrecklich wütend über mich, denn die Dokumente waren für immer verloren!
Einige Minuten später marschierten wir auf der abfallenden Seite vorbei am Wachhaus über eine kleine Brücke, die über einen Bach führte. Der Bach stellte die Grenze dar zwischen dem eigentlichen Lager, in dem die Häftlinge lebten, und dem Teil, in dem wir uns gerade befanden und der das Domizil der deutschen und ukrainischen Wachen war. Am Bach entlang befand sich der Stacheldrahtzaun mit den Wachtürmen als Lagergrenze. Wir wurden in verschiedene Gruppen eingeteilt und bezogen die Baracken, die mit Buchstaben markiert waren. Die Männer befanden sich in einem Teil des Lagers, die Frauen in einem anderen, den man wiederum mit Stacheldraht abgeteilt hatte. Beide Teile waren durch ein Tor verbunden, das von der »Lagerpolizei« bewacht wurde. Zusammen mit meinem Bruder Heniek ging ich zu der uns zugewiesenen Baracke. Wir kamen dabei an den anderen Baracken vorüber, die im knappen Abstand von etwa 20 Metern in Reihen standen und die nicht symmetrisch ausgerichtet waren. Sie bestanden aus horizontalen, sich überlappenden Holzbrettern, so daß die Wände undurchsichtig waren. Darüber hatte man ein Giebeldach errichtet. Die Länge der Baracken betrug etwa 50 Meter, die Breite zehn und die Höhe etwa vier bis fünf Meter. Das Licht fiel durch einen Meter hohe Luken auf jeder Seite des Dachs.
Im Innern der Baracke erstreckte sich der nackte Fußboden über die volle Länge. Entlang der beiden Längsseiten standen die Pritschen aus Holzbrettern, und anderthalb Meter darüber befand sich der zweite Stock. Alle paar Meter wurden die Schlafkojen durch eine senkrechte Leiter verbunden, über die man das obere Bett erreichen konnte. Auf den Brettern war spärlich Stroh verteilt worden. Das waren die Betten für die Häftlinge. Jedem wurden sechzig Zentimeter Raum zugestanden, das war das eigene Territorium, in dem man seine Habseligkeiten aufbewahren konnte. Die Sicherheit der Gegenstände war jedoch fragwürdig, und wenn man ein Stück Brot, einen »wertvollen« Löffel, ein Messer, einen Blechnapf, eine Suppenkanne oder einen Spiegel achtlos liegenließ, wurde es einem schnell weggeschnappt. Später entwickelte sich eine Art Überlebensethik mit eigenem Kodex, der zuließ, daß jeder, der beim Stehlen ertappt wurde, von demjenigen geschlagen werden durfte, der eingesehen hatte, daß dies seine Not vertiefte. Die Schuldigen wurden mitleidlos behandelt.

Die Zwischenräume der Bettstellen waren groß, so groß, daß man die durchdringende Kälte am ganzen Körper spürte. Deshalb schliefen die meisten Gefangenen in ihrer Kleidung oder zumindest in der Unterwäsche. Hosen und Mäntel rollte man zu einem Kopfkissen zusammen. Die drei Deckenlampen wurden um etwa neun Uhr abends ausgeschaltet, danach blieb nur noch das Licht, das durch die Luken in der Nähe des Dachs kam. Einige roh halbierte Stahltonnen, die in der Mitte zwischen den beiden Bettreihen auf dem nackten Boden standen, vervollständigten die Einrichtung der Baracken. Hier mußten die Häftlinge ihre Notdurft verrichten. Jeder Baracke stand eine eigene Wache vor, die von der Lagerverwaltung eingesetzt wurde. Sie hielt sich während des ganzen Tages in der Nähe der Eingänge auf und war dafür verantwortlich, daß dort niemand tagsüber zurückblieb und daß niemand dem anderen etwas stahl. Sie mußte die mit Exkrementen und Urin gefüllten Tonnen leeren, den Boden fegen und Sand oder Sägemehl streuen, wenn der Boden vom Urin durchnäßt war. Als ich mit Heniek am ersten Abend in die Baracke kam, war es bereits dunkel. Wir belegten zwei benachbarte Plätze im oberen Teil irgendwo in der Mitte, weil wir annahmen, daß hier am wenigsten Durchgangsverkehr wäre und daß wir vor Überraschungen von oben sicher sein würden.

Die ersten Tage

Am nächsten Morgen wurden wir um sechs Uhr geweckt. Wir mußten uns in einem improvisierten Büro in einer der Baracken registrieren lassen, um Arbeit und unsere Ration des »täglichen Brotes« zu bekommen. Keine Arbeit – kein Brot. So einfach war das! Die Schlafquartiere mußte man mit den Männern oder Frauen teilen, mit denen man in derselben Werkstatt arbeitete, eine geniale Idee der deutschen Lagerleitung! Nur klappte es nicht so richtig, da die Anzahl der verschiedenen Gruppen nicht identisch war mit der Anzahl der Schlafplätze in den Baracken. Wenn man »bei den Uniformen« arbeitete, wohnte man wahrscheinlich in Baracke E, arbeitete man bei den Schuhen, war die Wahrscheinlichkeit groß, daß man aus der Baracke B war usw. Die Baracke derer, die im Steinbruch arbeiteten, war die ärmste. Sie schufteten hart, hatten keine Gelegenheit, auch nur irgendetwas zu stehlen, und konnten keinerlei Kontakt zu den »freien«

Arbeitern außerhalb des Lagers herstellen. Sie besaßen nichts, was sie im Lager gegen eine Extraration Brot oder eine Extrakelle Suppe, so wässrig sie auch sein mochte, eintauschen konnten. In meinen Augen besaßen sie jedoch einen Vorteil gegenüber allen anderen: Sie arbeiteten außerhalb des Lagers! Sie gelangten nach jenseits des Stacheldrahts, und wenn sie auf das Lager blickten, sahen sie es so, wie es von den »freien« Menschen gesehen wurde. Ich beschloß, in diese Gruppe zu gelangen. Mein Bruder hielt dies für keine gute Idee, gab aber zu, daß sie einen Funken Hoffnung auf Flucht versprach. So befanden wir uns nun im Arbeitslager Bliżyn, das später zum veritablen Konzentrationslager Bliżyn aufsteigen sollte. Dies geschah aber erst einige Zeit nach meiner Flucht.

Das ganze Lager war in Form eines Rechtecks angeordnet. Es bestand aus zwei Teilen, einer für die Herren, der andere für die Sklaven. Letzterer war weiter unterteilt in den Männer- und Frauenbereich. Die Werkstätten lagen im Männerbereich, jedenfalls die meisten, soweit ich mich erinnere. Die Küchenbaracke befand sich ungefähr in der Mitte, in der Nähe des Baches, der die beiden Lagerteile trennte. Der Wachturm an der Brücke hatte den absoluten Überblick über das Lager.

Am Morgen wurden eine Kelle Zichorie und ein Fünftel eines schwarzen Kommißbrotes an die schlangestehenden Häftlinge verteilt. Wer sich nicht anstellte, bekam kein Brot. Kaffee war während der warmen Sommertage nicht so wichtig, tat aber an kalten Herbst- oder Wintermorgen gut. Für das Überleben unentbehrlich war der Besitz einer großen Kanne, die ungefähr anderthalb Liter faßte, so daß man die Essens- oder Suppenration am Abend damit holen konnte. Die Kanne war so kostbar wie das Leben selbst. Wenn man die Kanne oder den Topf verlor, war es dringend notwendig, sich wieder ein Gefäß zu beschaffen! Falls der Topf gestohlen wurde, ging man in die Nähe der Essensausgabestelle und beobachtete die Schlange. Im günstigsten Fall entdeckte man die Kanne und forderte sie zurück. Dies hing allerdings vom Status des Diebes, von den Freunden, die er oder sie um sich hatte, und von der eigenen Muskelkraft ab. Ich beobachtete, wie diese Dinge vor sich gingen, aber solange ich nicht darin verwickelt war, betrafen sie mich nicht. Kanne, Topf oder irgendein Behälter war genauso ein Teil von mir selbst wie meine Kleidung! Es war eine Überlebenswaffe.

Die Abendsuppe wurde nach der Arbeit ausgegeben, und die Häftlinge standen bei Regen und Sonnenschein, Hitze und Kälte an, um sie abzuholen. Die Küchenarbeiter, die die Lageraristokratie darstellten, schleppten die große Tonne heraus. Eine Kelle war an einem Stock befestigt, der so lang war, daß man mit ihr den Boden der Kanne erreichen konnte. Der Küchenarbeiter schöpfte mit einer rotierenden Bewegung die Suppe. Meistens schaute er auf, bevor er die Kelle herausnahm. Freunden wurde aufgetan, was sich auf dem Kannenboden abgesetzt hatte, denn dies war gehaltvoll und schwer, andere bekamen Suppe aus der Mitte der Tonne. Wenn man jedoch auf der »falschen Seite« des Arbeiters stand oder wenn er etwas gegen einen hatte, wurde die Suppe auf meisterhafte Art von oben abgeschöpft und füllte den Behälter nur mit gefärbtem Wasser. Die Schlange bewegte sich schnell voran, und es blieb keine Zeit zu diskutieren. Man sorgte dafür, daß man sich das nächste Mal an einer anderen Stelle anstellte. An solchen Abenden ging man hungriger als üblich schlafen.

Vor dem Eingang zu den Küchenbaracken wurden Behälter mit Küchenabfällen herausgestellt, und der Kartoffelschalenberg türmte sich manchmal einen Meter hoch auf. Oft konnte ich einige Häftlinge in der Nähe des Haufens dabei beobachten, wie sie die Schalen in ihre Kannen füllten. Dies war von den Deutschen und Ukrainern verboten worden. Wenn jemand dabei erwischt oder von den achtsamen Wachmännern erkannt wurde, folgte die Strafe auf der Stelle: eine Peitsche, ein Stiefel oder ein Gewehr sorgte dafür, daß es nicht vielen der »Desperados« gelang, in den Genuß der Kartoffelschalen zu kommen. Gewöhnlich waren es die Arbeiter aus dem Steinbruch, die Gefangenen aus Białystok, die wohl die Unglücklichsten im Lager waren, wenn eine solche Unterscheidung zwischen »glücklich« und »unglücklich« überhaupt getroffen werden konnte.

Außer an Sonntagen blieben die Baracken während der ganzen Woche leer und wurden von zwei Ordnungsmännern bewacht. Jeder wurde gezwungen, zur Arbeit zu gehen. Die Kranken mußten gemeldet werden, und falls der Arzt – ja, es gab Ärzte! – beschloß, daß man krank war, wurde man in die »Krankenhausbaracke« verlegt, die aber eigentlich ein Totenhaus war. Die Ärzte und Krankenschwestern dort sahen hilflos zu, wie ihre Patienten starben. Dort war es auch, wo Tetka im Winter 1944 ihrer Typhuserkrankung erlag. Die Typhusepidemien brachen während des kalten Winters 1943 aus. Das Lager

Bliżyn hatte schon lange vor unserer Ankunft bestanden. Es war in der Zeit von 1941 bis 1943 währen des siegreichen Feldzugs Hitlers zur Inhaftierung russischer Kriegsgefangener errichtet worden. Besonders viele von ihnen starben im Winter und wurden unweit der Lagergrenzen in einem kleinen Waldgebiet begraben, das von den Einheimischen und später von uns »Wäldchen« genannt wurde. Erst wurden die Russen hier begraben, dann setzten wir diese Tradition fort. Die Russen wurden, wenigstens teilweise, von anderen Nationalitäten ersetzt. Als wir dort ankamen, waren in einer oder mehreren Baracken noch Häftlinge polnischer, tschechoslowakischer und ungarischer Herkunft untergebracht.
Als Waschgelegenheiten dienten uns zwei gut fünfzehn Meter lange, parallel aufgestellte Rinnen, die sich etwa einen halben Meter über dem Boden befanden. Eine Wasserleitung mit Wasserhähnen im Abstand von sechzig Zentimetern lief an den Trögen entlang. Es gab mehrere Waschgelegenheiten dieser Art im Lager. Die Toiletten bestanden aus einfachen Gräben von zehn bis fünfzehn Metern Länge, über die man eine Holzkonstruktion mit zwei Eingängen an jeder Seite und einer Holzwand zwischen Durchgang und Gräben gebaut hatte. Das ganze Lager war von einer doppelten Mauer mit Stacheldraht umgeben, die einen Zwischenraum von zwei Metern aufwies. Dieser Zwischenraum wurde nachts von starken Scheinwerfern so angestrahlt, daß die Lagerbegrenzungen von weitem deutlich sichtbar waren. Die Wachtürme, auf denen die ukrainischen Mannschaften mit Maschinengewehren ihren Wachdienst versahen, reichten über die Umzäunungen. Die Leitern waren heraufgezogen und befestigt, so daß niemand überraschend den oberen Teil des Turms erreichen konnte. Jeder Versuch, durch den Stacheldraht zu entkommen, bedeutete den sicheren Tod durch Schüsse von den Wachtürmen. Man erzählte sich von vielen unglücklichen Versuchen der russischen Gefangenen aus der früheren Lagergeschichte. Auch während meines Aufenthalts gab es einige Ausbruchsversuche, die tödlich endeten.
In dem von den Häftlingen bewohnten Teil des Lagers gab es lediglich ein Tor, durch das die im Lager hergestellten Produkte hinaus- und die Material- und Lebensmittellieferungen hineingelangten. Geöffnet und geschlossen wurde es von den bewaffneten Wachmannschaften, das heißt, es war der einzige Weg aus dem ansonsten hermetisch abgeriegelten Lager! Aber wie sollte ich dort hinaus gelangen? Von An-

fang an war mir klar, daß ich in eine Gruppe gelangen mußte, die entweder außerhalb der Lagergrenze beschäftigt war, oder in eine Gruppe, der es erlaubt war, diese Grenze zu passieren. Gruppen, die innerhalb der Lagergrenzen arbeiteten, wie die Handwerker, die Schneider von Armeeuniformen, die Schuster und andere, hatten keine Chance, das Lager jemals zu verlassen. Ich fand heraus, daß für mich nur die Steinbrucharbeiter oder das »Ladekommando« in Frage kamen, und meldete mich am zweiten Tag nach der Ankunft im Lager freiwillig für die Gruppe der Steinbrucharbeiter.

Es war ein heißer Sommertag mit wolkenlos blauem Himmel. Der Steinbruch lag etwa fünf Kilometer vom Lager entfernt. Wir bildeten Dreierreihen und marschierten unter strenger Bewachung schwarzuniformierter Ukrainer hinaus. Nachdem wir das Lagertor hinter uns gelassen hatten, fühlte ich mich meinem Ziel bereits viel näher. Ich würde nicht aufgeben! Ich mußte ausbrechen! Aber nach meinem anfänglichen Optimismus bemerkte ich bald, daß ich mich auf dem Holzweg befand. Der Steinbruch war nicht die Lösung, denn eine Flucht von dort stellte sich als unmöglich heraus. Er lag auf der abfallenden Seite, die in einem Fluß endete. Auf der anderen Seite des Flusses erstreckte sich ein Feld mit bester Sicht auf weite Entfernungen hin. Selbst wenn es mir gelänge, den Fluß zu überqueren, wäre ich doch ein leichtes Ziel für die bewaffneten, sadistischen Wachen.

Oben auf den Hängen standen oder saßen die Wachen mit ihren Maschinengewehren über der Schulter und Peitschen oder Stöcken in der Hand. Wenn einer von ihnen bemerkte, daß ein Pickel oder eine Schaufel sich nicht schnell genug bewegte oder einer der Häftlinge die sadistischen Neigungen eines Bewachers reizte, kam dieser den Abhang herunter und tobte sich an dem armen Unglücklichen mit herzhaftem Vergnügen aus. Die meisten Gefangenen – mit Ausnahme der Ankömmlinge – waren nur noch Haut und Knochen. Warum das? Die Antwort war einfach. Eine dicke Scheibe Schwarzbrot von etwa 200 Gramm, eine Tasse schwachen Zichorie-Kaffees am Morgen und ein Teller Wassersuppe am Abend, insgesamt also etwa 500 Kalorien pro Tag, waren nicht die geeignete Diät für diese Schinderei. Die Mittagspause von einer halben Stunde, in der es erlaubt war, Wasser zu trinken, ließ mir genügend Zeit, um mich davon zu überzeugen, daß der Steinbruch keine Fluchtmöglichkeit bot. Er würde nur den schnellen Erschöpfungstod bringen, wenn es einem denn gelungen war, ohne gebrochene Rippen oder Arme davonzukommen und ohne derart ausgepeitscht zu werden, daß man an den Wunden verblutete.

Ladekommando und erneuter Fluchtplan

Als ich mich nach der Rückkehr ins Lager gewaschen hatte, traf ich Heniek und teilte ihm mit, daß der Steinbruch kein Tor zur Freiheit war und daß ich die andere Option, das Ladekommando, ausprobieren müsse. Diese Gruppe bestand aus etwa 25 Arbeitern, deren Hauptaufgabe darin bestand, die ankommenden leeren Züge mit den von den Häftlingen produzierten Waren zu beladen und die Rohstoffe und Lebensmittel, die sich in den Zügen befanden, auf der Bahnstation Bliżyn zu entladen. Für den Transport zwischen Station und Lager standen einige Pferdefuhrwerke zur Verfügung. Wenn Leerlauf war, wurden die Mitglieder des Ladekommandos zu anderen Arbeiten eingeteilt, zum Beispiel zur Zaunreparatur, zu Gartenarbeiten im Lager der Kommandantur, zu Abbrucharbeiten an alten Betonblocks und bei einer Gelegenheit auch zur Hilfe bei Löscharbeiten. Diese Gruppe hatte, was Flucht betraf, einen guten Ruf, das heißt, es flüchtete niemand, obwohl ein Teil außerhalb des Lagers arbeitete, oft ohne Bewachung durch Deutsche oder Ukrainer. Deshalb genoß diese Gruppe in einem hohen Grad das Vertrauen des Lagerkommandanten Hauptmann Nell. Ich bat Heniek, der den Gruppenführer kannte und außerdem Freunde unter den »Einflußreichen« in der Verwaltung hatte, dafür zu sorgen, daß ich zur Arbeit im Ladekommando eingeteilt werden würde. Einige Tage war ich bei Reinigungsarbeiten im Lager beschäftigt, eine Art Aufbewahrungsabteilung. Wir hatten Glück, denn wenig später konnte ich im Ladekommando antreten. Es war am 17. Juni 1943, ein wichtiger Tag in der Abfolge der Ereignisse.

Am 14. Juni lernte ich Stanisław Grosman, genannt Stasiek, kennen, als ich zu den Jungs des Lagerkommandos ging, um mit ihnen über die Arbeit und das Leben dort zu reden. Ich verließ meine bisherige Schlafstelle und zog in die Baracke dieser Gruppe um, die sich in einer entfernten Ecke des Lagers in der Nähe eines Wachturms befand. Im rechten Winkel zu unserer Baracke stand die Schneiderbaracke. Ich versuchte, mich mit den anderen Gruppenmitgliedern, die meist älter waren als ich, anzufreunden, aber sie waren alle so sehr mit sich selbst und dem Überleben beschäftigt, so daß wenig Raum für freundschaftliche Gefühle blieb. Schließlich mußte man sich bewähren. Eine Probe bestand zum Beispiel darin, daß man seine Fähigkeit zu körperlicher Arbeit beim Entladen eines Zwanzigtonnen-Waggons unter Beweis stellte, der in nur zwanzig Minuten geleert werden mußte. Man mußte den anderen zeigen, daß man seinen Teil übernehmen konnte und sie nicht ausnutzte. Mir fiel es leicht, weil ich damals sehr kräftig war.

Die zweite Bewährungsprobe bestand in der Fähigkeit zum Schmuggeln. Wenn man »draußen« war, hatte man die Möglichkeit, wenn auch noch so begrenzt, mit »freien« polnischen Arbeitern an der Bahnstation zu sprechen, die bereit waren, einen Laib Brot oder ein Päckchen Zigaretten für ein Hemd, ein Paar Socken oder andere Gegenstände von Wert zu tauschen. Diese Sachen waren meistens von Gefangenen aus den Lagerbeständen gestohlen worden und wurden uns zum Verkauf oder zum Tausch für Lebensmittel oder Geld sozusagen in Kommission gegeben. Man konnte auch mit anderen Dingen handeln, etwa mit einer Uhr oder einem Schmuckstück, aber das kam selten vor. Lebensmittel wurden gewöhnlich in dem Wagen geschmuggelt, mit dem wir in das Lager gefahren wurden, oder unter dem Gürtel auf dem Bauch, das Hemd lose darüber. Natürlich bedeutete dies ein Risiko, denn wenn man beim Schmuggeln erwischt würde, konnte man zu Brei geschlagen oder zumindest aus dem Ladekommando gefeuert werden.

Für mich waren beide Varianten ausgeschlossen. Das geschmuggelte Brot wurde an die Gefangenen verkauft, und der »Profit« in Form von etwas Brot oder Geld diente dazu, die Hungerration zu ergänzen. So begann ich also meine Arbeit im Ladekommando. Währenddessen trug ich ununterbrochen meine Unterhosen mit dem Diamanten. Es war Sommer, und ich hatte genügend Zeit, meine Pläne auszuarbeiten. Die brennendste Frage war, wie ich Kontakt mit der Untergrundbewegung würde aufnehmen können. Ich wußte, daß Zenek Neumark an jenem kritischen Tag, dem 29. Mai, als er die Schreinerwerkstatt der Fabrik verlassen hatte, nach Warschau gegangen war. Aber wie sollte ich mit ihm Verbindung aufnehmen?

Einer der polnischen Arbeiter auf der Bahnstation, zu dem ich Kontakt hatte knüpfen können, war damals etwa Ende dreißig oder Anfang vierzig und hieß Władysław Wrona. Ich beschloß, daß er derjenige sein sollte, dem ich mich anvertrauen würde. Er war ein einheimischer Bauer, der mir gegenüber sehr entgegenkommend war. Er verabscheute die deutschen und ukrainischen Bewacher des Lagers, obwohl, wie ich später herausfand, seine jungen Töchter ihre Liebesdienste an die Okkupanten verkauften, manchmal in seinem eigenen Haus. Ich berichtete ihm von meinen Fluchtplänen und bat ihn, einen Brief, den ich an Zeneks Bekannte, Frau Szewczyk in Tomaszów Mazowiecki, geschrieben hatte, für mich abzusenden. Später erfuhr ich, daß Zenek zwei Wochen nach seiner Ankunft in Warschau noch einmal nach Tomaszów zurückgefahren war, um dort seine Sachen, die Frau Szewczyk für ihn aufbewahrte, abzuholen. Außerdem wollte er seine Adresse und seinen neuen Namen für den Fall, daß ich mit ihr Kontakt aufnehmen würde, hinterlassen. Auf der Rückfahrt nach Warschau traf Zenek im Zug Alfons Machowiak, mit dem er in der Kartonfabrik gearbeitet hatte und mit dessen gestohlener Arbeitskarte Zenek einige Wochen zuvor geflüchtet war. Das war einer der Zufälle, die sich mit der Wahrscheinlichkeit eins zu einer Million ereignen.

Der heutige Leser mag sich wundern, was so schwierig daran gewesen war, einen Brief nach Warschau oder Tomaszów zu senden. Das Problem bestand darin, daß, falls Wrona den adressierten Brief der lokalen Polizei oder den deutschen Behörden übergeben hätte, dies Zeneks Verhaftung und wahrscheinlich auch seine Erschießung ohne Gerichtsurteil wegen der Kontakte zu »Banditen« und »Partisanen« bedeutet hätte. Aber Wrona war in Ordnung, und während der nächsten paar Monate freundeten wir uns mehr an. Ich sprach vielleicht ein dutzendmal mit ihm. Er versicherte, daß er mir jederzeit und bei allem helfen würde. Ich vertraute mich Wrona an, der versprach, einen Brief an Frau Szewczyk in Tomaszów weiterzuleiten. Am 19. Juni 1943 schickte er ihn ab. Er war ein aufrichtiger Mensch, der sich für mich und meine Angelegenheiten verantwortlich fühlte. Bereits einige Tage später, am 29. Juni 1943, teilte mir Wrona mit, daß Frau Szewczyk geantwortet hätte, und er gab mir Zeneks Adresse in Warschau: Solec 46, Wohnung Nr. 49, Powiśle.

Mein Plan sah nun folgendermaßen aus: einen Fluchtgenossen aus dem Ladekommando finden, ihm die Adresse mitteilen, den optima-

len Zeitpunkt für die Flucht wählen, zur Bahnstation in Szydłowiec gelangen und mit einem Zug nach Warschau fahren. Das klang einfach, aber es erwies sich als höchst kompliziert. Aus dem Lager herauszugelangen, war ein Privileg, weil man als Mitglied des Ladekommandos einen Laib Brot, ein Stück Wurst oder Zigaretten kaufen konnte, die im Lager mit einem kleinen Gewinn an Häftlinge weiterverkauft wurden. Daher war das Verlassen des Lagers innerhalb der Gruppe »rationiert«, und es vergingen Tage und manchmal Wochen, in denen es nicht einmal unter ukrainischer oder deutscher Bewachung eine Möglichkeit gab hinauszugelangen.
Durch einen glücklichen Zufall besaßen wir jedoch das Vertrauen der Lagerverwaltung. Irgendwann Ende Juli oder Anfang August brach mitten in der Nacht in einem Lagerraum oder einem Quartier der Ukrainer Feuer aus. Wir vom Ladekommando schliefen alle, als plötzlich ein Deutscher hereingerannt kam und allen Jungs befahl mitzukommen. Innerhalb von Sekunden waren wir auf dem Weg zur Unglücksstelle. Der Rauch verteilte sich vor uns direkt über dem hügeligen Eingang zum Lager. Das Feuer hatte ein Gebäude bereits komplett erfaßt, und wir sollten in einer Menschenkette das Löschwasser in Eimern von einem Brunnen zum Brand transportieren. Bis in die frühen Morgenstunden waren wir so teils innerhalb, teils außerhalb des Lagers im Einsatz. Das Feuer konnte gelöscht werden. Wir wurden vom Kommandanten gelobt und erhielten eine Extraration Essen, aber am wichtigsten war, daß das Ladekommando so das Vertrauen der Kommandantur gewonnen hatte und wir nicht mehr unter strikter Bewachung standen, sondern auf der Bahnstation oft ohne jede Aufsicht allein gelassen wurden. Dies gab mir Gelegenheit für die letzte Phase, die darin bestand, den richtigen Fluchtmoment abzupassen. Im Oktober intensivierte ich den Kontakt zu Wrona, und Mitte November waren die letzten Vorbereitungen für die Flucht getroffen. Natürlich war Stasiek bereits vollständig beteiligt an dem Fluchtplan. Beide besaßen wir eine komplette Ausrüstung an Kleidung, die wir »in der Freiheit« tragen würden. Wir hatten sie stets unter den normalen Arbeitsklamotten an.

Mein Fluchtgenosse Stanisław und das Leben in Bliżyn

Die Wahl eines geeigneten Fluchtgenossen war keine einfache Aufgabe. Es war vielleicht die wichtigste Entscheidung, die ich damals zu treffen hatte. Ich hatte beschlossen, daß der Mensch, mit dem ich mich zusammentun wollte, jemand in meinem Alter sein mußte. Er sollte kräftig sein, in guter körperlicher Verfassung, gutes Polnisch sprechen und einen klaren Verstand haben. Die Auswahl war sehr beschränkt. Nach sorgfältiger Beobachtung fand ich lediglich drei mögliche Kandidaten unter den Mitgliedern des Ladekommandos: Nysek Wertheim, Abram Futerhendler und Stanisław Grosman. Die Auswahl fiel nicht schwer. Nysek war verheiratet, und seine Frau, die er unterstützte, lebte ebenfalls im Lager. Abram war jungenhaft, schüchtern und nicht sehr kräftig. Meine Wahl fiel also auf Stanisław. Eines Tages fragte ich ihn beiläufig: »Willst du abhauen?« Er antwortete nicht etwa nur mit Ja. Er fragte: »Wann und wie?« Offensichtlich war er sehr interessiert. Ich sagte ihm, daß ich einen Plan hätte und daß wir ihn am freien Sonntagnachmittag besprechen könnten. Wir trafen uns am folgenden Sonntag, und er war mit allem einverstanden. Es war wohl der 10. Oktober 1943. Ich nannte ihm Zeneks Adresse und bat ihn, sie absolut geheim zu halten, denn die Entdeckung durch die Deutschen würde für Zenek den Tod bedeuten.

Wir beschlossen, die Fluchtkleidung ständig zu tragen, zusammenzubleiben, um immer auf demselben Waggon Arbeit zu bekommen, und das Lager möglichst auf demselben Wagen zu verlassen. Da wir eine günstige Fluchtgelegenheit abpassen mußten, waren wir in ständiger Bereitschaft. Doch der Oktober ging vorüber, und es wurde schließlich Mitte November. Obwohl der Herbst sehr warm war, war uns klar, daß in Kürze Frost einsetzen und das ganze Land überziehen würde, was dort gewöhnlich Mitte oder Ende November der Fall war. Heniek, Halinka, Hala, Tetka, Roma und ihre Mutter sowie Hela, Stanisławs Freundin, wußten von unserem Entschluß. Niemand war dagegen. Das Schlimmste, was geschehen konnte, war der Tod, und ein Menschenleben wurde damals nicht so hoch veranschlagt, besonders wenn es nicht um das eigene, sondern das der anderen ging.

Also suchten wir nach Gelegenheiten, um aus dem Lager zu entkommen. Schnell fanden wir heraus, daß diese Gelegenheiten dünn gesät waren. Befand ich mich außerhalb des Lagers, war Stanisław drinnen oder umgekehrt. Waren wir beide draußen, wurden wir bewacht, oder es waren zu viele Fremde um uns herum. Es war ein Geduldspiel, ein endloses Warten. Die Zeit verging, es wurde schon Winter, und schließlich kamen die kalten Novembernächte, in denen der Frost durch die Barackenbretter kroch. Schon begann es zu schneien. Am 23. November unterhielt ich mich mit meinem Bruder über die Schwierigkeit, den richtigen Augenblick für die Flucht zu finden. Ich machte ihm klar, daß wir unsere Entscheidung auf keinen Fall ändern würden und daß der Augenblick, in dem er meine Abwesenheit bemerken würde, völlig überraschend kommen könnte. Heniek hielt es für klug, noch einmal über Wrona an Zenek zu schreiben, da schon einige Monate verflossen waren, seit Frau Szewczyk auf mein Schreiben geantwortet hatte. Ich stimmte zu und schickte am 25. November durch Wrona einen Brief an Zenek nach Warschau zu jener Adresse, die uns Frau Szewczyk mitgeteilt hatte.

Inzwischen lief uns die Zeit davon, und der Alltag im Lager wurde durch den Winter immer beschwerlicher. Das Lagerleben war bereits Routine geworden. Ich erinnere mich, wie eines Tages Marys, Tetkas Bruder, zu mir kam und sagte, daß Tetkas Schuhe so kaputt seien, daß sie oft nasse Füße hätte. Ich fragte ihn nach der Schuhgröße, da ich sie nicht in Verlegenheit bringen wollte, und bei der nächsten Gelegenheit außerhalb des Lagers brachte ich ein Paar feste Männerarbeitsschuhe mit. Sie waren etwas größer als ihre Füße, so daß sie zwei oder sogar drei Paar Socken tragen konnte oder – falls sie keine hatte – die Füße in wollene Lumpen einwickeln konnte. Um diese Schuhe wurde sie im gesamten Freundeskreis beneidet. Tetka trug sie bis zu ihrem Tod, danach gingen sie in den Besitz ihrer Kusine Hala über. Sogar nach dem Krieg war sofort von Tetkas Schuhen die Rede, sobald ich Hala traf.

Der Winter brachte keine Veränderung für die Arbeit der Häftlinge. Die einzige bemerkbare Anpassung bestand darin, daß man vermied, sich draußen aufzuhalten. Man zog es vor, in den Baracken zu bleiben oder Innenarbeiten zu verrichten, um der beißenden Kälte des Winters zu entkommen. Die Sonntage waren frei, so daß man Wäsche waschen konnte, die allerdings aus kaum mehr als einigen wenigen Teilen bestand wie Lumpen, die anstelle von Socken benutzt wurden, Hemd und Unterhosen. Meine Unterhosen, die gewaschen werden mußten und von denen ich mich niemals trennte, wurden zum Problem, weil sie nicht mehr über Nacht trockneten. Oft schlief ich auf ihnen, damit sie am nächsten Morgen nur noch feucht waren. Ich war sicher, daß der eingenähte Diamant eines Tages eine große Hilfe sein würde.

Jeden Sonntag ungefähr um drei Uhr nachmittags fand der Appell statt. Alle Häftlinge versammelten sich auf dem Platz in der Mitte des Lagers, zwischen zwei Barackenreihen. Die Häftlinge stellten sich in Viererreihen den Baracken entlang auf, und der Barackenälteste, Kapo genannt, mußte die Gesamtzahl der beim Appell Anwesenden melden sowie die Zahl der abwesenden Schwerkranken, die sich im Spital befanden, und derjenigen, die krank in der Baracke lagen, feststellen. Die genauen Zahlen wurden an die Lagerverwaltung und an den Kommandanten Nell gemeldet. Kommandant Nell war ein schlanker Mann mittlerer Größe, Anfang fünfzig, der nach meiner Erinnerung immer eine grünliche deutsche Uniform mit den Rangabzeichen des Hauptmanns an den Schultern trug, und dessen Beine in hohen schwarzen Stiefeln staken. Ein Revolver im Futteral an der Seite, eine kurze Peitsche in der Hand und eine grüne Offiziersmütze vervollständigten seine Ausrüstung. Wenn er lächelte, war es ein schiefes Lächeln, kalt und sadistisch. Stets begleitete ihn ein Schäferhund an seiner linken Seite, den er zusammen mit der Peitsche an einer kurzen Leine hielt. Es war bekannt, daß der Hund abgerichtet worden war und auf Kommando angriff, wenn er losgelassen wurde. Ein Häftling soll von ihm zu Tode gerissen worden sein.

Beim Appell waren auch alle anderen Mitglieder der Kommandantur anwesend, einschließlich der Ukrainer in schwarzen Uniformen. Einer der Deutschen war ein sonnengebräunter, stets sorgfältig rasierter Offizier namens Werner, immer mit einem Lächeln auf dem vollen Gesicht. Dieses Lächeln war so vertrauenerweckend wie das einer Schlange. An seinen schwarzen Stiefeln und der Peitsche war er schon von weitem zu erkennen. Einer der Deutschen wurde von uns »Kulebajka« genannt, was auf polnisch »der Hinkende« bedeutet. Wir nannten ihn so wegen seines schwankenden Gangs. Er war an der russischen Front verwundet worden, und eins seiner Beine war kürzer. »Kulebajka« war aber weder aggressiv noch boshaft.

Der übelste Deutsche war ein junger SS-Mann, den wir »Händele« nannten, weil er seinen linken Arm an der russischen Front verloren hatte und nun eine Prothese trug. In seiner rechten Hand hielt er stets eine Peitsche, mit der er geschickt seine Behinderung wettmachte. Manchmal grinste er. Er war von durchschnittlicher Größe und Gestalt und trug eine schwarze Uniform, schwarze hohe Stiefel sowie eine schwarze SS-Mütze. Seine bevorzugte Technik bestand darin, sein Opfer auszupeitschen, bis es zu Boden fiel, und es dann mit seinen immer glänzenden schwarzen Stiefeln zu traktieren. Für uns war es ein normaler Anblick, daß er jemanden schlug.

Ich weiß noch, wie ich mich einmal an der Bahnstation in der Nähe unseres Handelspostens »Toilette« aufhielt. Wir entluden gerade einen Zug, und ich befand mich zwischen den Waggons und den Pferdefuhrwerken. Der Abstand zwischen Waggons und Fuhrwerken betrug etwa drei Meter, und ich schleppte Säcke unterschiedlichen Inhalts vom Waggon zum Wagen. Im Waggon lagen ein paar Brocken Brot, die aus einem der Säcke gefallen waren. Ich hob ein kleines Stück auf und schob es mir in den Mund, ohne zu bemerken, daß ich beobachtet wurde. Händele hatte es jedoch gesehen, kam her und schrie: »Du verdammter Hund!« Das war sein Lieblingsspruch. »Du ißt und drückst dich vor der Arbeit!« Ich fühlte seine Peitsche auf meinem Rücken. Da ich wußte, daß er mich jetzt zusammenschlagen wollte, gab ich vor zu stolpern. Ich ließ mich zu Boden fallen, aber nicht auf die Seite, da er mir so die Rippen brechen konnte, sondern auf meinen Bauch, so daß er mir nicht in den Rücken treten und möglicherweise meine Wirbelsäule brechen würde. Unter Anspannung aller Muskeln hielt ich den Atem an und erwartete seine Tritte. Doch ich hatte Glück. In diesem Moment scheute das Pferd und zerrte am Wagen, so daß einige Mehlsäcke und andere Sachen herunterfielen. Er ließ von mir ab, hastete zum Fuhrwerk und versuchte, das Pferd aufzuhalten. Nach gut zwanzig oder dreißig Metern konnte er es zum Stehen bringen. Sogleich begannen einige Arbeiter des Ladekommandos damit, die Säcke wieder aufzuladen, und ich mischte mich darunter, nachdem alles vom Boden aufgehoben war. Händeles Gedächtnis war sehr kurz, und er kehrte nicht mehr zu mir zurück. Der entgangene Spaß, jemanden zusammenzuschlagen, wurde ersetzt vom Vergnügen, das Pferd einzufangen – wie bei einem kleinen Jungen, der sein Spielzeug wechselt.

Hinrichtung beim Appell

An diesem Sonntag beim Appell wußten wir bereits, daß etwas geschehen war. Zwei junge Männer aus dem Steinbruch waren bei einem Fluchtversuch gefaßt worden. Der Appell zog sich endlos hin. Es müßte inzwischen etwa halb fünf Uhr nachmittags gewesen sein. Nicht weit entfernt vom Appellplatz befand sich ein Bunker, der früher als Kartoffellager benutzt worden war. Es war ein unterirdischer Raum, der von vier Pfosten gestützt wurde. Das Dach war mit Stroh und Sand bedeckt. Nur eine kleine Tür, die sich unter dem Erdboden befand, führte in den Bunker, so daß man einen Abhang hinuntergehen mußte, um den Raum zu betreten. Dieses Verlies diente als Gefängnis für Häftlinge, die »kriminelle« Taten begangen hatten. Hier waren die beiden Flüchtlinge festgehalten worden, und wir sahen, wie sie in Begleitung von vier uniformierten Ukrainern aus dem Bunker in unsere Richtung geführt wurden. Etwa zwanzig Meter vor uns wurde ihnen befohlen, sich nebeneinander hinzuknien. Ich erinnere mich daran, daß ich einen von ihnen im Profil sehen konnte. Den zweiten konnte ich nicht sehen, er wurde durch den anderen verdeckt. Die Ukrainer standen den Gefangenen gegenüber, so daß ich ihre Gesichter sehen konnte. Zwischen uns und den Ukrainern standen außerdem alle deutschen Mitglieder der Kommandantur. Lagerkommandant Nell sagte etwas zu Werner, der meldete, daß die beiden Häftlinge auf der Flucht, worauf die Todesstrafe stand, festgenommen worden waren und daß man sie jetzt erschießen würde. Zwei Ukrainer mit Handschuhen näherten sich den beiden Häftlingen von hinten. Sie blieben stehen und hielten ihre Pistolen an die Schädelbasis der Häftlinge. Ich sehe noch heute das Profil der ukrainischen Henker vor mir. Das Lager war verstummt, das Kommando wurde erwartet. Nell nickte, Werner sagte »Feuer«, und schon war das Echo des ersten Schusses zu hören, im Bruchteil einer Sekunde vom nächsten gefolgt. Die Verzögerung genügte, so daß das eine Opfer zuerst nach vorn fiel und der Blick auf das zweite Opfer freigegeben wurde, das sich in den letzten Todeskämpfen aufbäumte und dann auf den Boden aufschlug. Werner zog seinen Revolver aus dem Futteral, näherte sich dem zuckenden Körper des Opfers, zielte auf seinen Kopf und schoß zweimal. Der Körper blieb reglos liegen: der »Gnadenschuß«. Was für eine abscheuliche Perfidie. Wenn ich je ein zufriedenes Lächeln auf Werners Gesicht gesehen habe, dann war es in diesem Augenblick. Er wandte sich von den Körpern der Toten ab, blickte zu Kommandant Nell, sagte etwas und gab den Befehl an unsere Gruppenführer, daß die Häftlinge abtreten sollten. Wir verließen den Platz, aber die Ukrainer und die Deutschen blieben noch eine Weile dort. Einige der Häftlinge waren wohl zurückbefohlen worden, denn als ich mich umblickte in Richtung des Schauplatzes der Hinrichtung, wurden die Leichen gerade von ihnen weggetragen. Heniek kam auf mich zu und fragte: »Was denkst du? Willst du immer noch flüchten?« Ich antwortete: »Nichts hat sich geändert. Lieber sterben wie ein Mann, als leben wie ein Sklave.«

Das Leben im Lager ging jedoch weiter seinen Gang. Als ich mich später am Abend mit Stanisław traf, redeten wir offen miteinander. Ich wiederholte die Frage, die mir mein Bruder gestellt hatte: »Was denkst du?« Stanisław erwiderte aufgebracht: »Genau das erwartet uns alle. Wir müssen so schnell wie möglich abhauen. Was ist dabei, wenn sie uns fangen? Später machen sie dasselbe mit uns allen.« Es war klar, daß er keine Angst hatte und daß der Anblick der Hinrichtung, die Strafe für den Fluchtversuch, seinen Entschluß nicht ins Wanken gebracht hatte. Ich sagte ihm, daß auch ich meine Entscheidung nicht ändern würde. Wir unterhielten uns noch eine Weile und bestärkten uns gegenseitig in der Hoffnung, unser Fluchtziel zu erreichen: »Wir müssen immer bereit sein. Bei der nächsten Gelegenheit hauen wir ab.« Mit diesen Worten verabschiedete er sich. Die Exekution hatte unsere Entschiedenheit zur Flucht, ohne Rücksicht auf die Konsequenzen, nur noch bestärkt. Sogar der drohende Tod durch Erschießen konnte uns nicht aufhalten.

Stanisław erzählte mir auch Einzelheiten einer anderen Erschießung, die etwa im Juli 1943 stattgefunden hatte und bei der er anwesend war. Er und drei andere Mitglieder des Ladekommandos hatten den Befehl bekommen, zusammen mit Händele zum Wäldchen zu gehen, wo ein Mann exekutiert werden sollte, weil er eine Pelzjacke bei sich versteckt hatte. Der Besitz jeglicher Art von Pelzen unterlag der Todesstrafe. Alle Pelze mußten an die Besatzer abgeliefert werden, sie sollten der Ausrüstung der deutschen Armee an der Ostfront dienen. Der Mann, der hingerichtet werden sollte, war Masler, ein Metzger. Er war ein großer, starker Mensch, und ich weiß noch genau, wie er immer gesagt hat, daß er, wenn es nur die geringste Gelegenheit dazu gebe, vor seinem Tod einen Deutschen töten würde. An diesem Tag wurde er in das Wäldchen geführt, und nachdem Stanisław und die drei anderen Häftlinge das Loch ausgehoben hatten, befahl ihm Händele hineinzuspringen. Widerstandslos sprang Masler hinunter, er hatte sich offenbar völlig aufgegeben. Wo war der Mann geblieben, der gesagt hatte, er würde kämpfen vor seinem Tod? Händele bot ihm eine Zigarette an, und als der Gefangene zu Ende geraucht hatte, schoß Händele ihm dreimal in den Kopf. Masler fiel um, und die anderen mußten ihn mit Erde bedecken. Die Häftlinge kehrten schweigend zurück, während Händele vergnügt über seine Taten an der Ostfront redete. Aber auch dieses Erlebnis von Stanisław brachte mich nicht von meinen Fluchtplänen ab, und die Hinrichtung der beiden Flüchtlinge beeinflußte weder seine noch meine Entscheidung.

Es war der 8. Dezember, als ein aufgeregter Wladek Wrona auf der Bahnstation erschien und im Handelsposten »Toilette« Kontakt mit mir aufnahm. Er sagte mir, daß er am 5. Dezember eine Nachricht von Zenek aus Warschau erhalten hatte. Wladek hatte auf eine Gelegenheit warten müssen, um mir die Post persönlich auszuhändigen, denn anders wäre es zu gefährlich für Zenek gewesen. Er übergab mir eine Postkarte, die ich später genau studierte. Zenek teilte mir darin mit, daß es ihm gut gehe, daß er Arbeit hätte und mich in Warschau erwartete. Als ich ins Lager zurückkam, zeigte ich sie Stanisław. Wir lasen sie immer wieder und lernten Zeneks Adresse auswendig, danach strichen wir sie durch. Es war dieselbe wie zuvor: Powiśle, Solec Nr. 46, Wohnung Nr. 49 bei Herrn Spoczyński. (Diese Postkarte blieb zusammen mit Fotos von Heniek, Halinka und Tetka erhalten. Später verwendete ich die Fotos in Warschau, um neue gefälschte Dokumente zu bekommen.) Zeneks Karte hatte einen aufgedruckten Stempel von 12 Złoty, der mit dem Wort »Generalgouvernement« versehen war, und trug den Poststempel vom 3. Dezember 1943. (Auch mein Brief an Zenek, auf den er mit der Postkarte geantwortet hatte, ist erhalten geblieben. Zenek bewahrte den Brief auf und gab ihn mir nach dem Krieg, als ich ihn 1945 in Warschau traf. Auch er war verschlüsselt formuliert worden.) Am 14. Dezember 1943 schrieb Zenek noch einmal einen Brief, den er gerade aufgeben wollte, als wir am 16. Dezember Warschau erreichten.

Die Bahnstation von Bliżyn war zum inoffiziellen, »stillen« Handelsposten des Ladekommandos geworden, und die Männer- und

Frauentoilette waren der Warenumschlagplatz. Sie wurden von Einheimischen, Bahnbediensteten und den Männern vom Ladekommando benutzt. Wir wickelten Kontakte und Warenaustausch in den Toiletten ab. Es gab zwei Eingänge auf den gegenüberliegenden Seiten, so daß man, wenn ein Deutscher von der einen Seite kam, auf der anderen Seite hinausgehen konnte. Oftmals bekamen wir den Stock im Rücken zu spüren, wenn man entdeckt wurde und sich nicht schnell genug in Sicherheit bringen konnte. Bei »größeren« Geschäften, etwa dem Tausch von vier oder mehr Broten, Wurst oder Butter, arbeiteten mehrere Mitglieder des Ladekommandos zusammen. Einer stand an der Toilettentür, um vor den sich nähernden Wachen zu warnen, während sich die anderen im Inneren um das Geschäft kümmerten. Wenn sich Wachhabende näherten und der Posten »grün« rief, bedeutete dies, daß ein Deutscher in der Nähe war. Rief er »schwarz«, war ein Ukrainer oder ein SS-Mann in der Nähe. Obwohl Werner die grüne Offiziersuniform trug, riefen wir bei ihm »rot«, weil sein rundes, fettes Gesicht ständig gerötet war.

Unter den Häftlingen des Ladekommandos gab es einige, die mir heute noch, während ich dies nach 49 Jahren niederschreibe, völlig lebendig vor Augen stehen. Einen nannten wir »A wu is mei Meidele«. Er stammte aus der Stadt Białystok im Nordosten Polens, ein kleiner, kräftiger, gutgebauter Mann mit rundem Gesicht, stark wie ein Bulle, der häufig ein Lied sang, das mit den Worten begann »A wu is mei Meidele«, was bedeutet »Wo ist mein Mädchen«. Ein anderer war Katz, ein starker, großer, schwarzhaariger Mann, der wenig sprach und dunkle Ringe unter den Augen hatte. Sein Kopf schien direkt auf seinen breiten Schultern zu sitzen. Wenn er mal etwas sagte, widersprach man ihm besser nicht, obwohl ich mich eigentlich nicht erinnere, daß er seine Meinung jemals mit Hilfe seiner Körperkräfte durchsetzte. Auch Moniek Wołkowicz war ein kräftiger, großer Mann Ende zwanzig, der sich immer mit Butterbroten versorgte, die sein Lieblingsessen waren. Er konnte sie sich immer irgendwie beschaffen, da er ziemlich geschäftstüchtig war. Diese Fähigkeit in Verbindung mit seiner Muskelkraft ermöglichten es ihm, Zugang zu einigen gewinnträchtigeren Geschäften zu erlangen oder das Lager öfter als andere verlassen zu dürfen. Dann war da noch Abram Futerhendler bei uns, Helas Bruder und Stanisławs künftiger Schwager, ein kleiner und zartgliedriger junger Mann Anfang zwanzig, mit eckigen

Schultern, fast zerbrechlicher Gestalt und hervortretenden Backenknochen.

Der Stärkste von uns allen war ein Mann namens Hanelo, ein untersetzter, kräftiger Typ Mitte dreißig, ruhig, fast schweigsam, der immer dann herbeigerufen wurde, wenn wir Aufgaben zu bewältigen hatten, für die wir einen Herkules benötigten. Wenn z. B. ein Rad gewechselt werden mußte, war er es, der den Wagen hochhielt. Hanelo tat das wie ein hydraulischer Kran, solange es nötig war. Ein anderer interessanter Charakter war Nysek Wertheim, der zusammen mit seiner Frau in Bliżyn war. In Tomaszów war er als Ghettopolizist tätig gewesen und hatte einflußreiche Bekannte. Da er sehr gut deutsch sprach, gelangte er in eine Position, in der er es bei verschiedenen Gelegenheiten mit den deutschen Behörden zu tun hatte. Er war von durchschnittlicher Größe, nicht sehr kräftig und ein recht gut aussehender Mann Mitte zwanzig, der unser Gruppenführer wurde, weil er für diese Position durch seine »Kontakte« geradezu prädestiniert war. Er war ein aufrichtiger und hart arbeitender Mensch, und sein Verhalten in der Vergangenheit war einwandfrei gewesen.

So schufen wir uns die Basis für unsere Flucht und trafen die letzten Vorbereitungen. Stanisław und ich warteten nur noch auf den richtigen Moment, um während des Entladens auf der Bahnstation zu entkommen. Wir waren sehr angespannt und in höchster Bereitschaft. Unser Plan bestand darin, den zwei Kilometer von der Bahnstation entfernten Wald zu erreichen, durch den Wald zur nächsten Bahnstation in Szydłowiec zu gelangen, von wo wir hofften, einen Zug nach Warschau zu erwischen. Nur wenige Menschen waren eingeweiht: mein Bruder, seine Frau Halinka, deren Schwester Roma, ihre Mutter, Tetka, ihr Bruder Marys, Stanisławs Verlobte Hela und Nysek Wertheim, unser Gruppenführer, ein vertrauenswürdiger Mensch.

Auf der Bahnstation gab es zwei parallelverlegte Gleise, eines für die in Bliżyn ankommenden Züge, das andere für die abfahrenden. Ein drittes Gleis war für Züge bestimmt, die nicht anhielten. Die beiden ersteren waren tote Gleise, auf denen die Waggons abgestellt wurden, die wir zu be- und entladen hatten. Sie waren in unmittelbarer Nähe unseres Handelspostens. Das Stationsgebäude befand sich zwischen den Gleisen und einer Landstraße, auf der Autos, Fußgänger und Pferdefuhrwerke zum Dorf Bliżyn unterwegs waren. Die Straße führte auch zum Lager und wurde von unseren Pferdewagen benutzt,

wenn sie von der Station zurückkehrten. Der Weg führte durch dasselbe Tor, das uns am ersten Tag unserer Ankunft in Bliżyn, am 30. Mai, begrüßt hatte. Parallel zu den Gleisen waren auf beiden Seiten Signalleitungen gespannt, die etwa einen halben Meter über dem Boden hingen. Sie verliefen entlang der einen Meter tiefen Gräben, die auf beiden Seiten als Gleisbegrenzung dienten.
Auf der anderen Seite der Station, in Richtung des Waldes, erhob sich ein sanfter Hang, der in die Felder führte. Diese bildeten eine Ebene, die sich in beiden Richtungen der Bahnstation über viele Kilometer an der Bahnlinie entlang erstreckte, aber in einer Entfernung von zwei oder mehr Kilometern an einen Wald stieß, den man von der Station aus sehen konnte und dessen Linie den Horizont begrenzte. Wer von der Laderampe entkommen wollte, mußte über die Schienen springen, die Gräben überqueren, in Richtung Felder laufen und dann gut zwei Kilometer oder mehr die Ebene durchqueren, um den Wald zu erreichen. Im Sommer wäre es wohl nicht allzu schwierig gewesen. Im Winter jedoch, wenn der bis zu einem Meter tiefe Schnee die Signalleitungen bedeckte, die Gräben ausfüllte und ein weißes Tuch über die Felder bis zum Wald breitete, hob sich jeder Mensch in gewöhnlicher Kleidung, vor allem in dunklen Sachen, deutlich sichtbar vor dem weißen Hintergrund des Schnees ab. Unsere Bewacher pflegten die meiste Zeit am Tresen im Wartesaal der Bahnstation zu verbringen, wenn man den Raum, der mit ein paar Tischen und Bänken zum Aufenthalt für Durchreisende ausgestattet war, überhaupt so nennen konnte. Gewöhnlich wärmten sie sich reichlich mit alkoholischen Getränken auf. Das war unsere Chance. Auf der einen Seite waren die Waggons für den Personenverkehr auf den Gleisen aufgereiht, auf der anderen Seite verstellten die Güterwaggons die Sicht auf die Felder aus den Fenstern der Bahnstation. Diese Waggons wurden von Häftlingen des Ladekommandos, darunter auch Stanisław und ich, be- und entladen. So sah das Szenario am 14. Dezember 1943 aus.

Die Flucht aus Bliżyn und das Leben in Warschau

Die Waggons mit Lebensmitteln standen zum Entladen bereit an der Bahnstation. Stanisław und einige Mitglieder des Ladekommandos hatten schon um zehn Uhr vormittags mit der Arbeit begonnen. Ich war noch im Lager und verabschiedete mich von Heniek, Tetka und den anderen. Es konnte das letzte Mal sein, daß ich sie sah. Dann begab ich mich zur Arbeit. Wir schufteten schwer. Mehl- und Kartoffelsäcke mit einem Gewicht von je hundert Kilo mußten von den Waggons auf die Fuhrwerke verladen werden, die parallel zu den Waggons hintereinander aufgereiht standen. Die meisten Fuhrwerke bestanden aus einer Ladefläche mit abnehmbaren Seitenwänden. Sie wurden von zwei Pferden gezogen und kutschiert von einem Mann aus dem Ladekommando, der mit Pferden umgehen konnte. Während des Be- und Entladens half er uns. Es war für ihn die Gelegenheit für Kontakte zu den Einheimischen und für Geschäfte.

Die wenigen Pausen waren äußerst kurz. Es war ein klarer Wintertag. Die Sonne schien in einem wolkenlosen blauen Himmel, aber ihre Strahlen wärmten nicht. Frischer, knirschender Schnee bedeckte die Erde. Auf der weißen Schneedecke, die uns vom Wald trennte, glitzerten silbern die Eiskristalle in der Sonne. Es war ein phantastischer Dezembertag. Uns war heiß, und der Schweiß bildete kleine Tropfen auf Stirn, Gesicht, Kopf und Hals. Die Zeit drängte, denn die Sonne begann schon unterzugehen, und graue Dämmerung senkte sich schließlich über die Landschaft. Es war nach vier Uhr nachmittags. Die Waggons waren fast leer, und in Kürze würde der Befehl kommen, ins Lager zurückzukehren. Die deutschen Aufseher befanden sich im Innern des Stationsgebäudes und genossen ihre heißen oder alkoholischen Getränke mit dem Büffetfräulein. Sonst waren nur noch einige Genossen vom Ladekommando da. »Jetzt oder nie!« dachte ich. »Gott steh uns bei!« Ich befand mich im selben Güterwaggon wie Stasiek, da wir immer versuchten zusammenzubleiben. Wir sahen uns an, nickten uns zu – und verstanden! Wir sprangen auf der Seite des benachbarten Gleises vom Waggon. Unglücklicherweise

verhakten wir uns in den Signalleitungen, die man einen halben Meter über dem Boden gespannt hatte und die durch den tiefen Schnee unsichtbar geworden waren. Durch den Frost standen sie unter großer Spannung, so daß sie einen hohen Ton von sich gaben, als wir sie berührten, fast wie ein Streichorchester, das unter einem Dirigenten eine Ouvertüre beginnt. Es klang in unseren Ohren wie eine Warnung, und noch heute ist mir dieser durchdringende Ton in den Ohren, der sich wie der ferne Donner eines Gewitters anhörte. Ich befreite mich aus den Drähten und warf mich auf die etwa einen Meter entfernten Bahnschienen, landete aber im Straßengraben, der mit Schnee aufgefüllt war. Stasiek befand sich direkt neben mir und kämpfte genau wie ich. Welch ein perfektes Ziel für einen einfachen Revolverschuß!
Wir fühlten unseren Herzschlag, das Blut pochte uns in den Schläfen, und der einzige Gedanke, der durch unser Bewußtsein raste, war: »Schneller, schneller, zum Wald.« Adrenalin strömte durch meinen Körper. Mir wurde heiß, aber ich fühlte keine Angst. Die Entfernung, die wir damals zurücklegten, kann ich in Kilometern nicht genau angeben, aber ich weiß, daß es der längste Lauf meines ganzen Lebens war. In dem einen halben Meter tiefen Schnee konnte man unmöglich schnell rennen. Es war eher wie Stelzenlaufen. Die Beine sanken ein und mußten fast bis zur Brust hochgerissen werden, um vorwärts zu kommen. Ich weiß noch, daß ich mich nicht umschaute. Es war keine Zeit zurückzublicken. Der Wald kam nur ganz allmählich näher. Das Herz hämmerte in lautem Stakkato in der Brust, als wäre es kurz davor, durch den Brustkasten durchzubrechen. Die Beine arbeiteten wie die Kolben eines Motors, der uns zur schwarzen Linie des Waldes voranstieß. Das Gefühl der Gefahr trieb uns mit unglaublicher Kraft vorwärts. Es war inzwischen fast dunkel, aber auf dem Schnee mußten wir auch von weitem klar sichtbar gewesen sein. Wir hatten den Wald fast erreicht, als wir Schüsse hörten. Ich weiß bis heute nicht, ob sie uns galten oder nicht.
Am Waldrand angekommen, stapften wir sogleich weiter. Es war gegen sechs Uhr abends, als wir uns endlich im tiefen Wald in Sicherheit glaubten. Mehrere Stunden wanderten wir noch weiter, um einen sicheren Abstand zum Lager Bliżyn zu gewinnen. Um Mitternacht wurden die Bäume spärlicher, und wir erreichten den Gipfel eines Berges. Aber was wir da erblickten, ließ uns zutiefst erschrecken. Vor uns, unterhalb des Hangs in einer Art Tal, etwa zwei oder drei Kilo-

meter entfernt, konnten wir unser hell erleuchtetes Lager sehen, das uns mit seinen Wachtürmen über den Stacheldrahtmauern aus nächster Anschauung so unheimlich vertraut war. Tatsache war, daß wir einen großen Kreis beschrieben hatten und nach einigen Stunden strammen Marsches fast wieder an unserem Ausgangspunkt angelangt waren. Jetzt wußten wir, wo wir uns befanden. Keine beneidenswerte Situation! Es war so ziemlich der letzte Ort, den wir sehen oder in dessen Nähe wir sein wollten. Uns war klar, daß wir uns verirrt hatten und die entgegengesetzte Richtung einschlagen mußten. Aber wenn wir nun immer wieder vom Weg abkommen würden? Für einen Augenblick fühlte ich mich so, als schnüre mir jemand den Hals zu. Dann faßte ich mich wieder, und wir gingen weiter. Wie schade, daß wir keinen Kompaß hatten.

Erste Enttäuschung

Es war weit über Mitternacht, als wir nach ununterbrochenem Marsch ein kleines Straßendorf erreichten. Im ersten Haus an der Straße brannte Licht, und die schwach erleuchteten Fenster zeichneten sich deutlich in den schwarzen Umrissen des Hauses ab, ein deutlicher Kontrast zu den schneebedeckten weißen Flächen. Keinerlei Hundegebell war zu hören. Wir hielten an und berieten, was als nächstes zu tun sei. Sollten wir nach dem Weg fragen oder einfach weitergehen? Immerhin war es mitten in der Nacht. Wir beschlossen, in dem Haus um Hilfe zu bitten.
Ein Mann öffnete auf mein Klopfen. »Gelobt sei Gott«, sagte ich, und er antwortete höflich: »Gott sei gnädig, wer bist du?« Ich sagte, daß wir von den Junakis, einer Pionier-Jugendbewegung, aus Częstochowa kämen und nach Warschau unterwegs seien, aber auf dem Marsch zur Bahnstation nach Szydłowiec vom Weg abgekommen wären. Wir befanden uns bereits im Innern des Hauses, und er bat seinen Bekannten, der am Feuer saß, nach jemandem zu suchen, der uns den Weg zeigen könnte. Einige Minuten, die mir wie lange Stunden vorkamen, redeten wir über belanglose Dinge. Plötzlich öffnete sich die Tür, und eine Gruppe von Männern betrat den Raum. Einer richtete ein Gewehr auf uns, andere trugen Stöcke und Prügel. »Ihr seid Banditen, Partisanen, Räuber, Diebe, Juden, nicht wahr? Ihr seid

wohl aus dem Lager abgehauen?« Das waren die Fragen, die sie uns stellten. Für eine Antwort blieb keine Zeit. Wir befanden uns in der Mitte des Raums, umgeben von mindestens zwölf Männern, und es drängten noch mehr herein. »Nein, nein, wir haben keine Waffen. Wir haben uns verirrt. Bitte, laßt uns gehen und zeigt uns den Weg zur Bahnstation«, erwiderte ich. »Woher, zum Gemeindevorsteher mit ihnen! Übergebt sie der Polizei. Erschießt die Hurensöhne!« wurde uns geantwortet. Uns wurde klar, daß unsere Chancen auf ein Entkommen mit jeder Minute schwanden.

Ein großer Mann, der neben mir stand, hatte bis jetzt geschwiegen. Ich wandte mich flehend an ihn: »Wir haben keine Waffen. Wir haben nichts angestellt. Stundenlang sind wir durch den Wald marschiert. Wir sind hungrig und durchgefroren. Wenn ihr uns zum Gemeindevorsteher bringt und er meldet uns der Polizei, werden wir erschossen.« Er schaute uns an, wandte sich an seine Kameraden und sagte: »Das sind keine Banditen. Laßt sie gehen. Sie haben keine Gewehre und haben uns nichts getan. Sie haben nur um Hilfe gebeten.« Es erhob sich unzufriedenes Gemurmel, aber ernsthafter Widerspruch blieb aus. Der Mann muß einige Autorität und Einfluß besessen haben.

Schließlich deutete er auf zwei jüngere Männer und wies sie an, uns den Weg zur Bahnstation von Szydłowiec zu zeigen. Ich hörte nicht, was noch gesprochen wurde. Wir achteten nicht mehr darauf. Dieser Empfang hatte uns erschüttert. Sobald wir den Waldrand erreicht hatten, dankten wir den beiden Dorfbewohnern und begaben uns in den tiefen Wald. Mir war plötzlich klargeworden, daß wir außerhalb des Stacheldrahts nicht viele Freunde hatten. Meine Mundhöhle war trocken.

Ohne ein Wort zu reden, gingen wir weiter. Wir überlegten, was als nächstes zu tun und welcher Weg einzuschlagen sei. Das Dorf Komorniki ließen wir hinter uns, ohne eine Bitte um Hilfe oder eine Frage nach dem Weg zu riskieren. So marschierten wir eilig drauflos, nur um festzustellen, daß wir uns erneut verirrt hatten. Wir kamen schließlich auf einen schmalen Pfad, der im Wald deutlich erkennbar war, weil ihn wohl viele Leute benutzten. Hier beschlossen wir zu warten, bis jemand vorbeikäme, der uns den Weg nach Szydłowiec zeigen könnte.

Stanisław begann zu dösen. Ich konnte nicht schlafen und bewunderte statt dessen die Schönheit des Waldes, den ich jahrelang nicht mehr gesehen hatte – seit vor über drei Jahren der Krieg begonnen hatte. Die Schatten der hohen Tannen mit den schneebedeckten Zweigen wiegten sich im leichten Wind. Jeder Laut, jeder knackende Zweig ließ mich aufschrecken und erschaudern. Ob jemand kam? War es ein Freund oder ein Feind? Dann herrschte wieder Stille. Schließlich bemerkte ich eine Frau, die sich auf dem Weg näherte. Das war unsere Chance. Sie war Anfang dreißig, trug einen dunklen, langen Rock, der fast bis zu den Knöcheln reichte, und war in ein großes Wolltuch gehüllt. Den Schal hatte sie um den Kopf gewickelt und seine Enden über der Brust in das Kleid gesteckt. Ich fragte sie nach dem Weg. Sie erklärte, daß Szydłowiec nicht weit sei, es läge genau am Fuße des Hügels. Sie muß ziemlich erschrocken über uns gewesen sein, aber wir hatten ebensoviel Angst vor ihr. Wenn sie mit jemandem über uns sprechen würde, würde man nach uns suchen. Wir warteten eine ganze Weile, und sobald wir die ersten Zeichen der Dämmerung bemerkten, begannen wir – wie wir glaubten – den letzten und leichten Spaziergang zur Bahnstation Szydłowiec. Der Fußweg erweiterte sich, und eine sanfte Neigung machte das Gehen leicht. Als sich der Wald lichtete, konnten wir von weitem einige Häuser sehen. »Das ist Szydłowiec«, sagte Stanisław.

Der schwarze Bandit

Wir fühlten eine Welle großer Erleichterung in uns aufsteigen. In diesem Moment ertönte eine Stimme hinter einem Baum hervor: »Hände hoch!« Ich konnte einen Gewehrlauf sehen, der auf uns gerichtet war. Ein etwa fünfundzwanzigjähriger Mann trat hervor und zielte auf uns. Er trug eine schwarze SS-Uniform-Mütze, einen schwarzen Mantel, dunkle Reithosen und kniehohe Armeestiefel. Ich konnte jedoch weder an der Mütze noch am Mantel irgendwelche SS-Insignien bemerken. Ich überlegte fieberhaft. Ein polnischer Polizist? Weshalb trägt er SS-Uniform? Ein SS-Mann? Wo sind seine Abzeichen? Ein Zivilist? Weshalb in Uniform? Ein Bandit? – Fest stand, daß er das Gewehr auf uns gerichtet hielt. Das war die nackte Tatsache unserer Situation. »Wer seid ihr?« fragte er. Ich gab ihm die vorbereitete Antwort. »Wir sind Pioniere aus Częstochowa und unterwegs nach Warschau.« – »Nein, ich weiß, wer ihr seid! Ihr seid aus dem Lager abgehauen, ihr Hurensöhne! Ich werde euch festnehmen. Vorwärts!« befahl er und wies mit dem Gewehr in Richtung des Dorfes. Ich flüsterte Stanisław zu: »Das ist das Ende unserer Reise.«

Wir gingen etwa einen Kilometer mit ihm in Richtung der ersten Häuser. An einem von ihnen, das hinten eine Schmiedewerkstatt beherbergte, hielten wir an. Es war ein kleines, altes, fast leeres Holzhaus, mit soliden Türen und Fenstern. Wir gingen hinein und setzten uns auf eine der Bänke. Unser Begleiter fixierte uns von einer anderen Bank und bedrohte uns mit seinem Revolver. »Habt ihr irgendwelche Waffen?« – »Nein«, antworteten wir. Ein anderer, etwa gleichaltriger Mann in normaler Zivilkleidung betrat das Haus. Er durchsuchte uns, stellte verschiedene Fragen, räumte alle unsere Taschen aus und steckte das, was von Wert für ihn war, zwei kleine Armbanduhren und etwas Geld, in seine eigenen. Notizen und Fotos gab er mir zurück. »Ihr werdet warten müssen«, sagte er. »Laßt uns inzwischen gehen.« Wir verließen das Haus. Der andere Mann nahm ein Fahrrad, das an einen Pfosten gelehnt war. Sie unterhielten sich eine Weile, und schließlich gingen wir alle vier bergab in eine ziemlich steinige Gegend mit etwas Gebüsch. Das Wetter war gut. Es war kalt, aber die Sonne schien von einem blauen Himmel. Was würde jetzt geschehen? Würden sie die Polizei rufen? Die Unsicherheit unserer Situation folterte mich. Wir erreichten eine kleine, mit Gestrüpp bewachsene Vertiefung hinter einem Hügel zwischen einigen Felsen. Hier befahlen uns die beiden, nachdem sie sich einen Augenblick miteinander verständigt hatten, uns vor einen Felsen zu setzen. Nachdem wir das getan hatten, setzte einer von ihnen sich drei Meter von uns entfernt auf einen Stein, und seine Füße berührten den Boden wie auf einer Bank. Der andere fuhr mit dem Fahrrad davon.

Nach etwa zehn Minuten legte sich der »schwarze Bandit« (wir nannten ihn später so wegen seiner Kleidung) näher zu uns auf die Erde, sein Kopf befand sich einen halben Meter entfernt von Stanisławs Füßen. Der Revolver lag auf dem Boden rechts neben ihm. Etwa dreißig Zentimeter links von ihm befand sich ein Stein in der Größe eines Fußballs. Stanisław bewegte seine linke Hand und ergriff den Stein. Er blickte zu mir, seine Augen wanderten ständig zwischen dem Stein und dem bewaffneten Kerl hin und her, womit er mir mitteilte, daß er eine Gelegenheit hätte, ihm den Stein auf den Kopf zu schmeißen. Die

Gedanken rasten mit Lichtgeschwindigkeit durch mein Hirn: »Angreifen? Die Pistole schnappen? Ihm den Schädel zerschmettern? Sich auf ihn werfen?« Sicher dauerte dies in Wirklichkeit nur einige Sekunden, aber im Rückblick erscheint es mir lange. Stanisław blickte weiter von mir zum Stein. Ich weiß nicht warum, aber ich schüttelte verneinend den Kopf. Der Mann, als ob er gespürt hätte, was in unseren Köpfen vorging, änderte seine Lage, legte die Hand auf den Revolver und setzte sich auf. Verschenkte Gelegenheit! Unser Schicksal blieb weiterhin ungewiß.

Es mag inzwischen zehn Uhr am Morgen oder später gewesen sein, und die Sonne stand schon hoch. Sein Spießgeselle kehrte mit dem Fahrrad zurück, an dem nun ein in braunes Packpapier eingewickeltes Paket auf dem Schutzblech des hinteren Rades befestigt war. Sie traten zur Seite und unterhielten sich kurz – uns erschien es jedoch endlos. »Wir werden euch töten. Stellt euch vor den Baum!« befahl der Bandit, während er den Revolver in der Hand hielt. Wir standen auf und gingen einige Schritte auf den Baum zu, während er zurücktrat. Plötzlich zog er eine Handgranate unter seinem Gürtel hervor, hielt sie zwischen seinen Knien und tat so, als würde er den Splint herausziehen. Einige Momente blieb er in dieser Haltung. Ich flehte: »Wir haben keine Waffen. Wir wollen nur nach Warschau. Warum haltet ihr uns fest?« Der Bandit lachte und warf uns die Handgranate direkt vor die Füße. Sie explodierte nicht. Entweder war es ein Blindgänger, oder er hatte den Splint nicht herausgezogen. Es war ganz einfach eine sadistische Laune.

Die beiden lachten und gaben sich Zeichen. Ich erinnere mich, daß ich Stanisław noch zuflüstern konnte: »Wir hätten sie umbringen sollen. Es tut mir leid, Stanisław, ich hatte unrecht, jetzt ist es zu spät.« Der schwarze Bandit näherte sich uns und richtete das Gewehr auf Stanisław und sagte: »Du zuerst.« Er war ungefähr drei Schritte von Stanisław entfernt und zielte auf seinen Kopf. »Mach die Augen zu!« befahl er. Ich begann wieder zu flehen. Er wandte sich mir zu: »Halt den Mund, oder ich erschieße dich zuerst.« Er änderte die Position, rief den anderen Kerl und richtete in der Drehung das Gewehr auf mich, indem er drohte, uns beide zu töten. Das dauerte vielleicht Minuten – Gott weiß, wie lang, aber es erschien uns wie eine Ewigkeit. Dann wurde mir schlagartig klar, daß sie nichts tun würden und daß sie nur ihr Spiel mit uns trieben, indem sie uns zu erschrecken versuchten.

Sie lachten krampfhaft. Plötzlich sagte einer von ihnen: »In Ordnung, geht jetzt weiter.« Sie führten uns in Richtung einer anderen Baumgruppe, die sich seitlich der Straße befand. »Leert eure Taschen!« Sie nahmen alles, was uns noch geblieben war, einschließlich der Fotos, die sie auf den Boden warfen. Ich hob sie auf und behielt sie in der Hand. »Zieht euch jetzt aus!« befahl einer von ihnen. »Zieht die Stiefel aus, legt die Hosen und Jacken ab!« Jetzt konnten wir auch sehen, was in dem braunen Paket war, das der zweite Bandit bei seiner Rückkehr mitgebracht hatte. Es waren zerrissene, alte Kleidungsstücke. »Zieht die jetzt an!« befahl der Schwarze.
Die Klamotten waren schäbig, hatten ausgefranste Ränder und waren an verschiedenen Stellen geflickt. Die Schuhe hatten Löcher, eine Sohle hatte sich vom Schuh gelöst und wurde durch ein Stück Schnur festgehalten. Mit Ausnahme der Hemden und Unterhosen nahmen sie uns alle Kleidungsstücke weg. Am Ende sahen wir aus wie zwei leibhaftige Gestalten aus den Romanen von Charles Dickens. Wir wußten nun, daß sie uns nicht töten würden. Alles, was sie wollten, war, uns auszurauben. Wir spürten, daß sie uns ziehen lassen würden. Tatsächlich sagte kurz danach der Schwarze: »Wir lassen euch gehen, aber redet mit niemandem ein Wort darüber. Wenn wir hören, daß ihr euch beschwert habt, kriegt ihr es mit uns zu tun.« – »Nein, wir sagen nichts«, murmelte ich. »Wo ist die Bahnlinie?« Er zeigte in Richtung des Dorfes. Eilig entfernten wir uns, ohne zu rennen, und marschierten schweigend weiter.

An der Bahnstation Szydłowiec

Es war schon dunkel geworden, und es mag fünf oder sechs Uhr abends gewesen sein, am 15. Dezember 1943. Wir fühlten keinen Hunger oder Angst, nur eine tiefe Erschöpfung. Es war der zweite Tag ohne Essen bei diesem bitter kalten Wetter, und wir waren völlig erschlagen von der vergangenen Nacht. Viel lag noch vor uns, aber was es sein würde, wußten wir nicht. Schnellen Schrittes erreichten wir die Ortschaft Szydłowiec. In der Nähe des Dorfrands, einige Häuser lagen bereits unmittelbar vor uns, hielten wir an und ordneten unsere »neuen« Kleider, die noch weniger vor der Kälte schützten als die gestohlenen. Wir sahen aus wie zwei typische Bettler. »Vielleicht ist das sogar vorteilhaft«, dachte ich. Wir setzten uns auf einen alten Baumstamm direkt neben der Straße, von dem aus wir die Bahnstation sehen konnten. Uns war klar, daß wir dorthin mußten, weil dies der einzige Ort war, an dem Hoffnung auf Rettung bestand. Wir berieten über unsere Situation und waren uns dessen bewußt, daß wir sehr nah am ursprünglichen Ausgangspunkt unserer Reise angelangt waren, ohne Geld, armselig gekleidet, müde, erschöpft und hungrig. Wir beschlossen, daß einer von uns in das Stationsgebäude gehen sollte, um einen Zug nach Warschau auszukundschaften. Die Überlegung, uns zu Fuß in die Hauptstadt durchzuschlagen, schied völlig aus. Wir fühlten nur unsere Entschlossenheit, die Reise fortzusetzen. Wir mußten Warschau erreichen, oder wir waren verloren. Unsere Lektion hatten wir gelernt: Wir befanden uns in einer feindlichen Umgebung. Der Plan lautete nun: Zur Bahnstation gelangen, einen Zug nach Warschau ausfindig machen, den Zug abpassen, Warschau erreichen. War das nicht einfach? Wenn man dieses Szenario wie einen Film wiederholen könnte, wäre es offensichtlich, daß es eine schreckliche Situation war.

Wir gingen durch den hinteren Teil des Dorfes. Niemand war zu sehen. Häuser säumten die beiden Straßenseiten, und die Bahnstation lag klar sichtbar am Ende des Dorfes. Die Straße war breit, mit etwas Gebüsch und Bäumen auf jeder Seite, einige kahle Laubbäume, einige Kiefern und Tannen. Als wir uns der Station näherten, konnten wir die Gleise erkennen. Das graue Gebäude hatte Fenster, die sich wie ausgeschnittene gelbe Quadrate in den schwarzen Umrissen des Hauses ausnahmen. Es war später Abend, aber der Widerschein des Mondlichtes auf dem Schnee wirkte fast wie Tageslicht. Wir versteckten uns hinter einem Gebüsch gegenüber dem Stationsgebäude. Was sollten wir tun? Stanisław zog meine Jacke an, die weniger schäbig als seine aussah, und ging in das Stationsgebäude, um den Zug nach Warschau ausfindig zu machen. Ich beobachtete von der Straße aus, wie er die Treppe hinaufstieg, die Tür des Gebäudes öffnete und darin verschwand.

Während ich auf seine Rückkehr wartete, schaute ich mich um. Um mich herum herrschte vorweihnachtliche Stimmung mit winterlichem Schnee und Frost, aber ich fühlte weder Kälte, Hunger und Durst noch Angst. Das einzige, was ich spürte, war, daß sich die Zeit hinzog. Ich begann die Sekunden zu zählen, Minuten dauerten Stunden. Nach einer Weile wirbelten mir alle möglichen Gedanken durch den Kopf: »Was ist, wenn er festgenommen wird? Was, wenn er festgehalten und verhört wird? Vielleicht sind unsere Banditen, der Schwarze und der Radfahrer, hier? Sie wissen, daß wir zur Station wollten.« Die Gedanken überschlugen sich. Ich konnte fühlen, wie mein Herz immer schneller schlug und mir das Blut in den Kopf trieb. Warum kam er nicht zurück? Was war geschehen? Das waren schließlich meine einzigen Gedanken und die sinnlosen Fragen, auf die ich keine Antwort fand.

Inzwischen war es schon etwa elf Uhr. Der Himmel war klar, die Sterne leuchteten hell, und die kahlen Bäume und Strommasten warfen Schatten. Aber Stanisław kam nicht zurück. Ich grübelte, was nun zu tun sei. Mir würde nichts anderes übrigbleiben als hineinzugehen, sobald sich irgendein Lebenszeichen in dem momentan wie ausgestorbenen Bahnhof regte. Das Startzeichen sollte sein, wenn die Leute beginnen, durch die Bahnhofstür aus- und einzugehen. Ich wußte nicht, wie lange ich noch wartete, bis endlich ein Mann aus der Richtung des Dorfes kam und das Stationsgebäude betrat. Daraufhin gingen zwei weitere Personen hinein und kamen wieder heraus. Im ersten Stock brannte Licht. Es tat sich etwas, durch die Stille der Nacht drangen Stimmen bis zu mir. Vielleicht würde gleich ein Zug einlaufen. Ich beschloß hineinzugehen, überquerte die Straße, ging die Treppe hinauf und öffnete die Tür. Vorsichtig betrat ich den langen Wartesaal, der von zwei Hängelampen erleuchtet wurde. Kleine Menschengruppen saßen darin. Auf der gegenüberliegenden Seite befand sich der Schalter, daneben ein großes Fenster, etwa einen Meter über dem Boden, mit einem heruntergelassenen Gitter. Einige teilweise besetzte Holzbänke standen entlang der Wand. Ein Stahlbecken mit rotem, heißem Koks in der Mitte des Raums strahlte Wärme ab. In der Nähe des Beckens lag eine Person auf einer Holzbank mit Lehne und schlief. Es war Stanisław.

Mein Erscheinen zog zunächst keine Aufmerksamkeit auf sich. Ich stand in der Nähe der Tür im beleuchteten Teil des Raums. Die Uhr zeigte in römischen Ziffern an, daß es Viertel vor elf war. Ich ging durch den Raum zu Stanisław und rüttelte ihn einige Male. Als er aufwachte, setzte ich mich neben ihm. »Was ist los?« fragte ich. »Der Zug hat Verspätung. Er ist noch nicht gekommen«, erklärte er. Um uns herum saßen einige Wartende mit Gepäck. Stanisław hatte recht.

Der Zug sollte noch kommen. Wir befanden uns mitten im Saal, und allmählich wurden die Menschen durch unsere schäbige, abgerissene Kleidung doch auf uns aufmerksam. Gesichter starrten in unsere Richtung. Ich konnte schon Geflüster hören. Vielleicht waren es einfach nur irgendwelche Gesprächsfetzen, aber mir kam es vor, als redeten sie über uns. Wahrscheinlich war ich überempfindlich, aber ich hatte guten Grund, alle um mich herum zu verdächtigen. Vielleicht redeten sie auch nur über die Zugverspätung. Wer weiß? Wir fühlten uns sehr angespannt. Das Geflüster wurde immer lauter. Plötzlich öffneten sich die Eisenrollos des Fensters neben dem Schalter, das sich als Gepäckaufbewahrung erwies, mit großem Geratter und machten eine offene Tür an der Rückwand des Gebäudes sichtbar, die auf die Rampe hinausführte. Im Mondlicht konnten wir die Schienen erkennen. Die Leute standen nun auf und gingen in alle Richtungen. Mir kam es vor, als ob sie immer noch zu uns hersahen und über uns redeten. Vielleicht war ich übermüdet und paranoid, aber ich glaube nicht, daß mein Eindruck völlig falsch war.
Plötzlich bemerkten wir am Ende der Halle drei Männer, die Eisenbahneruniformen trugen und energisch in unsere Richtung strebten. Wir warteten keinen Moment länger, sondern sprangen über die einen Meter hohe Theke zum Gepäckraum und entkamen durch die offene Tür auf die Rampe. Bei meinem letzten Blick auf die Uhr zeigte der Zeiger auf die Elf. In diesem Moment lief ein Zug mit quietschenden Bremsgeräuschen in den Bahnhof ein, und die Dampflok schnaufte mit mehreren Wagen an uns vorbei. Wir rannten in Richtung Lokomotive, die inzwischen wieder ein- bis zweihundert Meter entfernt war. Der Zug hielt an, und die Lok war außerhalb des beleuchteten Bereichs zum Stehen gekommen. Wir bemerkten, daß uns ein Uniformierter entgegenkam. Der Zug bestand aus vielen Güterwaggons, einige mit einem abgerundeten und einige gänzlich ohne Dach. Einer der Wagen in der Nähe der Lokomotive hatte vorn eine kleine Führerkabine mit drei Stufen, über die man vom Bahnsteig aus durch eine Innentür hineingelangen konnte. Die Außentür fehlte. Unter dem Dach der Kabine befand sich ein kleines Fenster. Dunkelheit umhüllte uns jetzt und trennte uns von dem erleuchteten Bahnsteig. Wir sprangen auf die Stufen der Kabine. Stanisław war schon drinnen, und ich stand direkt hinter ihm auf der dritten Stufe. Der Mann, der uns gefolgt war, holte uns ein. Mit der rechten Hand hielt er sich am eiser-

nen Geländer, trat auf die erste Stufe, den anderen Fuß noch auf dem Boden, und sagte: »Ihr seid irgendwo abgehauen, oder? Partisanen? Juden? Banditen? Kommt herunter! Habt ihr Geld?« Der Pfiff des Schaffners durchnitt die Dunkelheit der Nacht. Der Zug setzte sich in Bewegung und gewann an Geschwindigkeit. Stanisław erwiderte: »Wir haben kein Geld, nur eine Münze.« Er meinte das in seinem Hemd versteckte Geldstück, das die Banditen übersehen hatten. »Willst du sie haben?« Er streckte seinen Arm aus und schlug dem Mann mit einer weitausholenden Bewegung ins Gesicht. Während ich mich mit der linken Hand festhielt, schlug ich mit der rechten Hand auf seinen Arm, der das Geländer umklammerte. Er verlor den Halt. Wir hörten keinen Schrei. Der Schatten verlor sich unter dem Zug, weggefegt vom Rand des Waggons. War er auf dem Boden aufgeschlagen? Oder war er unter die Räder geraten? Es kümmerte uns nicht. Es ging um unser eigenes Überleben. Töten oder getötet werden. Möglicherweise hatte ich zum erstenmal in meinem Leben getötet.

Der Zug nach Warschau

Tatsache war, daß wir uns schließlich in dem Zug befanden, und dieser Zug war auf dem Weg zu unserem Ziel – Warschau. Wir standen in der Kabine. Uns war klar, daß dies kein sicherer Ort war. Wir konnten an der nächsten Station oder an jedem anderen Punkt der Reise, wann immer der Zug hielt, kontrolliert werden. »Laß uns aufs Dach steigen«, sagte ich zu Stanisław. Für zwei junge, muskulöse Kerle war die Kletterei aus der Kabine auf das Dach eines fahrenden Zuges keine schwere Übung. Dicht gedrängt lagen wir nebeneinander, fühlten die Wärme unserer Körper, die vom rhythmischen Vibrieren des Wagens und vom harten Stakkato der Räder durchgeschüttelt wurden. Unsere Köpfe waren durch die Kabine, die sich vor uns über dem Dach des Zuges erhob, etwas vor dem Fahrtwind geschützt. Die Kälte drang dennoch immer tiefer in meinen Körper ein. Die Zähne schlugen aufeinander, Finger und Zehen wurden immer steifer vor Kälte. Nach kurzer Zeit hielt der Zug wieder an, und tatsächlich wurde die Kabine kontrolliert. Durch die gefrorene und dreckige Scheibe des Fensterchens flackerte das trübe Licht einer Taschenlampe, deren Widerschein über dem Dach zu sehen war. Ich

konnte die Mütze eines Bahnbeamten erkennen. Als Zeichen unseres Einverständnisses gaben wir uns tief bewegt die Hand. Ja, es leuchtete ein Glücksstern über uns. Vielleicht dachten unsere Eltern an uns – sie waren irgendwo dort oben und beteten für uns.
Das Eisenbahndach war ungefähr dreißig Zentimeter hoch mit Schnee bedeckt, so daß wir von unten nur aus der Entfernung gesehen werden konnten, weil wir reglos im Schnee lagen. Wir fühlten keinen Hunger, keine Müdigkeit, nur den eisigen Wind. Es war eine Nacht im tiefen polnischen Winter, wir lagen dürftig bekleidet im Schnee auf dem Dach eines Eilzuges. Meine Gedanken waren lebendig, mein Geist arbeitete rege, und verschiedene Bilder kamen und gingen, einige zusammenhangslos, einige vernünftig. Ich stellte mir unser Zuhause vor und konnte die Wärme fühlen, meine Eltern sehen und spürte großes Heimweh. Eine unbestimmte Sehnsucht lastete auf meiner Seele. Im nächsten Augenblick hatte ich Tetka vor Augen, und ich weinte innere Tränen vor Sehnsucht und Sorgen. Dann kehrte ich wieder in die Realität zurück. Wir fuhren weiter durch die Dunkelheit. Mit jedem Räderschlag kamen wir Warschau näher. Das hielt uns am Leben.
Ich erinnere mich, wie der Zug an einer großen Bahnstation hielt. Bis dahin waren wir reglos auf dem Dach gelegen. Ich glaube, es war die Station Skarzysko. Unser Zug hielt zwischen zwei anderen. Links stand ein Güterzug, rechts ein vollbesetzter Zug mit deutschen Soldaten, der sie an die Ostfront brachte. Ich kletterte herunter, Stanisław blieb auf dem Dach. Was für eine Erleichterung es war, daß ich meine Arm- und Fußgelenke dehnen, aufstehen und durch langsame Bewegung den Blutkreislauf wieder in Gang bringen konnte. Einer der Soldaten fragte mich: »Was machst du?« Ich antwortete: »Warschau, Warschau« und tat so, als beschränkten sich meine Deutschkenntnisse lediglich auf Ortsnamen. »Rauchst du?« fragte er mich. Ich muß ausgesehen haben wie der Tod auf Urlaub, in Lumpen gekleidet, und das hat ihn wohl bewegt. Er hätte mich anhalten, mich als Dieb verdächtigen und der Bahnpolizei übergeben können. Aber das tat er nicht, sondern er bot mit statt dessen eine Zigarette an, was zu dieser Zeit ein äußerst großzügiges Geschenk war. Alles war willkommen, und eine Zigarette entsprach einem Laib Brot. Sein Zug setzte sich in Bewegung, und ich dankte ihm. Er sprang auf, und ich winkte. Das war meine erste Begegnung mit einem Deutschen seit der Flucht.

10. Hochzeitstag von Teodora und Bernard Bierziński, der Eltern des Autors, 1930. In der Mitte Ignacy (Ignatius) und sein älterer Bruder Henryk.

Ich kletterte wieder auf das Dach zurück und legte mich neben Stanisław. Unser Zug setzte sich in Bewegung, und als wir gerade an der Lokomotive des links neben uns stehenden Zuges vorbeifuhren, sahen wir einen Mann mit einem großen Schlauch in der Hand, mit dem er den Tank der Lok auffüllte. Obwohl er uns bemerkt hatte, richtete er den Wasserstrahl auf uns. Er befand sich auf der gleichen Höhe wie wir und konnte uns also auf dem Dach liegen sehen. Was für ein gedankenloser Hurensohn! Wenn uns der Wasserstrahl getroffen hätte, wären wir wahrscheinlich erfroren. Zum Glück erreichte uns der Strahl nicht, sondern nur den Schnee direkt hinter uns, lediglich ein paar Tropfen spritzten auf unsere Füße. Wieder hatten wir Glück! Und so setzten wir unsere Reise auf dem Dach des Zuges fort, dem Fahrtwind ausgesetzt, bereits seit zwei Tagen und Nächten ohne Essen und Schlaf. Wir klammerten uns an den Wunsch, um jeden Preis zu überleben. Wie lange die Fahrt dauerte, weiß ich nicht mehr. Schließlich schlief ich ein, was unter den gegebenen Umständen dem Vorspiel zum Erfrierungstod gleichkam. Plötzlich fühlte ich mich sehr warm und wohl. Ich träumte von Sonnenschein, grünen Wiesen, Obstbäumen, Rindern, und noch heute kann ich mich lebhaft an den blauen Himmel und das blühende Feld meines »Vortodes«-Traums erinnern.

Ich fühlte einen Stoß in die linke Seite, Stanisławs Seite, und hörte seine Stimme: »Wir müssen aufstehen. Es ist Okęcie. Schau, alle steigen aus.« Plötzlich befand ich mich wieder in der Wirklichkeit. Tatsächlich konnten wir auf den Feldern, die von Bahnschienen durchschnitten und von den Sternen beleuchtet wurden, in der Ferne einige Häuser erkennen, in deren Fenstern zum Teil Licht brannte. Einige Leute sprangen von dem sehr langsam fahrenden Zug ab und marschierten eilig in Richtung der Häuser. Wir kletterten herab, sprangen ebenfalls vom Zug und folgten ihnen. Die meisten trugen Pakete, Taschen oder Koffer. Sie bildeten kleine Gruppen von drei oder vier Personen. Wir erreichten ein Haus, dessen Tür geöffnet war. Alle gingen hinein. »Gelobt sei Jesus Christus!« sagte ich. »Saecula saeculorum«, antwortete jemand. »Dürfen wir uns setzen?« Wir konnten bleiben.

Wie sich herausstellte, gab es eine stillschweigende Übereinkunft zwischen den Schmugglern und dem Lokomotivführer, der wahrscheinlich etwas Geld dafür bekam, daß er die Fahrt an dieser Stelle verlangsamte, damit die Schmuggler aussteigen konnten. Auf dem Bahnhof in Warschau hätten sie nicht die geringste Chance gehabt, ihre Waren durch die Kontrollen zu bringen. Der Raum, in dem wir uns befanden, war warm, voller Kisten und Pakete, und einige von ihnen stapelten sich bis zur Decke. Wir setzten uns auf einen der Kartons. Stille breitete sich aus. Alle Augen richteten sich auf uns. Ein Mann kam auf uns zu, der zwei Gläser Milch, die – wie sich herausstellte – heiß war, und zwei Scheiben Brot in den Händen hielt. Er trug einen weißen Kragen. Es war ein Priester. »Eßt etwas. Wir wissen, wer ihr seid.« – »Können wir hier Halt machen?« fragte ich. Er sagte: »Nur bis zum Tagesanbruch. Wohin wollt ihr?« »Nach Powiśle, zur Familie.« – »In Ordnung. Aber wenn es hell wird, müßt ihr gehen und der Bahnlinie Nr. 13 folgen. Die wird euch zur Brücke führen.« Die Milch und das Brot waren eine der schmackhaftesten Mahlzeiten, an die ich mich in meinem Leben erinnere. Sie wurde in guter Absicht zwei völlig erschöpften und ausgehungerten jungen Leuten gegeben. Ich legte meinen Arm auf eine erhöht stehende Kiste, bettete meinen Kopf darauf, schlief im Bruchteil einer Sekunde ein – und erwachte davon, daß der Priester an meiner Schulter rüttelte. »Es wird Tag, Zeit für euch zu gehen«, sagte er. Er gab uns noch ein weiteres Stück Brot mit auf den Weg, und einer der Männer führte uns zur Straßenbahnlinie, der wir folgen sollten. Erholt, aufgewärmt und voller Energie und Begeisterung setzten wir dort unsere Flucht fort.

Es war noch dunkel, aber der Arbeitstag hatte bereits begonnen. Hin und wieder sah man Menschen, die auf dem Weg zur Arbeit waren. Wir hatten keinerlei Dokumente bei uns. Zu diesem Zeitpunkt wußten wir noch nicht – und vielleicht war es besser, daß wir uns dessen nicht bewußt waren –, wie gefährlich es war, ohne Papiere durch Warschau zu gehen. In Warschau von polnischer oder deutscher Polizei oder aber von Detektiven in Zivilkleidung ohne Dokumente angetroffen zu werden, war gleichbedeutend mit dem Tod. Unsere Unkenntnis war köstlich! Hoffnungsvoll marschierten wir an diesem strahlend schönen, sonnigen und kalten Wintermorgen immer weiter den Schienen entlang. Einige Zeit nach unserem Aufbruch fuhr die erste Straßenbahn an uns vorbei. Es muß etwa sieben Uhr gewesen sein, da die von den deutschen Behörden verordneten Sperrstunden, die um acht Uhr abends begannen, morgens um sieben Uhr endeten. D. h., wir waren sogar noch während der Sperrstunden ohne Dokumente unterwegs gewesen. In zügigem Tempo wanderten wir weiter, und nach einiger Zeit sahen wir die Weichsel und die Brücke, die über den Fluß führte.

Der Stadtteil Powiśle und die Solec-Straße lagen am anderen Ende einer Brücke, die wir überqueren mußten. Wir wußten nicht, daß diese von bewaffnetem deutschen Militär und mit Maschinengewehren bewacht wurde. Zum Umkehren war es allerdings zu spät, ohne Verdacht zu erwecken. Natürlich hatten wir damals keine Ahnung, daß Warschau durch die von Partisanen und Untergrundkämpfern verübten Sabotageakte, tödlichen Überfälle auf deutsche Polizisten und Militärs sowie Geiselnahmen von Deutschen unter ständiger Spannung stand. Dies geschah täglich. Auch wußten wir nichts darüber, daß ganze Häuserblocks von deutscher Polizei und deutschem Militär umstellt worden waren und alle arbeitsfähigen Personen, besonders Männer, verhaftet, deportiert, ins Gefängnis gesteckt oder öffentlich erschossen wurden als Rache für die Sabotage und die Überfälle. Es war ein Teufelskreis. Zum Glück hatten wir keine Ahnung davon, denn diese Unwissenheit war ein wahrer Segen. Wir liefen inmitten der Straße weiter und kamen an vier bewaffneten deutschen Wachen vorbei, zwei auf jeder Seite. Wir taten so, als unterhielten wir uns angeregt miteinander, indem wir unsere Lippen bewegten, aber in Wirklichkeit waren wir völlig verängstigt. Ohne zu ihnen hinzusehen, gingen wir unbehelligt am ersten Wachposten vorbei. Sie hielten uns nicht an. Das Glück war auf unserer Seite. Jetzt waren wir in der Mitte der Überführung, als wir plötzlich einen weiteren Posten bemerkten. Wiederum gaben wir vor, ins Gespräch vertieft zu sein, als wäre nichts geschehen, und gingen weiter den Schienen entlang. Wieder achteten wir nicht auf die Wachen und passierten sie ein zweites Mal unbehelligt! Dies war einer der wenigen Augenblicke in meinem Leben, in denen ich die Existenz Gottes akzeptierte und daran glaubte, daß er barmherzig sein kann. Die Wachleute dachten wahrscheinlich, daß wir bereits von den Wachen am anderen Ende kontrolliert worden waren. Wir gingen weiter, ohne mit der Wimper zu zukken – ohne die Köpfe zu drehen, ohne zurückzublicken. Es war ein weiterer unglaublicher Glücksfall, daß wir nicht von den Wachposten verhört wurden! Als wir später davon berichteten, hielten es die Leute in Warschau für unmöglich. Einige vermuteten, wir seien wahrscheinlich mit der Straßenbahn hinübergefahren – denn diese wurde gewöhnlich nicht kontrolliert –, und daß wir es unmöglich zu Fuß geschafft haben konnten. Wir hatten keine Beweise, aber wir wußten, daß es die Wahrheit war. Wir hatten es erlebt! Als hätten wir die Nadel im Heuhaufen gefunden.

Warten auf Zenek

Nach einigem Suchen und Fragen gelangten wir in die Solec-Straße und fanden die Hausnummer 46. Durch eine breite Toreinfahrt kamen wir in einen gepflasterten und asphaltierten Innenhof, wie sie bei solchen alten Gebäuden üblich waren. Es war ein mehrstöckiges, graues Mietshaus, wo an vielen Stellen der Verputz abgebröckelt war und die bloßen Ziegelsteine zum Vorschein kamen. Als wir den Hof betraten, lag das Gebäude direkt vor uns, und links auf der anderen Seite des Hofs stand ein riesiger Müllbehälter, hinter dem ein Täfelchen zu den Toiletten wies. Es war eines der typischen großen Warschauer Wohnhäuser. Ohne zu zögern, gingen wir in den Toilettenraum, in dem links ein Pissoir war, das man irgendwann mal schwarz gestrichen hatte. Darüber befand sich in einer Höhe von etwa zwei Metern eine Nische mit dem einzigen Fenster des ganzen Toilettenraums. Diese Nische war der Ort, an dem Stanisław völlig zusammengekauert seine erste Nacht in Warschau verbrachte. Auch später mußte er noch einige Male an diesen Platz zurückkehren.
Beschreiben wir die Ereignisse dieses Tages – es war der 16. Dezember 1943 – der Reihe nach. In diesem Toilettenraum gab es vier Kabinen mit einem Zementfußboden, die durch zwei Meter hohe Ziegelmäuerchen getrennt waren. In einer der Kabinen schlossen wir uns ein. Während wir dort warteten, mußten wir eine Strategie ausarbeiten. Es war noch zu früh, um an einem Wintermorgen im Dezember im okkupierten Warschau die Wohnung von Fremden aufzusuchen und dort nach einem Freund zu fragen. So beschlossen wir, die Toilettenabteile alle paar Minuten zu wechseln, um nicht durch eine bestimmte, ständig verschlossene Toilettentür Verdacht zu wecken. Wenn jemand eine Toilette oder das Pissior benutzte, sprachen wir kein Wort. Nachdem einige Zeit vergangen war, zog ich Stanisławs Jacke und Schuhe an, die besser aussahen als meine, und machte mich fertig, um zur Wohnung Nr. 49 hinaufzugehen. Die Leute, die ich

aufsuchen wollte, wohnten im dritten Stock und hießen Spoczyński. So schnell wie möglich wollte ich daraufhin zu Stanisław zurückkehren. Ich machte einen letzten Versuch, die zerlumpte Kleidung in Ordnung zu bringen, indem ich meine weiten Hosen zusammenband, und ging dann hinauf. Ich konnte das laute Pochen meines Herzschlags hören, als ich vor der Wohnungstür mit der Nr. 49 stand. Vorsichtig klopfte ich an die Tür. »Wer ist da?« fragte eine weibliche Stimme. »Ein Freund von Herrn Zenek«, antwortete ich. Die Tür ging auf. Eine alte Dame Ende sechzig, Anfang siebzig, die ordentlich gekleidet war, stand vor mir. Sie schien etwas kurzsichtig zu sein. »Ich bin Zeneks Freund. Er hat mir gesagt, daß ich ihn hier aufsuchen soll«, sagte ich. »Oh, das ist wohl einige Zeit her, denn er ist schon vor vier Wochen hier ausgezogen.« Ich hatte das Gefühl, der Boden würde mir unter den Füßen weggezogen und alles um mich herum bräche zusammen. Ich atmete schwer, und mein Mund wurde trokken. »Haben Sie seine Adresse?« fragte ich. »Nein, wir kennen sie nicht«, antwortete sie. »Aber er kommt ab und zu hier vorbei, um seine Post abzuholen. Kommen Sie herein. Möchten Sie etwas Heißes trinken? Nur getrocknete Apfelschalen, wissen Sie, das ist alles, was wir haben.«

Ich nahm die Einladung natürlich an, betrat das Zimmer und setzte mich. Ich überlegte fieberhaft, was als nächstes zu tun sei. Ich erzählte ihr, daß ich mit meinem Freund zusammen aus Zeneks Heimatstadt nach Warschau gekommen sei, um Arbeit zu suchen. Herr Spoczyński, der gut zehn Jahre älter war als seine Frau, saß schweigend in der winzigen Küche, schlürfte seinen Apfelschalentee und beteiligte sich nicht am Gespräch. Ich redete weiter über belanglose Dinge. Schließlich kündigte ich an, daß ich am Abend wiederkäme, vielleicht würde Zenek ja vorbeikommen. Ich bat Frau Spoczyński, falls er tagsüber hereinschauen sollte, ihm auszurichten, daß Ignac da war und ihn besuchen wollte. Er könnte dann eine Nachricht für mich hinterlassen. Dann verließ ich die Wohnung, und als die Tür sich hinter mir schloß, war es, als hätte man mich aus einem fahrenden Zug geworfen.

Langsam ging ich zur Toilette zurück, ohne jemandem zu begegnen. Ich überbrachte Stanisław die schlechten Nachrichten. Wir mußten bis zum Abend warten, ehe irgend etwas geschehen konnte. Das war unser dritter Tag nach zwei Nächten voller Abenteuer und Ruhelosigkeit, nur mit dem wenigen Brot und der Milch, die wir vom Priester erhalten hatten. Wir beschlossen, weiterhin in den Toiletten zu bleiben und alle paar Minuten das Abteil zu wechseln. Dies hielten wir auch dann aufrecht, wenn niemand da war. Denn zwei junge Männer, die zu lange zusammen eine Toilette in einem Mietshaus mit vielen Wohnungen besetzten, würden in diesen Kriegstagen voll Elend und Verfolgung bei jedem sofort Verdacht erwecken. Und so warteten wir auf den Einbruch der Dunkelheit. Es lagen noch einige Stunden vor uns, die wir irgendwie herumkriegen mußten. Wir dachten über unsere Situation nach. Der Tag würde vorbeigehen, ich würde wieder nach Zenek fragen. »Aber was«, fragte ich mich, »wenn er nicht kommt, um seine Post zu holen? Noch eine Nacht in der Toilette? Und was ist morgen?« Ich erinnere mich noch an die Gespräche mit Stanisław, an die Fragen, die wir uns gegenseitig stellten, an die Antworten erinnere ich mich jedoch nicht. Wahrscheinlich gab es keine.

Wir hatten keine Dokumente, kein Geld, kannten weder Warschau noch irgend jemand in Warschau. Auf die Straße zu gehen, war gefährlich. Wir waren nicht anständig angezogen. Es war Dezember, und es gab Schnee und Frost. Wir fühlten, daß es eine Grenze der menschlichen Belastbarkeit gibt. Niemand, der uns half. Kein Essen, eine feindselige Umgebung. Wir könnten erpreßt oder denunziert werden. Unsere Chancen waren gering und im Schwinden begriffen. Uns war klar, daß wir, wenn Zenek an diesem Abend nicht auftauchen würde, in äußerste Bedrängnis kämen. Wahrscheinlich müßten wir weiter in unserem neuen Zuhause, der Toilette, warten. Natürlich waren wir damals darauf eingerichtet, das Leben so zu nehmen, wie es kam, von einem Augenblick zum nächsten zu leben, ohne vorauszudenken, da wir aus der Erfahrung der letzten Tage, Monate und Jahre sehr wohl wußten, daß die Ereignisse unberechenbar waren und Planung nicht mehr wert war als ein Hirngespinst. Ein Leben war wertlos, der Tod allgegenwärtig, und man gewöhnte sich an die Möglichkeit des eigenen Todes.

Wenn ich heute über die damaligen Ereignisse nachdenke, bin ich sicher, daß »jugendliche Entschlossenheit« die einzige Kraft war, die uns von einem Augenblick zum nächsten trieb, ohne daß wir uns über die Zukunft zu viele Gedanken machten. Wir waren daran gewöhnt, Unsicherheiten zu ertragen – als Verlierer oder Gewinner –, und wir nahmen das als Herausforderung. Es gab wenig Angst in unserem Herzen. Die Akzeptanz der Realität war nahezu vollkommen. Als wir vom »schwarzen Banditen« und seinem Komplizen ausgeraubt worden waren, hatten wir uns bis auf die Unterwäsche ausziehen müssen, aber unsere Unterhosen haben sie uns zum Glück nicht weggenommen. Zwei Wertgegenstände waren uns so geblieben: Einer davon war die Tatsache, daß Stanisław zwei Paar Unterhosen hatte, von denen ein Paar fast neu war. Dieses Paar wollten wir nun irgendwie verkaufen, fragte sich nur, wie? Der zweite war der kleine Diamant, der sich dank der Genialität meiner Mutter unter meiner Knopfleiste befand. Diesen Diamanten verkauften wir später und bezahlten damit die gefälschten Dokumente, die uns während unseres Aufenthalts in Warschau das Leben gerettet haben.

Wir beschlossen also, daß ich auf die Straße hinausgehen sollte, um dort zu versuchen, das neue Paar Unterhosen, das Stanisław gerettet hatte, zu verkaufen. Die Erfahrungen vom »Handelsposten« in Bliżyn kamen uns zugute. So verließ ich mit Stanisławs gutem Paar Unterhosen über dem Arm die Toilette und ging hinaus auf die Straße. Ich wußte nicht genau, wie ich das Problem angehen sollte, und beschloß, irgendeinen Mann, der weder zu wohlhabend noch zu arm aussah, anzusprechen. Außerdem wollte ich das nicht zu nah bei unserem Gebäude tun, für den Fall, daß ich aus unvorhersehbaren Gründen weglaufen mußte. Ich bog um den Häuserblock in einen Weg ein und bot einigen Passanten meine Unterhosen zum Verkauf an. Der erste zeigte kein Interesse, aber nach einigen Versuchen fragte einer, wieviel ich dafür wollte. Ich sagte, hundert Złoty, war aber darauf eingestellt, auch weniger zu akzeptieren. Er erwiderte: »Achtzig?« Ich war einverstanden, und der Handel war perfekt.

Mit den achtzig Złoty in der Tasche ging ich in den nächsten Laden, kaufte etwas Brot und Milch und kehrte zu unserem Standort zurück. Wahrscheinlich war der Handel für den Mann vorteilhaft. Ich kannte die Preise für gebrauchte Kleidung lediglich aus unserem Handel mit Wrona in Bliżyn. Nichts war in diesem Moment jedoch wichtiger, als daß wir etwas zu essen bekamen. Wieder hatten wir so ein Festmahl aus Milch und Brot. Oftmals, wenn ich heute Brot und Milch sehe, rufe ich mir jene Augenblicke ins Gedächtnis zurück, als dies die einzige Nahrung war. Niemals könnte ich es dulden, Brot wegzuwerfen oder verkommen zu lassen, weil es auch heute noch ungeheuer viel

Hunger auf der Welt gibt. Ich weiß es nicht mehr genau, aber ich habe wohl die Verkäuferin gebeten, die Milch aufzuwärmen, denn in meiner Erinnerung war sie wundervoll warm. Und so stärkten Stanisław und ich uns an Leib und Seele angesichts der unbekannten Ereignisse, die vor uns lagen.

Im Laufe des Tages hatten wir das Toilettenabteil wohl fünfzigmal gewechselt, ohne Verdacht erweckt zu haben. Leute kamen und gingen. Der Abend brach an, und mit ihm kam die Dunkelheit. Natürlich gab es kein Licht in der Toilette. Im Winter wurde es etwa gegen vier oder halb fünf Uhr nachmittags dunkel, aber das war noch zu früh, um hinaufzugehen. Wir vermuteten, daß Zenek bis sechs Uhr arbeitete. Falls er herkommen würde, wäre das nicht vor sieben Uhr abends der Fall. So hatten wir mindestens noch zwei Stunden Wartezeit vor uns, bis ich einen weiteren Besuch im dritten Stock wagen konnte. Wir besaßen keine Uhren, denn die hatten uns die Banditen abgenommen, wir mußten also die Zeit schätzen. Gelegentlich ging ich auf die Straße hinaus, um Passanten nach der Uhrzeit zu fragen, aber die Straßen waren fast leer, und es dauerte eine Weile, ehe ich Gelegenheit hatte, jemanden anzusprechen.

Schließlich war der Augenblick gekommen, einen zweiten Besuch bei Spoczyńskis zu machen. Ich ging die Treppen hinauf und klopfte an. Der Einsatz war hoch. Wenn er wirklich kam, um seine Post abzuholen, wäre dies ein Gewinn, dem Überleben gleich. Was ich jedoch im Sinn hatte, war die zweite Möglichkeit – was ist, wenn er nicht käme? Das würde eine Nacht Warten auf der Toilette bedeuten. Und einen weiteren Tag morgen – das war keine gute Aussicht. Die Tür wurde geöffnet. »Ah, Sie sind es. Nein, er ist nicht gekommen, aber kommen Sie herein und trinken Sie etwas Heißes. Es ist kalt draußen, Sie müssen ganz durchgefroren sein.« Wie recht sie hatte! Aber nicht an die Kälte dieses Abends hatte ich gedacht, sondern an Zeneks mögliches Kommen. Ich setzte mich, redete über irgend etwas und schlürfte heißes Wasser, das mit getrockneten Apfelschalen gewürzt war. Wie ich sie um diese winzige Küche, den Gasherd, die Wärme und Sicherheit des dritten Stocks und der verschlossenen Türen beneidete.

Die Minuten vergingen – vielleicht zehn, vielleicht auch mehr. Plötzlich pochte es an die Tür. »Das ist Herr Zenek, ich erkenne ihn an seinem Klopfen«, sagte Frau Spoczyński. Ich verharrte in ungläubiger Regungslosigkeit. Konnte er das sein? Die wenigen Sekunden dehnten sich unendlich. Die Tür ging auf, und eine vertraute Stimme sagte »Guten Abend«. Es war Zenek! Ich saß auf einem Stuhl mit dem Rücken zur Küchentür. Als ich mich umdrehte, stand er, gut gekleidet, vor mir. »Ignac, wie war die Reise?« – »In Ordnung«, erwiderte ich. »Ich habe dich schon vor einiger Zeit erwartet, aber du bist nicht gekommen.« Ich sagte ihm, daß es sehr schwierig war wegzukommen und daß ich nicht sicher gewesen sei, ob er das Zimmer für mich halten würde oder nicht. Er wandte sich an Frau Spoczyński und fragte: »Ist das Zimmer bei Ihnen noch frei? Natürlich bezahlt Ignac dafür. Er bekommt einen Arbeitsplatz und wird es behalten. Ich werde ihm dabei helfen, daß er sich in Warschau niederlassen kann.« – »Das ist prima«, antwortete Frau Spoczyński. Die Gewinnerkarte Nummer eins war gezogen. Aber was war mit Stanisław? »Wo ist dein Gepäck?« fragte Zenek. »Ich habe es bei der Frau im Erdgeschoß gelassen«, log ich. »Ich habe nicht viel dabei, ich wollte nicht soviel mitbringen. Ich wußte nicht, was passieren würde. Meine Leute können es mir ja später nachschicken.«

Zenek und ich gingen in das Wohnzimmer gegenüber und setzten uns an den Tisch. Herr und Frau Spoczyński blieben in der Küche, die von den Flammen des kleinen Gasherds warmgehalten wurde. Die Tür zum anderen Zimmer war geschlossen, und wir konnten offen reden. Ich sagte Zenek, daß Stanisław sich unten in der Toilette befand, erzählte von den Räubern, die uns Kleidung und Uhren gestohlen hatten, vom Diamanten und dem Geld, das uns vom Verkauf der Unterhosen geblieben war. Er antwortete: »Das ist nicht so wichtig. Die Hauptsache ist, daß ihr gesund angekommen seid. Ihr braucht etwas zu essen und Kleidung. Ich hole Gepäck von unten und tue so, als ob es deines wäre, weil du das so gesagt hast. Mit Stanisław sieht es schlecht aus für heute, weil die Sperrstunde gleich beginnt, und wir dürfen keinen Verdacht erwecken, indem wir ihn irgendwohin bringen. Ich werde runtergehen zu ihm und von dort aus planen.« Stanisław schlief in dieser Nacht zum ersten Mal in der Fensternische des

Toilettenraums über dem Pissoir. Tatsächlich nutzte er diese »Unterkunft« bei mehreren Gelegenheiten während der nächsten Wochen seines Aufenthaltes in Warschau. Dann gelang es ihm, als freiwilliger Arbeiter nach Riga zu kommen, wo er für die Baufirma Schmitt & Junk arbeitete. So wurde ich von Stanisław getrennt, und wir sahen uns einige Zeit nicht mehr.

Nach dem Besuch bei Stanisław in der Toilette begann Zenek nach einer anderen momentanen Lösung für ihn zu suchen. Stanisław erzählte mir später, daß, während er über dem Pissoir zusammengerollt und wahrscheinlich schnarchend geschlafen hatte, ein Mann hereinkam und ihn bemerkte. Er fragte ihn: »Was machst du da? Woher kommst du?« Stanisław gab die übliche Antwort: »Ich komme aus dem Jugendlager in Częstochowa und suche in Warschau Arbeit.« Der Mann erwiderte: »Na, viel Erfolg! Ich bin aus derselben Gemeinde.« Tatsächlich war er einer der Juden, die mit falschen Papieren in der Solec-Straße Nr. 46 untergetaucht waren. Später beschwerte der Mann sich bei einem gemeinsamen Bekannten darüber, daß Zenek das gesamte Versteck in der Solec dadurch gefährdet hätte, daß er diese Adresse an zu viele Personen, womit er natürlich Juden meinte, weitergab. Insgesamt diente die Wohnung der Spoczyńskis sechs Leuten als vorübergehender Unterschlupf.

Nach einer kurzen Unterhaltung mit Frau Spoczyński zog ich mich mit der aufrichtigen Entschuldigung, sehr müde zu sein, zurück, wusch mich mit kaltem Wasser aus einer Waschschüssel und ging zu Bett. Ein richtiges Bett! Mit einer weichen Matratze und einer sauberen Decke! Ich schlief sofort ein. Mir blieb keine Zeit, an Stanisław zu denken, der möglicherweise noch in der Toilette war und auf Zeneks Hilfe wartete. Mein Zimmer war etwa zwölf Quadratmeter groß und hatte zwei Fenster zur Straße, auf der eine Straßenbahn entlangfuhr. Das Bett stand in einer Ecke an der gegenüberliegenden Wand, so daß ich auf die Fenster blickte. Ich erinnere mich, daß ich nachts von den quietschenden Rädern der Straßenbahn geweckt wurde, das für mich ein neues, ungewohntes Geräusch darstellte. Die Lichtreflexe des funkensprühenden Straßenbahnwagens huschten über die Zimmerdecke. Ich sehe sie noch heute so klar wie damals vor meinem inneren Auge. Es war immer nur ein Augenblick, aber die langen Schattenlinien, die sich über die Decke bewegten, haben sich tief in mein Gedächtnis eingeprägt. Wir waren in Warschau! Ich schlief wieder ein.

Zenek kam am nächsten Morgen, bevor er zur Arbeit ging, und brachte etwas zu essen und warme Kleidung vorbei. Es war der 17. Dezember 1943. Er konnte sich auf seiner Arbeitsstelle dann freinehmen, wenn die Aufgaben, für die er verantwortlich war, erledigt waren. Zenek hatte Kontakte zum Untergrund der polnischen Arbeiterpartei*, die Konflikte mit der AK (Armia Krajowa/Heimatarmee) hatte. Diese beiden Flügel des Untergrunds standen sich feindlich gegenüber und bekämpften sich. Das war ein großes Unglück für die Flüchtlinge, die entkommenen Häftlinge und Juden. Am 17. Dezember abends sollten Stanisław und ich Herrn Maciej Monszajn treffen, einen Freund von Zeneks Familie, der großen Einfluß und weitreichende politische »Kontakte« besaß. Zusammen mit Zenek und Kuba Rajsbaum, einem Freund aus Tomaszów, dem die Flucht aus dem dortigen Lager gelungen war und der Zenek nach dessen Ankunft geholfen hatte, begaben wir uns in die Chłodna-Straße und hielten dort ein kurzes Treffen unter einer Straßenlaterne ab. Leise besprachen wir Stanisławs Unterbringunsproblem. Maciej unterbrach plötzlich das Gespräch, schaute uns beide an und sagte: »Ihr jungen Kerle, ihr seid zu jung zum Sterben.« Danach richtete er für Stanisław eine Übernachtungsmöglichkeit in seiner Essigfabrik ein und unterstützte uns von nun an ständig.
Zenek und Maciej kümmerten sich um den Diamanten, der die Flucht in meinen Unterhosen überlebt hatte, und für die 20000 Złoty, die sie dafür erhielten – damals eine beträchtliche Summe – verschafften sie uns Dokumente. Das Geld reichte für gefälschte Geburtsurkunden und Kennkarten für Stanisław, Heniek, Halinka, Tetka und mich aus. Die polizeilichen Meldebestätigungen waren echt, man konnte sie unter Vorlage der Kennkarten bekommen. Die Dokumente enthielten fiktive Namen unserer Wahl sowie Geburtsdatum und -ort. Ich machte mich ein Jahr älter und wählte den Namen »Bielicki«, der wie mein wirklicher Name mit dem Anfangsbuchstaben B beginnt. Stanisław Grosman suchte sich entsprechend einen Namen mit dem Anfangsbuchstaben G aus: »Goździk«. Als Geburtsort wählte ich

* Hier ist wohl die kommunistische Untergrundbewegung der PPR (Polska Partia Robotnicza/Polnische Arbeiterpartei) gemeint, die mit jüdischen Untergrundgruppen zusammenarbeitete. Die der polnischen Exilregierung in London unterstellte Untergrundarmee »Armia Krajowa« (Heimatarmee) arbeitete nicht mit den Kommunisten zusammen. (Anm. d. Übers.)

einen Ort in Ostpolen, das die Russen besetzt hatten, so daß Nachforschungen schwierig waren. Ich hoffte, daß es nicht zu einer Überprüfung kommen würde. Die Dokumente wurden in vier Tagen fertiggestellt, und wir erhielten sie am 22. Dezember. Es gab noch das Problem mit den Fotos, die für die Kennkarte benötigt wurden, aber Zenek konnte sogar das organisieren. Mit den Dokumenten in der Hand waren unsere Überlebenschancen enorm gestiegen, vorausgesetzt, daß uns niemand bei der Polizei denunzierte, daß wir nicht Opfer von Erpressern oder von Massenverhaftungen auf der Straße würden. Mein Kontakt mit Stanisław in Warschau war schwierig, weil er ständig Unterbringungsprobleme hatte. Er schlief an verschiedenen Orten, in der Nische über dem Pissoir, bei einer gewissen Helena in Mała Wieś, an deren Nachnamen ich mich nicht erinnere, in der Essigfabrik von Maciej und anderswo. So entstand der Plan, Stanisław nach Riga, der Hauptstadt Lettlands, zu schicken. Eine Baufirma, Schmitt & Junk, rekrutierte in Warschau freiwillige Arbeiter für Riga. Stanisław bewarb sich und ebnete so den Weg für andere, die später nachkamen, auch für mich. Er war das Versuchskaninchen für die verschiedenen Behörden, die Polizeiüberprüfung, die medizinischen Untersuchungen usw., aber es gab keinen anderen Ausweg. Alles ging gut, und Stanisław verließ in der Mittagszeit des 12. Januar 1944 Warschau, um nach Riga zu fahren.

Ich sah ihn noch einige Male vor seiner Abreise. Die letzten beiden Male waren am 10. Januar, nach dem erfolglosen Versuch, meinen Bruder aus dem Arbeitslager Bliżyn zu retten, und einen Tag später, am 11. Januar, als ich ging, um mich polizeilich registrieren zu lassen. Die Tatsache, daß er so schnell nach unserer gemeinsamen Flucht aus Warschau wegging, ließ mich sehr traurig und einsam zurück. So viel war geschehen in der Zeit, die wir gemeinsam verbracht hatten, auf diese Ereignisse gründete sich unsere lebenslange Freundschaft. Ich weiß noch, wie er sich bei unserer Trennung am Tag seiner Abreise – wir wußten damals nicht, daß wir uns schon bald wiedersehen würden – mit seinen Ärmeln über die Augen wischte. Auch mir standen Tränen in den Augen. Dadurch, daß er Warschau verließ und nach Riga ging, begann für ihn ein neues, besseres Leben als vor dem 12. Januar.

Der Rettungsversuch

Noch immer denke ich, daß das jugendliche Alter keinen Begriff von Gefahr hat. Man stelle sich vor! Nachdem ich drei Wochen zuvor aus dem Lager ausgebrochen war, wofür der Tod die einzige Art der Strafe war, entschloß ich mich dazu, nach Bliżyn zurückzukehren, um den Versuch zu wagen, meinen Bruder Heniek, seine Frau Halinka und meine Liebe Tetka aus dem Lager herauszuholen. Es war eine verwegene Idee, an der Grenze zwischen Wahnsinn und Heldentum, die nur eine sehr kleine Aussicht auf Erfolg, aber dafür ein riesiges Mißerfolgsrisiko in sich barg. Ein Mißlingen konnte für mich den Tod bedeuten, falls sie mich erwischten, und möglicherweise für alle anderen, falls auch sie gefaßt würden. (Tatsächlich sind zwei von ihnen, Heniek und Halinka, zum Tode verurteilt worden. Daß die Hinrichtung nicht vollstreckt wurde, war reiner Zufall. Das Arbeitslager Bliżyn wurde kurz nach diesem Ereignis zum Konzentrationslager und bekam eine andere Lagerverwaltung. Der neue Kommandant des Konzentrationslagers erklärte, daß alle Häftlinge bereits so gut wie tot seien, so daß man keine Kugeln verschwenden müsse.)
Ich hatte die Fotos von allen dreien gerettet, als wir die falschen Dokumente am 30. Mai 1943 nach unserer Ankunft in Bliżyn vor der vermuteten Leibesvisitation, die dann aus Zeitmangel gar nicht stattgefunden hatte, vernichteten. Diese Fotos haben den Banditenüberfall im Wald überstanden und mit mir Warschau erreicht. Ich erhielt drei Kennkarten für sie, einschließlich der Bahnpässe. Natürlich hatten mir das alles Zenek, Maciej, Tante Marysia und Ludwik Druszcz vermittelt, die mir mit Rat und Tat zur Seite standen. Die Dokumente waren am 28. Dezember 1943 fertig, und ich beschloß, am Abend des 6. Januar 1944 abzureisen. Maciej gab mir einen schönen Hut mit auf die Reise. »Es ist nachts kalt im Zug«, sagte er. Diesen Hut trug ich während des ganzen Krieges, und heute ruht er stolz in meinem Zimmer. Oft trage ich ihn noch heute mit Freude. Zenek brachte mir die Fahrkarte und verabschiedete mich am Bahnhof. Es war an einem Donnerstag.
Der Warschauer Zentralbahnhof war immer ein gefährlicher Ort, da die Deutschen ihn gewöhnlich zu allen Tages- und Nachtzeiten überwachten. Sie konnten jederzeit alle Anwesenden verhaften, als Geiseln benutzen und sie als Rache für den Mord an irgendeinem deut-

schen Soldaten oder Polizisten exekutieren. Diejenigen, die mehr Glück hatten, wurden als Alternative dazu zur Zwangsarbeit nach Deutschland verschickt. Zenek ermahnte mich, bei meiner Rückkehr aus Bliżyn vorsichtig zu sein. Und so begann der unglaubliche Plan Wirklichkeit zu werden. Das damit verbundene Risiko war nicht meßbar. Die Würfel sind gefallen, pflegten die Römer zu sagen – der Rubikon war überschritten: Es gab kein Zurück mehr.

Ich fand einen Platz in einem ziemlich beengten Zugabteil, da verschiedene Pakete auf dem Boden aufgestapelt waren und die anderen Fahrgäste sich auf den Sitzplätzen drängten. Ich erinnere mich an eine junge Frau, die neben mir saß, Genia Buszyńska aus Kielce, die mir ihre Lebensgeschichte erzählte, von mir nur durch ein gelegentliches »ach ja« oder »interessant« kommentiert. Eigentlich hörte ich ihr überhaupt nicht zu. Als wir Skarzysko erreichten, war ihre letzte Bemerkung: »Schade, daß Sie nicht mit mir nach Kielce fahren.« Immerhin machte es mir Mut, daß jemand auf meine Begleitung wert legte. Eine Flut düsterer Gedanken überschwemmte meine Vorstellung. Vor mir lag ein phantastisches, fast unwirkliches Abenteuer.

Skarzysko hatte einen für damalige Verhältnisse großen Bahnhof, von dem Züge in verschiedene Richtungen abfuhren. Überall herrschte lebhaftes Stimmengewirr. Deutsche Armeetransporte, die zur russischen Front fuhren oder von dort kamen, waren mit allen möglichen Geräten beladen und voll besetzt mit Soldaten. Da diese Züge bevorzugt abgefertigt wurden, hatten die zivilen Personenzüge gewöhnlich Verspätung. Es war ungefähr Mitternacht, als wir ankamen, und mein Zug nach Bliżyn sollte um 5.45 Uhr abfahren. Ich beschloß, ein paar Stunden zu schlafen, und fragte in der Kantine nach einer Unterkunft, weil ich glaubte, daß ich den Schlaf vor dem bevorstehenden Abenteuer gut gebrauchen könnte. Ohne Zeit zu verlieren, ging ich zu der mir angegebenen Adresse. Es war ein Privathaus. Normalerweise waren die Leute, die sich hier aufhielten, Schmuggler mit großem Gepäck, das sie nicht auf dem Bahnhof lassen konnten, da ständig Razzien durch die deutsche Polizei drohten. Daher nahmen die Schmuggler ihre Habe mit und versteckten sie in diesem Haus. Die Ankunft eines jungen Kerls ohne Gepäck, der mit forscher Stimme ein Zimmer verlangte, ohne nach dem Preis zu fragen und zu handeln, war mehr als ungewöhnlich. Nach kurzer Zeit, ich hatte kaum Gelegenheit gehabt, meinen Mantel auszuziehen, klopfte der Hausherr an die Tür und trat mit seiner Frau ein. »Mein Herr, wir wissen, daß Sie einer von ihnen sind. Wir wollen keinen Ärger. Haben Sie einen Revolver?« fragte er. Ich wußte nicht, was sie wollten, und um einen Vorteil zu erhalten, griff ich nach meinem Mantel. »Bin ich hier auf einer verdammten Polizeiwache? Ich will selbst keinerlei Ärger. Wenn ich lieber gehen soll, dann gehe ich.« Da er kein Geld verlieren wollte, machte der Wirt schnell einen Rückzieher und sagte: »O nein, nein, es ist schon in Ordnung. Wir wollten nur sicher sein.« Ich gab ihnen keine Zusicherungen und vermied eine direkte Antwort, so daß sie nicht wußten, ob ich eine Waffe hatte oder nicht.

Die Ungewißheit beherrschte wieder meine Gedanken. Vielleicht würden sie mich in der Nacht ausrauben? Vielleicht der Polizei melden? Das Fenster meines Zimmers im Erdgeschoß ging zur Straße, die zum Bahnhof führte. Ich begutachtete das Fenster und öffnete es leise. Da ich schon im voraus für die Nacht bezahlt hatte, nahm ich mir vor, bei irgendeinem Klopfen an meine Zimmertür, die ich von innen verschlossen hatte, durch das Fenster zu fliehen. Ich schob den Stuhl unter die Türklinke und legte mich voll angekleidet auf die Bettdecke. Irgendwie zog ich dabei nicht in Betracht, daß sie durch das Fenster kommen könnten. Ich fand trotzdem keinen Schlaf, und meine Gedanken kreisten um das bevorstehende Ereignis. Die Dokumente für Heniek, Halinka und Tetka hatte ich mit einem Heftpflaster an der Innenseite meines Oberschenkels befestigt. Mein Plan war im Grunde sehr einfach. Ich kannte die Adresse von Wladek Wrona, der mir und Stasiek geholfen hatte, die Briefe aus Warschau zu erhalten, und ich wußte, wie ich dort hinkommen konnte. In einem kleinen Dorf gab es keine Straßenschilder oder Leute, die man nach dem Weg fragen konnte. Im Gegenteil: In dem Moment, in dem man jemanden auf der Straße nach dem Weg fragte, würde dieser argwöhnisch reagieren. Dies war eine Folge der gnadenlosen Okkupationszeit im Krieg! Das Dorf war voll von Ukrainern, die das Lager Bliżyn bewachten. Einige Einheimische kollaborierten mit den Deutschen. Es war besser, mit niemandem zu reden, nichts zu fragen und möglichst gar nicht gesehen zu werden.

Ich war sicher, daß Wrona dazu bereit wäre, ihnen die Dokumente zu übergeben. Heniek sollte ihm einige Angaben machen, wo ich sie nach ihrer Flucht aus dem Lager suchen sollte. Mit anderen Worten beschränkte sich meine Aufgabe darauf, Wladek Wrona die Dokumente zu übergeben und bei ihm auf die weiteren Instruktionen zu warten, die er von Heniek bringen würde. Das Risiko war ungeheuer groß. Wronas Töchter waren mit Deutschen und Ukrainern befreundet, so daß der ganze Plan vor ihnen geheimgehalten werden mußte. In der Tat sollte möglichst niemand von meiner Anwesenheit wissen. Nur Wladeks Sohn, ein junger Mann in meinem Alter, wurde eingeweiht. Alles andere würde durch Gottes Wille in der nächsten Zukunft entschieden werden.

Die Nacht verging ohne besondere Vorkommnisse, und einige Minuten nach fünf verließ ich das Haus und erreichte den leeren Bahnsteig. Es war ein Freitagmorgen, der 7. Januar 1944. Ich kaufte die Fahrkarte, der Zug lief ein, und kurz danach befand ich mich schon auf dem Bahnhof von Bliżyn, dem Ort, den ich erst vor gut drei Wochen durch eine waghalsige Flucht verlassen hatte! Wenn sie mich faßten, würde ich ins Lager geschleppt und öffentlich hingerichtet werden. Ich ging zu Wronas Haus, einer typischen Bauernkate, die aus Baumstämmen gebaut war und ein Giebeldach aus Stroh hatte. Wrona bereitete mir einen herzlichen Empfang. Ich erklärte ihm meinen Plan, mit dem er sofort einverstanden war. Er mußte warten, da er die Dokumente nicht vor etwa drei Uhr nachmittags Heniek übergeben konnte. In der Zwischenzeit versteckte ich mich zwischen den Heuhaufen im Stall. Ungefähr um fünf Uhr nachmittags kehrte er zurück und teilte mir mit, daß sich die Dokumente schon in den Händen meines Bruders befänden. Er hatte sie in einen ausgehöhlten Laib Brot gesteckt, das entstandene Loch im Brot wieder mit den weichen Teilen zugestopft und es Heniek über den Zaun geworfen, dort, wo dieser gerade mit dem Gruppenführer des Ladekommandos, Nysek, arbeitete. Wrona erhielt seinerseits eine Nachricht von Heniek und übergab sie mir.

Der Tag ging allmählich zu Ende, und es wurde dunkel. Nach einem herzhaften Teller Suppe schlug ich vor, im Stall zu schlafen. Herr und Frau Wrona wollten jedoch nichts davon wissen. Sie machten mir ein Bett hinter einem Vorhang zurecht, so daß der Nachbar, falls er unerwartet hereinkäme, nichts bemerken würde. Das Haus hatte den typischen Grundriß einer Bauernkate. Das Innere war in drei Teile abgeteilt. Vorn lag die Küche mit dem großen Herd und Holzbänken an jeder Seite der Eingangstür, in der Mitte befand sich die gute Stube und hinten die Schlafkammer mit einem Ausgang zum Hof und dem

Stall. Hier verbrachte ich die Nacht auf einem Strohsack, zugedeckt mit zwei schweren, grauen Armeedecken. Zum Glück waren an diesem Tag Wronas Töchter nicht zu Hause, und ihre Rückkehr wurde auch nicht erwartet.

Eine ganze Zeitlang konnte ich nicht einschlafen. Morgen war vielleicht der Tag, der drei Menschen, die mir teuer waren, das Tor zur Freiheit öffnen würde. Würden sie es schaffen?

Ab dem frühen Morgen hielt ich mich vom Haus fern und blieb im Stall hinter den Heuballen versteckt für den Fall, daß die Mädchen zurückkämen. Wladek ging vor sieben Uhr weg, um Heniek, Halinka und Tetka zu treffen. Unserem Plan entsprechend sollten sie ihn außerhalb des Wachraums des Straßenwachhauses treffen – desselben Wachraums, durch den wir gekommen waren, als wir am 30. Mai 1943 durch das Lagertor gingen. Man glaubte sie beim Reinigen des Wachraums, und anstatt ins Lager zurückzukehren, sollten sie auf die Straße hinaussteigen, wo Wladek auf sie warten würde. Alle würden sich dann mit Wladek zu seinem Haus begeben.

Es war ungefähr acht Uhr, als Wladek mit seinem Sohn atemlos in den Stall gerannt kam und ausrief: »Alles verloren. Nysek hat mir über den Zaun gesagt, daß Heniek und Halinka in der vergangenen Nacht von einem SS-Mann zum Verhörbüro geschleppt, und dann im Bunker eingesperrt wurden. Das Dorf wimmelt von SS-Männern, schwarz uniformierten Polizisten, und sie durchkämmen die Häuser, um nach dir zu suchen.« Wladeks Sohn bot an, daß er mich eine Station weiter durch den Wald nach Kamienna führen würde, da Bliżyn zweifellos voll von SS und Polizei war. Wir rannten durch den Wald und erreichten die Station von Kamienna. Ich kaufte ohne jede weitere Frage eine Fahrkarte und bedankte mich bei Wronas Sohn, der sofort verschwand. Die Station war ruhig, und es geschah nichts während der Wartezeit auf den Zug. Nach etwa einer Stunde kam schließlich der Zug nach Warschau, und die Fahrt verlief ohne besondere Vorkommnisse. Gut vier Stunden später erreichte ich den Warschauer Zentralbahnhof.

Während der Fahrt wirbelten mir Bilder wie in einem farbigen Kaleidoskop durch den Kopf. Gedanken rasten durch mein Hirn. Ich war hilflos, ich konnte nichts tun. Heniek, Halinka und Tetka, schloß ich, waren wahrscheinlich verloren. Mein Bruder war, wie er mir später erzählte, von einem Nachbarn in der Baracke verraten worden. Werner, die »grünen« Gendarmen und einige Deutsche kamen, durchsuchten die Baracke und fanden in Henieks Schuhen die Kennkarten, die ich ihnen durch Wrona hatte zukommen lassen. Für die Deutschen war dies von sehr großer Bedeutung, denn es hätte der Anfang einer Spur sein können, die sie zu Mitgliedern der polnischen Untergrundarmee führen würde. Sie nahmen Heniek mit. Auch Halinka, die in einer der Frauenbaracken wohnte, wurde zum Verhör geführt. Als es den Deutschen nicht gelang, irgendeine klare Antwort von ihnen zu bekommen, sperrten sie sie bis zum Gestapo-Verhör am nächsten Morgen in den Bunker. Die Polizisten der Gestapo waren aus Kielce und Lublin angefordert worden, wo sich die Zentrale der deutschen Gestapo befand. Der Zweck des Verhörs war, die Quelle zu finden, aus der die Dokumente stammten. Das erste Glied der Kette waren Wrona und ich. Die Lage war also kritisch.

Heniek und Halinka wußten, daß man sie in Kürze foltern würde. Im Bunker fanden sie eine alte Rasierklinge. Sie schnitten sich am Handgelenk ihre Venen auf, lehnten sich gegen die Wand und ließen das Blut langsam aus ihrem Körper sickern. Irgendwann verloren sie das Bewußtsein. Als die Deutschen in der Nacht kamen, um sie abzuführen, wurden sie in die Krankenbaracke gebracht. Man ordnete an, daß sie wiederbelebt werden sollten. Sie erhielten die beste Pflege und Ernährung, aber ihre Erholung brauchte Zeit, was mir den Vorsprung verschaffte, den ich brauchte, um nach Warschau zurückzugelangen.

Heniek überlebte, aber Halinka erkrankte infolge des hohen Blutverlusts an Tuberkulose und starb kurz nach Kriegsende im Juni 1945.

Vom Zentralbahnhof nahm ich die Straßenbahn Nr. 27 zu Zeneks Arbeitsplatz. Er war nicht da. Ich ging zurück in die Solec-Straße. Spoczyńskis begrüßten mich wie einen aus dem Krieg siegreich heimgekehrten Sohn. »Ja, alles in Ordnung. Ich habe meine Leute gesehen, kein Problem«, sagte ich. Was für eine Verstellung! Sie konnten gerade sterben! Es war der 8. Januar 1944 und das schreckliche Ende meiner Bliżyn-Eskapade. Zenek kam am nächsten Morgen zu mir, und später auch Wladek, der eigentlich Kuba hieß und den nervösen Tick hatte, seinen Kopf in einer fast reflexhaften Bewegung von links nach rechts zu bewegen, während er den Knoten seiner Krawatte richtete. Auch Tante Marysia und Ludwik besuchten mich, und ich erzählte ihnen über die Abenteuer der letzten Tage. Sie waren sehr mitfühlend und betrübt, daß alles anders gekommen war als geplant. Kuba zog die philosophische Schlußfolgerung: »Nur keine Sentimentalitäten! Man darf nicht klagen. Es gibt immer ein Morgen.« Mir gefiel seine Einstellung nicht, und ich gab ihm das etwas barsch zu verstehen. Andererseits hatte er – aus der Perspektive zeitlicher Distanz – vielleicht recht: Heniek und Halinka mußten das Gestapoverhör durchstehen. Wir mußten den Nazis und der feindseligen polnischen Bevölkerung, die durchtränkt war von Rasse- und Überlegenheitspropaganda, die Stirn bieten.

Fryderyk Górniak alias Friedl Goldberg

Am selben Nachmittag kam Kuba zurück und erzählte mir von Fryderyk Górniak bzw. Friedl Goldberg, der als Bahnoffizier gearbeitet hatte und deshalb eine blaue Bahnuniform trug. Das war quasi die Gewähr für absolute Sicherheit und Wohlergehen. Friedl war in Schlesien geboren worden und sprach, wie auch seine Eltern, perfekt deutsch. Er und seine Eltern lebten mit falschen Papieren als Volksdeutsche in Warschau, bis Friedl am 28. Juli beim Baden in der Weichsel ums Leben kam. Er war von einem Sprungbrett in die Weichsel gesprungen, auf dem Grund aufgeschlagen und man hatte ihn bewußtlos aus dem Wasser gezogen. Kurz darauf starb er, und seine Eltern beerdigten ihn auf einem katholischen Friedhof. Welche Ironie des Schicksals! Vielleicht war es die Strafe für sein mieses Verhalten, dachte ich. Ich erinnerte mich, wie Zenek mir erzählte, daß er im Juni 1943, kurz nachdem er die Tomaszówer Kistenfabrik verlassen hatte, im Sächsischen Park in Warschau zufällig Friedl begegnete. Zenek benötigte verzweifelt Rat und Hilfe. Friedl fragte nicht einmal nach seinem Problem und ließ ihn einfach stehen. Zenek konnte ihm dieses Verhalten nicht verzeihen. Als er von Friedls Tod hörte, ging er ins Rathaus von Warschau und beschaffte sich ein Dokument, worauf vermerkt war, daß Friedl am 28. Juli 1943 in der Jerusalemer Allee Nr. 51 verstorben war.

Die Feier des ersten Monatstages unserer Flucht, am 14. Januar 1944, war ein Tag voller Heimweh und Depression. Ich grübelte über all die Ereignisse, Abenteuer und unglaublichen Glücksfälle der letzten 31 Tage nach: Würde mir auch im nächsten Monat, Jahr oder wie lang auch immer das Schicksal gnädig sein? Oder stand mir ein ähnliches Los wie Fryderyk Górniak bevor? Die nächsten acht Tage bis zum 22. Januar 1944 verliefen ereignislos, ich war beschäftigt mit Treffen verschiedener Leute vom polnischen Untergrund und der Suche nach einer Art Überlebensmöglichkeit im besetzten Warschau. Es war wie ein Fluchtversuch aus dem eigenen Land. Am 22. Januar kam endlich der Durchbruch: Ludwik Druszcz brachte einen Brief, den er von Stanisław aus Riga erhalten hatte. Es ging Stanisław sehr gut, und er riet mir, Warschau sofort zu verlassen und nach Riga zu kommen. Er schrieb, es gebe genug zu essen, eine gute Unterkunft mit elektrischer Heizung und keine politische Gefahr.

Am 25. Januar erlitt Herr Spoczyński einen leichten Schlaganfall. Ich mußte seinen Sohn Stefan anrufen, den Doktor holen und aus der Apotheke die Medikamente besorgen. Jemanden anzurufen, war damals für mich eine schwierige Prozedur. Schließlich war ich aus einer rückständigen Provinzstadt nach Warschau gekommen, hatte erst sechs Wochen vorher aus einem Arbeitslager flüchten können und hatte noch nie im Leben ein Telephon mit Wählscheibe benutzt. Das Telephon, das ich kannte, hing an der Wand und hatte eine Kurbel an der Seite, um anzuläuten. Ein solches hatte ich einmal in Tomaszów benutzt, im Lebensmittelgeschäft von Rubinstein, unserem Nachbarn. Wir selbst hatten kein Telephon zu Hause. Ich erinnere mich noch gut an mein erstes Telephongespräch, als ich in den Laden ging, um Zenek anzurufen, einige Tage nach meiner Ankunft in Warschau. Mir war nicht klar, ob man den Hörer abheben mußte, um zu wählen, oder ob er aufgelegt bleiben sollte. Als ich den Verkäufer fragte, wurde dieser bleich und zeigte mir mit zittriger Hand, wie man den Hörer abnahm und wählte. Er hatte bemerkt, daß ich aus der »Wildnis« kam. Damals war das gleichbedeutend mit der Ankunft eines Mitglieds des Untergrunds. Alle hatten Angst vor einem bewaffneten Partisan, einem Banditen oder einem Juden, denn diese Leute waren zum Äußersten entschlossen und hatten nichts zu verlieren, und jeder, der aus dem Rahmen fiel, war verdächtig.

Jedenfalls gelang es mir bei dieser Gelegenheit, den Arzt anzurufen und ihn zum Hausbesuch bei Spoczyński zu bitten. Danach besorgte ich die Medikamente aus der Apotheke. All diese banalen Erledigungen waren neue Erfahrungen für mich, der ich noch nie allein in einer Großstadt war. Den Entschluß, Warschau zu verlassen, faßte ich am

4. Februar, doch das war nur so ein Gedanke. In Wirklichkeit war es noch ein weiter Weg bis zur Abreise. Erstens mußte ich in Erfahrung bringen, ob das Werbebüro überhaupt noch Freiwillige annahm. Zweitens hatte sich die Situation in Warschau zum schlechteren gewandelt und die Ereignisse überschlugen sich. Am 7. Februar bewarb ich mich um Arbeit, und mit einem Boten ging ich zur »Durchlaßscheinstelle«. Nachdem ich alle Formulare ausgefüllt hatte, erhielt ich hier das Abreisedatum nach Riga: Donnerstag, der 10. Februar 1944 um zehn Uhr vormittags.

Ein Stempel, der Leben rettete

Der 7. Februar war der erste Jahrestag des Stempeldiebstahls aus dem Büro von Herrn Koch in der Tomaszówer Kistenfabrik. Ein mit diesem Stempel gefälschtes Dokument hatte Zenek das Leben gerettet und folglich auch Stanisław und mir. Das Dokument auf den Namen Alfons Machowiak, den Zenek in Tomaszów angenommen hatte, verhinderte seine Verhaftung. Dieser kühne Raub war kein vergebliches Risiko gewesen, obwohl die Tat, ohne Erlaubnis das Büro des Direktors, eines hochrangigen Offiziers, zu betreten, gleichbedeutend mit Sabotage war, und darauf stand die Todesstrafe. Ich kann mich noch gut an den Tag erinnern, als wir nach längerer Planungszeit beschlossen, in das Büro zu gehen und einen Stempel mit dem Aufdruck »Tischlerei O.T.«, der Adresse des Büros und dem Hakenkreuz, auf dem ein Adler mit weit ausgebreiteten Flügeln stand, von Herrn Kremers Schreibtisch zu stehlen. Wir hatten gerade unsere Arbeit beendet, es war etwa fünf Uhr nachmittags, und wir befanden uns im Verwaltungsbereich. Wir gaben vor, mit Elektroarbeiten beschäftigt zu sein. Das Büro war beleuchtet, und der Tisch von Herrn Kremer mit dem begehrten Stempel stand an einer Wand im Büro. Ich blieb an der Tür und stand Wache, Zenek ging zum Tisch und suchte den Stempel aus, einen von vielen auf dem Schreibtisch, als plötzlich eine polnische Putzfrau auftauchte. Sie fragte: »Was macht ihr denn hier?« Ich antwortete: »Wir wechseln die Glühbirne. Sie ist durchgebrannt.« Das stimmte natürlich nicht. Sie schaute uns an und sagte: »Geht jetzt, ihr könnt morgen am Tag wiederkommen.« Genau das wollten wir hören, und mit einem höflichen »Gute Nacht« gingen wir langsam in

einen anderen Teil des Gebäudes. Der Stempel befand sich bereits in Zeneks Tasche.
Später benutzte Zenek den Stempel u. a., um einen Urlaubsschein auszustellen. Die Bescheinigung besagte, daß der bei der Organisation Todt beschäftigte Alfons Machowiak zwei Wochen Urlaub erhielt. Er war gestempelt und natürlich falsch signiert. Als Zenek, nachdem er am 29. Mai 1943 die Möbelfabrik verlassen hatte, in Warschau ankam, war er ohne Wohnung und Freunde. Eines Tages saß er um die Mittagszeit im Park, weil er den Leuten, bei denen er wohnte, gesagt hatte, daß er Arbeit hätte. Deshalb mußte er die Wohnung am Morgen verlassen und konnte erst am Abend zurückkehren. An diesem denkwürdigen Sommertag saß er auf einer Bank, als zwei deutsche Gendarmen plötzlich den Park betraten und an Zeneks Bank vorbeikamen. Reglos starrte er in sein Buch und tat so, als würde er lesen. Alles ging gut. Sie gingen vorüber und befanden sich schon zwanzig Meter von Zenek entfernt, als er den Kopf hob und in ihre Richtung sah. Im selben Moment blickte sich einer von ihnen um und bemerkte, daß Zenek ihn anschaute. Das genügte, um den Argwohn der Gendarmen zu wecken, und mit immer bereiten Gewehren drehten sie um und verlangten die Ausweispapiere. Die einzigen Papiere, die er mithatte, waren die Arbeitsbescheinigung und der gefälschte Urlaubsschein aus der Fabrik, die er ihnen zeigte. Sie schauten sie sorgfältig an, prüften Stempel und Unterschriften, gaben sie zurück und gingen weiter. Sie wußten nicht, daß es ein hundertprozentig gefälschtes Dokument war, was man bei einer Untersuchung auf der Polizeiwache mit Sicherheit entdeckt hätte. Das hätte Zeneks Festnahme und möglichen Tod bedeutet, so daß die Verbindung, die ich später mit ihm aufnahm, nicht möglich gewesen wäre. So hat dieses Dokument auch uns das Leben gerettet.

Die Entscheidung für Riga

Ich konnte mich in Warschau nicht auf Dauer niederlassen. Die Unterbringung war zwar sehr gut und die Wohnung der Spoczyńskis bequem, aber die Gefahr, von Nachbarn beim Verlassen der Wohnung oder bei der Rückkehr am Tage als Fremder, Nichteinheimischer, Flüchtling oder Jude erkannt zu werden, war groß. Die Möglichkeit, von jemandem erpreßt zu werden, war sehr real. Auch mit einem Arbeitsplatz sah es schlecht aus. Die Gefahr, der Polizei gemeldet zu werden, war allgegenwärtig. Täglich das Haus zu verlassen und die Zeit außerhalb zu verbringen, indem ich vorgab, irgendwo angestellt zu sein, war zudem äußerst risikoreich.

Polizeikontrollen und willkürliche Massenverhaftungen auf der Straße, im Kino, in der Straßenbahn, im Park oder sonstwo drohten auf Schritt und Tritt. Diese Massenverhaftungen wurden »łapanki« genannt und sie waren nicht zu empfehlen! Meine Dokumente waren zwar auf den ersten Blick in Ordnung, würden aber einer näheren Überprüfung nicht standhalten. Außerdem hatte ich keine Arbeitsbescheinigung, und dies war ein Grund für Verhaftung, wenn man auf der Straße angehalten wurde. Im besten Fall zog dies die Deportation in ein deutsches Arbeitslager oder anderswohin nach sich. Erpressungen auf der Straße waren alltäglich und wurden von meinen polnischen Landsleuten professionell als Einkommensquelle ausgeübt. Es gab also kaum einen anderen Ausweg, als Warschau zu verlassen, besonders jetzt, da ich Stasiek, der Arbeit hatte und gute Nachrichten aus Riga schickte, in Sicherheit wußte.

Reisevorbereitungen und Fahrt nach Riga (Tagebuch)

7. Februar 1944

Heute morgen ging ich in das Büro, um mich registrieren zu lassen, damit ich eine Reiseerlaubnis nach Riga bekomme. Mit einem Boten schickte man mich von der Wiejska-Straße zur »Durchlaßscheinstelle«. Als ich dieses Büro verließ, wußte ich bereits die Abreisezeit: am 10. Februar 1944 morgens um neun Uhr. Ja, die Abreise ist jetzt Wirklichkeit geworden. Nur noch wenige Tage sind geblieben. Ich sitze am Tisch und denke nach. Ich habe seltsame Gefühle. Draußen ist schönes, fast frühlingshaftes Wetter. Die Sonne scheint und wirft ihre goldenen Reflexe auf die Straße, die normalerweise grau ist. Es ist warm. Ein leichter Frühlingswind weht von der Weichsel her. Alles ist still. In mir entsteht Unruhe. Meine Gedanken sind von schrecklicher Sehnsucht und Schmerz erfüllt. Ich weiß, daß die Sache mit Heniek, Halinka und Tetka beendet ist. Sind sie verloren? Ich schaue auf die Feder, die schnell über das Papier gleitet, während ich das hinschreibe. Ich möchte weinen, aber meine Augen sind trocken. Meine Hand ist ruhig. Ich sitze kalt und reglos wie ein Stein. Heute ist es ein Jahr seit dem unvergeßlichen Augenblick, als wir den Stempel aus Herrn Kochs Büro ergatterten.

8. Februar 1944
Es gibt nicht viel zu tun, ich sortiere einige Stücke aus und bereite mich auf die Abreise vor. Ich fühle mich innerlich hohl und entschieden gelangweilt. Ich weiß mit mir selbst nichts anzufangen.

9. Februar 1944
Ich habe einen Brief an sie ins Reine geschrieben! Beim letzten Wort mußte ich tief seufzen. Mir ist völlig bewußt, daß dies der letzte ist, den ich an sie richte. Vielleicht ist er doch nicht der letzte.

»Meine Liebsten. Die Situation, die sich jetzt ergeben hat, ist äußerst schwierig. Ich verlasse Warschau, so daß ihr nicht mehr auf meine aktive Hilfe zählen könnt. Bedenkt, daß die allgemeinen Aussichten keinerlei Hoffnungen zulassen. Stützt eure Aktionen auf diejenigen, auf die ich auch meine Pläne gestützt habe. Ich weiß nicht, wie heute unsere Situation aussieht, aber denkt daran: Mit wilder Entschlossenheit vorwärts streben. Freiheit um jeden Preis! Ich weiß nicht, in welcher Lage ihr euch befindet. Denkt mit absoluter Rücksichtslosigkeit daran, daß ihr das Ziel erreichen müßt. Vorwärts! Vorwärts! Vorwärts! Wie kommt ihr zurecht? Wie ist eure finanzielle und materielle Lage? Ich bin nicht in der Lage, euch zu helfen, aber ich bitte euch, schlaft nicht ein, beherrscht eure Nerven. Schaltet alle Gefühle ab. Es gibt kein Risiko, es ist lediglich ein Moment. Denkt daran! Zu sterben in dem Bewußtsein der erfüllten Pflicht – denn uns selbst zu retten, ist unsere Pflicht – ist besser, als langsam zu sterben wie Vieh. Was für einen Unsinn rede ich. Kraft und Glaube an einen glücklichen Stern. Vorwärts. Die Mutter Gottes hilft euch, und sie hilft denen, die euch helfen.
Auf ein Wiedersehen
Euer Euch liebender Ignac.«

Ich kehre wieder zu den Dingen zurück, die um mich her vor sich gehen. Ich habe verschiedene Bemerkungen und Ratschläge aus dem

Buch von Dr. Tihamer Toth, »Der Jugendliche mit Charakter«, herausgeschrieben. Charakter bedeutet eine gewisse Zusammenstellung von Regeln, auf die man auch dann zurückgreifen soll, wenn es von uns Opfer und Entschlossenheit verlangt. Entschlossenheit erfordern die zwei Wörter »Können« und »Wollen«. Brich nicht zusammen wegen eines Fehlers! Erkläre dir nicht selbst deine Schwäche! Lebe nicht elend, aber bescheiden und anständig! Arbeite, weil dir die Arbeit Befriedigung gewährt! Arbeite nicht nachlässig: Mache nie zwei Dinge gleichzeitig! Wenn du Erfolg hast, werde nicht eingebildet! Ich hatte mir auch eine kleine Auswahl sehr schöner und kluger Redensarten und Sprichwörter zusammengestellt, an die ich mich erinnerte.

1. Beherrsche deine Gefühle, Furcht, Schmerz und schlechte Laune.
2. Verliere nicht die Fassung. Beherrsche deine Sinne.
3. Bedingungslose Wahrheit um jeden Preis.
4. Verlange nicht nach dem, was nicht gut ist.
5. Halte dein Wort.
6. Erfülle deine Pflichten. Sei immer pünktlich.
7. Achte dich selbst. Kenne deine Eigenheiten und bekämpfe einige von ihnen.
8. Astine, sustine, agredere. Enthalte dich, unternimm und führe aus.
9. Der Wert eines Menschen beruht nicht notwendig auf seinem Verstehen, sondern auf der Kraft seines Willens.
10. Der Kern des Wertes eines Menschen ist, sich selbst zu beherrschen und die Fähigkeit, sich zu »ordnen«.
11. Vincere hostium et sui: den Feind und sich selbst besiegen.
12. Seneca: Viele wären sehr klug, wenn sie sich nicht einbildeten, daß sie es schon sind.
13. Sir Walter Scott: Eine blanke Münze zerstörte mehr Seelen, als ein scharfes Messer Körper tötete.
14. Seneca: Der ist am reichsten, der mit wenig zufrieden ist.
15. Wer Honig mag, darf sich vor Bienen nicht fürchten.
16. Voltaire: Der Genius ist die Geduld.
17. Mendacem bonam memoriam esse. Der Lügner braucht ein gutes Gedächtnis.
18. Wenn du alles verlierst, denke daran, die Ehre zu behalten.

19. Beginne zu handeln, denn der, der auf die Stunde des Handelns wartet, ist wie ein Bauer, der am Ufer wartet, um den Fluß überqueren zu können, während der Fluß in alle Ewigkeit fließt.

10. Februar 1944
Tag der Abreise von Warschau. Zenek hat bei mir übernachtet. Bis zwei Uhr morgens redeten wir über die verschiedensten Dinge. Die Gesprächsthemen waren unerschöpflich, aber wir waren erschöpft. Wir redeten und redeten, ohne ein Ende zu finden. Es war meine letzte Nacht in Warschau. Am Morgen brachte er sein Tagebuch, und wir lasen es gemeinsam. Auf jeder Seite kamen bekannte Personen vor, jede Seite brachte Erinnerungen. Die Notizen stammten aus verschiedenen Phasen unseres Lebens. Schließlich kam die Stunde des Abschieds. Die Spannung erreichte ihren Höhepunkt. Uns standen Tränen in den Augen. Zenek wartete unten in der Halle. Auf dem Bahnsteig schüttelten wir uns nur die Hand. Viel Glück! Es war Mittag. Der Zug sollte in einer Stunde abfahren. Ludwik kam, um sich zu verabschieden. Schließlich wird er der nächste sein, der nach Riga fahren soll.
Der erste Teil der Reise verlief ohne besondere Vorkommnisse. Die Papiere wurden kontrolliert, und an der Grenze bei Modliny um halb fünf Uhr nachmittags erfolgte die Fahrschein- und Ausweiskontrolle. Im Wartesaal bei Zichenau (Ciechanów) traf ich zwei Polen. Ich hatte nicht bemerkt, daß diese Bahn ein Expreßzug war, der angeblich nur für Deutsche reserviert war. Auf keinen Fall wäre es Polen erlaubt, einen Schnellzug zu benutzen. Ich wußte nicht so recht, was ich davon halten sollte, als mir die beiden Kerle das erzählten. Ob sie mich für einen deutschen Spion hielten? Alle Fahrscheine waren für mich von den Warschauer Behörden ausgestellt worden, und im Paß war festgehalten, daß ich diesen Zug nach Königsberg nehmen sollte. Nach zwei Stunden Wartezeit in Działdow – man bedenke, daß es ein Expreßzug war – setzte ich meine Reise nach Soltau fort, und von dort fuhren wir alle drei weiter nach Allenstein. Um Mitternacht erreichten wir die Bahnstation, wo wir über Nacht bleiben sollten. Kein sehr angenehmer Ort!

11. Februar 1944
Um sieben Uhr morgens erreichten wir schließlich die letzte Etappe unserer Reise, Königsberg. Es war ein riesiger, schöner Bahnhof. Die Schienen führten in alle Richtungen, und das Bahnhofsgelände machte einen mächtigen Eindruck. Da der nächste Zug erst in zwei Stunden abfuhr, machte ich einen kleinen Spaziergang durch die Stadt. Die Straßen wirkten ausgestorben, es herrschte Grabesstille. Diese Atmosphäre entsprach der Situation des Augenblicks – dem Krieg, dem ständigen Blutvergießen, dem Tod – also der Trauer. Zivilisten waren überhaupt nicht zu sehen, nur Männer in Soldatenuniformen. Ich ließ mich durch die Straßen treiben und dachte bei mir: »Ich bin so allein, weit entfernt von zu Hause, meiner Heimat, erdrückt von den schweren Ereignissen und Abenteuern.« Und ich fühlte mich sehr klein und verloren. Dann verlangte mein Magen nach seinem Recht. Ich ging zu einer Wehrmachtsverpflegungsstelle und fragte nach einer Essenszuteilung. Sie verwiesen mich an die Bahnhofsküche. Dort warteten viele Polen, die alle auf der linken Vorderseite über der Brust ein großes P trugen, das auf ihrer Kleidung aufgenäht war. Dies erinnerte mich an die Juden, die den gelben Davidstern tragen mußten, vor gar nicht allzu langer Zeit auch ich. Bald ging die Reise weiter, diesmal nach Tilsit, eine Stadt an der preußisch-litauischen Grenze. Mein Zug nach Riga fuhr um elf Uhr vormittags, so daß ich noch jede Menge Zeit hatte.
Völlig übermüdet setzte ich mich in den rauchgeschwängerten, lauten Wartesaal. Nur Militär. Ich bekam etwas zu essen, soviel man eben ergattern konnte, diesmal einen Teller sehr dünner Suppe, die nur den gröbsten Hunger stillte. Die Zeit flog vorbei. Da keine Polen in der Nähe waren, setzte ich mich in eine Ecke und schrieb ein paar Zeilen. Ich erinnere mich noch, daß ich auch Zenek einen Brief aus Königsberg schickte. Ein kurzer Gedankenausflug zu meinen Lieben: Wie mochte es ihnen ergangen sein?

12. Februar 1944
Die Reise nach Tauroggen verlief ruhig. Ich war verdammt müde. Halb schlafend saß ich da und achtete nicht mehr darauf, was um mich herum vor sich ging. Morgens um ein Uhr Zollkontrolle, und die Reise ging weiter. Der monotone Rhythmus der Eisenbahn schläferte mich ein. Am Morgen überlegte ich, wie ich zu einem Frühstück kom-

men könnte. Es war einfacher, als ich dachte. Gestikulierend machte ich einem litauischen Bauern klar, daß er mir etwas zu essen bringen sollte. Für zwei Mark bekam ich etwas Brot und Schinken. Um zwei Uhr mittags erreichten wir den Bahnhof von Riga. Mein Herz klopfte mir bis zum Halse, als ich lettischen Boden betrat. Wie würde es mir hier ergehen? Für einen Augenblick stiegen Bilder aus meiner Schulzeit von polnischen Emigranten vor meinem geistigen Auge auf. Nachdem ich alle Formalitäten unter großen Sprachschwierigkeiten bewältigt hatte, fand ich mich endlich zusammen mit Stanisław in einem Raum wieder, viel zu müde, um zu denken. Ich wollte nur noch schlafen.

Und so endete der erste Teil meines stürmischen Lebens. Er dauerte von der Ankunft in Bliżyn bis zur Abfahrt vom Warschauer Hauptbahnhof nach Riga. Ich hatte einen anderen Namen und ein anderes Geburtsdatum, gefälschte Dokumente und eine falsche Kennkarte. Ich war im Besitz einer Fahrkarte nach Königsberg, hatte die Durchreiseerlaubnis nach Riga und eine Empfehlung für die Firma, die mich in Riga beschäftigen sollte, das Bauunternehmen Schmitt & Junk. Ein kleiner Koffer mit ordentlicher Arbeitskleidung hing an einer Schnur über meiner Schulter und vervollständigte meine Ausstattung. Ich fuhr weg, um zu überleben! Papiere für Riga zu bekommen, war für einen normalen Menschen, der keine falschen Dokumente benötigte und der eine medizinische Untersuchung nicht zu fürchten brauchte, nicht sehr schwierig. Gefälschte Papiere und eine drohende medizinische Untersuchung waren für mich dagegen Riesenhindernisse.
Ich sehe mich noch in dem großen Polizeiauto sitzen, in dem man nach Aushändigung der polizeilichen Meldedokumente und der Kennkarte auf die Bestätigung und Ausreisegenehmigung warten mußte. Der geringste Zweifel an der Echtheit der Dokumente konnte die sofortige Verhaftung mit den bekannten Folgen, einschließlich der Exekution, bedeuten. Die Minuten erschienen mir wie eine Ewigkeit. Jedesmal, wenn ein Polizist in meine Richtung kam oder an mir vorbeiging, schlug mir das Herz bis zum Halse. Ich dachte jedesmal, sie kämen, um mich zu holen. Schließlich kam jemand, ein Zivilist, händigte mir die gestempelte Ausreisegenehmigung aus und sagte: »In Ordnung, du kannst jetzt gehen.« Dann fügte er hinzu: »Du hast ein Schweineglück. Ich verschwinde demnächst auch aus Warschau. Hier wird es

immer heißer.« Ich dankte ihm und ging weg, als ob nichts geschehen wäre. In Wirklichkeit lachte mir das Herz vor Freude, denn ich hatte die erste Hürde genommen.
Mit den Papieren von der Baugesellschaft war es ein Leichtes, wenn erst einmal die polizeiliche Genehmigung vorhanden war. Blieb noch das medizinische Problem. Als ich im Büro der Firma Schmitt & Junk fragte, wann und wohin ich zur ärztlichen Untersuchung zu gehen hätte, bekam ich die Antwort: »Bist du krank? Die Ärzte haben anderes zu tun. Es gibt keine Untersuchung. Du kannst abfahren, wie vorgesehen. Verpasse nicht den Zug, sonst kriegst du keinen Arbeitsplatz.« Ich hätte den Büroangestellten küssen können dafür, daß mir die Untersuchung erlassen wurde, und antwortete höflich, daß ich rechtzeitig am Bahnhof sein würde. Er hatte keine Ahnung davon, daß dies meine Erlösung war. Aus Warschau herauszukommen, war wie die Flucht vom Rand des Vulkans kurz vor dessen Ausbruch. Ich ging weg aus Warschau, weil es für einen jüdischen Flüchtling, der aus einem Lager entkommen war, leichter war, in einem fremden Land zu überleben, als in einem Land, das während der letzten drei Jahre von nationalsozialistischem Terror überzogen wurde. Ich verließ Warschau, weil man ständig Gefahr lief, erkannt und über Papiere, Familien- oder Wohnverhältnisse ausgefragt zu werden. Mit anderen Worten, die Lage war bedrohlich für mich. Stanisław hatte mir den Weg geebnet, als er Warschau aus demselben Grunde verließ. Erpreßt zu werden, vielleicht der Polizei, der Gestapo übergeben oder an der nächsten Ecke vor eine Wand gestellt zu werden – und es gab damals in Warschau Dutzende solcher Ecken, die mit Kreuzen gekennzeichnet waren –, war keine rosige Aussicht. So stand ich auf dem Bahnhof voller Hoffnung, daß es im lettischen Riga leichter sein würde zu überleben, ohne die ständige Angst, erkannt zu werden. Es würde nun darauf ankommen, die Augen und Ohren offen und den Mund geschlossen zu halten. Polen, die in der Emigration lebten, wollten gewöhnlich ihre Haut retten und suchten Überlebensmöglichkeiten. Sie hatten selbst die unterschiedlichsten Probleme, und manche von ihnen waren Kriminelle.
So sah die nackte Realität in Polen aus. Man konnte verraten werden durch diejenigen, denen man eigentlich vertrauen sollte. Auch denselben Menschen, mit denen man aufgewachsen und zur Schule gegangen war, mit denen man als Kind gespielt hatte, konnte man nicht

trauen. Nur auf wenige war Verlaß. Alle meine Abenteuer der letzten paar Wochen, die zur Lynchjustiz bereiten Dorfbewohner, die Banditen, der Eisenbahner, die Schmuggler, das ganze Leben in Warschau, all das hatte gezeigt, daß die unmittelbare Umgebung gefährlicher war als die deutschen Besatzer selbst. War es nicht seltsam, daß man sich in Warschau bedroht fühlte, den eigenen Landsleuten mißtraute und daß man einen Ort verlassen mußte, wo es doch eine sichere Unterkunft geben müßte, bei 1,2 Millionen Einwohnern?
Einige Unwägbarkeiten waren zu lösen. Was konnte auf dem Weg geschehen? Was würde mich in Riga erwarten? Ich habe schon im Tagebuch den Verlauf der Reise nach Riga beschrieben. Aber ich muß noch einige Gedanken hinzufügen, die ich damals nicht aufschreiben konnte. Man kann sich schwer vorstellen, was es bedeutete, sich auf der Fahrt nach Riga zusammen mit deutschen Soldaten, die in Uniform und voller Bewaffnung waren, gemeinsam in einem Zug zu befinden, in einem Abteil, während nur einige Wochen zuvor ihre bloße Gegenwart für mich Lebensgefahr bedeutete. Da meine Deutschkenntnisse damals sehr beschränkt waren – erst später in Riga lernte ich die Sprache richtig –, war die Konversation im Abteil auf einfache Themen wie Herkunft, Familie, glorreiche Zukunft des Deutschen Reiches nach dem Kriege oder Schwierigkeiten zu Hause und an der Front beschränkt. Ständig ging mir durch den Kopf, daß ich mich hier, im Zentrum der nationalsozialistischen Kriegsmaschinerie, sicherer fühlte als in Warschau bei meinen eigenen Landsleuten, die doch selbst unterdrückt und gequält wurden durch die gnadenlose Tyrannei der deutschen Okkupation. Dieser Widerspruch in meinem Innern, dessen ich mir auf dem Weg von Warschau nach Riga schmerzhaft bewußt wurde, blieb während langer Jahre ungelöst, und heute noch stelle ich mir diese Frage nach dem Grund, die ich mir weder selbst beantworten kann, noch kann mir ein anderer eine klare Antwort darauf geben. War es das Ergebnis der intensiven Vorkriegs- und Kriegspropaganda über die Rassenunterschiede? War es nur der primitive Wunsch, Macht auszuüben über schwächere und wehrlosere Wesen? Oder war es ein Charakteristikum der Menschen jenes Volkes, mit denen ich gelebt habe, zur Schule gegangen bin und mein Leben geteilt habe?
Die Reise nach Riga verlief ereignislos. Ich erinnere mich, daß ich mich auf der letzten Strecke von Tauroggen nach Riga in einem mit

deutsch-lettischen Soldaten und Offizieren überfüllten Abteil befand. Hier stand ich mit meinen fast idiotensicheren Dokumenten in der Tasche. Man stelle sich vor, daß sie an ihren Mützen dieselben Insignien des nationalsozialistischen Deutschlands trugen – den deutschen Adler, der auf einem das Hakenkreuz umgebenden Kreis saß –, die sich auch auf den Stempeln meiner Dokumente befanden. Solange die Echtheit meiner Dokumente nicht angezweifelt wurde und keine Überprüfung fällig war, war ich frei und akzeptiert. Nur zwei Monate zuvor war ich ein Häftling eines Arbeitslagers gewesen, ein Sklave, der sich fast täglich in der Gefahr befand, durch Hunger oder durch eine Exekution umzukommen, ohne jeden gesetzlichen Schutz, in einer fast hoffnungslosen Lage.

Jetzt saß ein hochrangiger lettischer Offizier neben mir. Die höheren Ränge trugen gewöhnlich gutsitzende Uniformen aus Material besserer Qualität, die vornehmer wirkten als die der einfachen Soldaten. Während der Reise ergab sich eine Unterhaltung mit meinem lettischen Nachbarn. Ich tat so, als verstünde ich ein wenig deutsch, ohne mich klar ausdrücken zu können. Nach einiger Zeit fragte er mich nach meinem Alter und Geburtsort. Entsprechend meinen Papieren gab ich an, ich sei im Februar 1924 geboren. Er schien sehr berührt, fast schockiert zu sein und sagte: »Weißt du, mein Sohn ist im selben Monat und Jahr geboren. Er ist letztes Jahr an der russischen Front gefallen.« Als er diese Worte sprach, fühlte ich keinerlei Mitgefühl für ihn und murmelte nur einige Kommentare über die bestialischen Kommunisten. In Wirklichkeit befriedigte mich geradezu, was ihm geschehen war. Gegen Ende der Reise gab er mir seine Adresse und Telephonnummer und lud mich ein, ihn während meines Aufenthalts in Riga zu besuchen. Einige Wochen später, nachdem ich in Riga etwas Boden unter den Füßen gewonnen hatte, suchte ich ihn auf. Er und seine Frau behandelten mich wie einen langerwarteten Gast. Seine Frau weinte jedesmal, wenn der Sohn erwähnt wurde. Sie zeigte mir seine Kleidung und Fotos von ihm. Wir tranken zusammen Tee, und als ich ging, sagten sie mir, daß ich immer willkommen sei und mich jederzeit um Hilfe an sie wenden könnte. Wie sie wohl reagiert hätten, wenn ich ihnen damals oder später die Wahrheit über mich gesagt hätte? Hätte er mich festgenommen? Die Antwort werde ich nie erfahren. Damals sah ich mich jedenfalls nicht in der Lage dazu, diesen Test zu machen.

Auf der Baustelle in Riga

Vom Bahnhof aus fuhr ich zum fünf Kilometer entfernten Meza Park, wo sich die Baufirma befand. Es war nur ein kurzer Weg von der Straßenbahnendstation. Sehr müde erreichte ich die Baracken. Nach meiner Ankunft begrüßte ich Stanisław nur ganz beiläufig, um keinen Verdacht zu erwecken. Ich wurde in eine andere Baracke eingewiesen, die ich mit einem Polen teilte, der gerade abwesend war. Das war von großem Vorteil während meiner Eingewöhnungszeit. Am nächsten Morgen meldete ich mich im Büro, und man teilte mich zur Arbeit in die Mechaniker-Werkstatt unter Meister Vislučil ein. In Wien gab es eine andere Niederlassung dieser Firma, bei der Zenek zeitweilig versucht hatte, Arbeit zu bekommen. Das Rigaer Werk baute riesige Öltanks mit einem Fassungsvermögen von etwa einer halben Million Liter, die zur Treibstoffspeicherung für die Truppen gedacht waren, die den Norden und die Mitte der Sowjetunion besetzten. Dieses Projekt ist jedoch nie in die Tat umgesetzt worden. Die Tanks sollten teilweise im Boden eingegraben werden, und man wollte über ihnen eine zwei bis drei Meter dicke Betonschicht errichten, die Schutz vor möglichen Luftangriffen bieten sollte. Geplant war der Bau dreier solcher Tanks. Sie wurden aus Stahlplatten hergestellt, die zu einer zylindrischen Oberfläche geformt und entsprechend markiert wurden, so daß sie montiert und mit Eisennieten befestigt werden konnten, die unter der Aufsicht eines deutschen Fachmanns von russischen Kriegsgefangenen erhitzt und in die vorgesehenen Löcher eingefügt wurden. Die beiden Enden des langen, zylindrischen Tanks wurden mit fast flachen Eisenplatten geschlossen.

Das Werk lag in einer grünen, ziemlich flachen, wenig besiedelten Gegend mit Kiefern und einigen kleinen, natürlichen Tälern. Eines davon durchquerte man auf dem Weg zur Straßenbahnhaltestelle. Als ich später mit Stanisław Kerosin stahl und in Petroleumbehältern herausschmuggelte, war dies von großer Bedeutung. Die Werkstätten und das Konstruktionsbüro wurden von einem Stacheldrahtzaun umgeben, der nur einen einzigen bewachten Eingang hatte. Die Baracken der deutschen Arbeiter, unsere Baracken, die Kantine und das Büro lagen außerhalb dieses Bereichs. In das Werk, das als »kriegswichtiger Betrieb« klassifiziert war, konnte man nur mit einem Ausweis gelangen. Das Gebiet war abgelegen, und man sah nur wenige Leute in der näheren Umgebung. Die Straßenbahn war fast immer leer, wenn sie an der Endhaltestelle ihre anderthalbstündige Fahrt in das Stadtzentrum begann.

Die Baracken bestanden aus Holzlatten und hatten mehrere Fenster. An die Bürobaracke erinnere ich mich nur vage, denn ich war nur wenige Male dort. Es gab einige Regale, Tische und Raumteiler, so daß der Eindruck erweckt wurde, es handele sich um mehrere Räume. Dieses Büro war das logistische Zentrum der Organisation, und in ihm arbeiteten deutsche und polnische Ingenieure sowie Architekten und Planer. Für uns war der Zugang zu diesem Büro sehr beschränkt, zumal wir gar keinen Grund hatten, dorthin zu gehen, außer auf Einladung eines unserer Freunde unter den polnischen Ingenieuren und Architekten, oder wenn wir Formalitäten zu erledigen hatten. In der Nähe befand sich die Küchen- und Kantinenbaracke, deren Chef ein Deutscher war. Dort nahmen wir unser Abendessen und sonntags um halb eins das Mittagessen ein. In der Kantine trugen polnische Mädchen, die dort beschäftigt waren, das Essen auf. Obwohl es keine Demarkationslinie gab, saßen die Deutschen an einem Tisch und Letten und Polen am anderen. Die Chefs sah man selten in der Kantine, da sie ihre Mahlzeiten in der eigenen Baracke einnahmen.

Das Verhältnis zwischen Deutschen und Polen war weitgehend gut. Die Hauptschwierigkeit war die Sprache, aber man unterhielt sich ohnehin selten. Es herrschte das ungeschriebene Gesetz, daß sich in der Kantine jeder frisch gewaschen zu Tisch setzte. Am Tisch der Deutschen kam es gewöhnlich zu verschiedenen, oft politischen Diskussionen, die damals sehr wichtig für sie waren. Wir anderen ließen uns niemals auf eine politische Diskussion mit ihnen ein. Fast unmittelbar gegenüber dem Büro lagen die Baracken der Deutschen, unsere jedoch waren weiter entfernt. Es waren typische Armeebaracken, die alle nach der gleichen Art konstruiert waren. Der Eingang führte direkt in den Raum, ein Fenster befand sich neben der Tür und zwei gegenüber. Die Zimmer lagen nebeneinander und glichen sich vollkommen. In jeder Baracke wohnten vier bis sechs Arbeiter, im allgemeinen zwei pro Raum, obwohl – wenn mich mein Gedächtnis nicht trügt – in einigen auch drei oder vier Personen untergebracht waren. Das Innere der Baracke war einfach möbliert: Ein kleiner Tisch aus Holz, zwei Stühle, Pritschen oder Stockbetten und für jeden ein Schränkchen oder ein kleiner Kleiderschrank. Wir achteten nicht auf Bequemlichkeit oder Unbequemlichkeit dieses Lebens, denn im Vergleich mit unseren Erfahrungen des Lagers, der Flucht und des Lebens in der Illegalität war das für uns das Paradies. Wir wußten, daß das Ende dieses Abenteuers nur eine Frage der Zeit war. Wir wußten nie, was in den nächsten vierundzwanzig Stunden geschehen würde. Würde die Zeit einfach nur vorbeigehen und der nächste Tag normal verlaufen? Wir waren immer auf die verschiedensten unerwarteten Fälle gefaßt. Die meiste Zeit des Tages verging mit der Arbeit, die von sieben Uhr morgens bis sechs Uhr abends dauerte, dann gingen wir nach eiligem Waschen und Säubern in die Kantine zum Abendessen. Gesellige Beziehungen zu anderen Arbeitskollegen vermieden wir. Es war sicherer, sich nicht allzu viel zu unterhalten, sich mit niemandem einzulassen, da besonders in dieser Zeit Verhalten und Aussehen viel über unsere wahre Identität verraten konnten. Und das wollten wir nicht riskieren.

Als ich in Riga ankam, hatte sich Stanisław schon gut eingelebt. Er hatte sich mit Stefan, einem überaus cleveren Polen, angefreundet. Sie unterhielten Kontakte zu einer Gruppe von Juden aus dem Konzentrationslager in Riga, die auf unserer Baustelle arbeiteten und denen sie halfen, indem sie zwischen den Juden und ihren Freunden »drinnen« in Riga vermittelten. Dank dieser Zusammenarbeit konnten der Leiter einer Arbeitsbrigade und seine Frau aus dem Lager flüchten und sich verstecken. Ihre Flucht kam selbstverständlich ans Tageslicht und bewirkte eine Unmenge von Problemen für uns alle auf der Baustelle. Stanisław traf sie später, nach der Befreiung durch die Russen, wieder und wurde von ihnen und ihren Freunden und Verwandten freudig aufgenommen. Ich erinnere mich, daß ich sie auch kennenlernte. Sie hießen Solowiejczyk.

Die jüdischen Häftlinge im Konzentrationslager Riga, sowohl Männer als auch Frauen, trugen zweiteilige, grau-weiß gestreifte Sträflingsanzüge und gewöhnliche grobe Holzpantinen als Schuhwerk. Sie kamen in Gruppen, bewacht von deutschen Soldaten und noch anderen Männern in Militäruniformen: Es könnten Ungarn, Ukrainer oder

Kroaten gewesen sein. Ich weiß es nicht, da ich nicht unmittelbar mit ihnen in Berührung kam.
Die Juden wurden zum Be- und Entladen großer Waggons, die von einer Diesellok gezogen wurden, eingesetzt. Ich lenkte diese Lok von einem Ende der Baustelle, wo die Waggons mit Sand und anderem Baumaterial beladen wurden, zum anderen, wo eine weitere Gruppe je nach Bedarf die Waggons entlud. Für diese Unglücklichen war es eine schwere körperliche Arbeit, aber ich war gezwungen, meine Gefühle ihnen gegenüber zu verbergen, da ich mich in der Rolle des Aufsehers befand. Ich zog die Wagen mit Hilfe der Lokomotive, und sie mußten auf die Waggons warten. Ich dagegen mußte warten, bis sie entladen hatten, indem ich in der Zwischenzeit die Maschine reinigte oder Bücher und Zeitschriften las. Weder mit Arbeitskollegen noch mit polnischen Landsleuten ließ ich mich auf irgendeine Unterhaltung ein. Einige jüdische Häftlinge waren auch als Reinigungskräfte entweder auf der Baustelle oder in unseren Baracken beschäftigt. Letzteres geschah tagsüber, wenn wir auf der Arbeit waren. Wer darüber wachte und auf welche Art dies vor sich ging, weiß ich deshalb nicht.
Ich erinnere mich nicht mehr genau, aber es war lange vor der Kapitulation Rigas – das war im Oktober 1944 –, als die Juden nicht mehr zur Arbeit erschienen. Sicher war ihr Konzentrationslager weiter nach Westen verlegt oder auf die eine oder andere Art liquidiert worden. Darin waren die Deutschen gut! Später wurden diese Arbeiten von russischen Kriegsgefangenen eines anderen Lagers verrichtet, das in der Nähe unserer Baustelle lag. Damals sprach ich noch kein Russisch. Das lernte ich erst später, als ich im Herbst 1944 mit Russen zu tun hatte. Aber wenn man polnisch mit ihnen redete, verstanden sie es weitgehend. Fast für alle Russen waren Alkohol und Zigaretten die Essenz des Lebens. Und damals war sowohl das eine als auch das andere fast unerreichbar. Manche tranken den vor Ort hergestellten Essig, andere ein Destillat aus fermentierten Kartoffeln oder irgendwas, was ihnen in die Hände fiel, wenn es sie nur im entferntesten an Alkohol erinnerte. Eines Tages kam auf unserer Baustelle ein Zug mit Lieferungen an, in dem sich eine Unmenge an wohl leeren Metallfäßchen befand. Manche waren verschlossen, andere hatten Metall- oder Holzdeckel. Es stellte sich heraus, daß manche Fässer Rückstände von reinem Methylspiritus enthielten. Am folgenden Tag erfuhren wir,

daß einige Russen daran gestorben und viele andere erblindet waren. Dem Mangel an Zigaretten versuchten sie dadurch abzuhelfen, indem sie getrocknete oder grüne Blätter in Zeitungspapier wickelten. Auf diese Weise beruhigten sie ihre Sucht nach dem Rauchen. Die meisten der Kriegsgefangenen trugen sowjetische Armeeuniformen. An den Füßen hatten sie alles, von ordentlichem Schuhwerk bis hin zu Lumpen, die mit einer Schnur um den Fuß gewickelt wurden. Die meisten Russen wirkten einigermaßen wohlgenährt, und nur wenige hatten ausgemergelte Gesichter. Wenn ich diese sah, stellte ich mir oft vor, wie Stanisław und ich wohl in den Lumpen ausgesehen haben, nachdem uns die Banditen ausgeraubt hatten. Der Russe, der mit mir arbeitete, hieß Wasyl und war vor dem Krieg Traktorist. Auf der Baustelle fuhr er Lastwagen und Traktoren, und bevor ich kam, bediente er auch die Diesellok.

Die Gruppen der jüdischen Häftlinge des Konzentrationslagers Riga, die auf unserer Baustelle arbeiteten, wurden streng von den russischen Kriegsgefangenen getrennt und es gab keinerlei Kontakte zwischen ihnen. Männer und Frauen mußten die Waggons entladen. Sie machten das mit Spitzhacke und Schaufel. Alle trugen Armbinden sowie den Davidstern und eine Nummer auf den Kitteln. Der Stern hatte einen Durchmesser von acht Zentimetern und war in der Herzgegend angebracht. Manche Juden waren schrecklich abgemagert, und die Arbeit in dünnen Kitteln bei Temperaturen unter Null Grad ließ ihnen auf die Dauer keine großen Überlebenschancen. Wir durften keinerlei Mitgefühl zeigen, da dies Verdacht erweckt hätte. Also ließen wir ihnen heimlich – während wir sie demonstrativ gleichgültig behandelten – einen in Stücke aufgeschnittenen Laib Brot und, wenn wir konnten, einen Apfel, ein Ei oder auch ein geeignetes Kleidungsstück zukommen. Mein Hauptverbindungsmann zu den russischen Kriegsgefangenen war Wasyl, der mir beibrachte, den Traktor zu bedienen, und zeigte, wie man verschiedene Reparaturen vornahm. Er schulte mich auch im Umgang mit einer anderen Maschine. Obwohl man uns davor warnte, uns mit den russischen Kriegsgefangenen oder mit den Juden auf irgendeine Weise abzugeben, gab ich ihm, so oft ich konnte, einen Laib Brot oder etwas zum Anziehen.

Einige der Deutschen auf unserer Baustelle haben sich in meinem Gedächtnis deutlich eingeprägt. Der Direktor, der die Baustelle leitete, sah eher einem Spanier oder Italiener ähnlich, mit Sicherheit jedoch

nicht dem deutschen »Herrenmenschen«, wie ihn Hitler in seinen Reden beschrieben hatte. Er hieß Frauenholz, hatte einen dunklen Teint und dunkles Haar. Ein anderer Arbeiter dieser Art war der Zimmermann Willy, der auch für verschiedene Baumaschinen verantwortlich war, u. a. auch für die Betonmaschinen, die oft so viel Ärger machten. Er war der Vorgesetzte von Stanisław, der gute Beziehungen mit ihm unterhielt. Ebenso erinnere ich mich an Ratzer, der mit seinem dicken Bauch wie ein Faß aussah, mit Doppelkinn und übermäßig fetten Armen und Beinen. Wie ein Österreicher oder Tiroler trug er gerne kurze Hosen. Er war der aggressivste Nazi auf der Baustelle. Viele der polnischen Mädchen, die bei uns arbeiteten, waren dunkelhaarig und hatten braune Augen. Eines Tages, kurz nach meiner Ankunft, fragte Ratzer: »Warum sehen eigentlich so viele Polen, die sie uns aus Warschau schicken, wie Juden aus?« Er war sich nicht bewußt, daß er ins Schwarze getroffen hatte. Später stellten wir einmal fest, daß von achtzehn Mitarbeitern acht Juden waren.
Stanisław gelang es, mit vielen Deutschen gute Beziehungen aufrechtzuerhalten. Später, als wir bei einer polnischen Familie in Riga wohnten, besorgte er den Deutschen Butter, Schinken, Zigaretten und manchmal sogar Alkohol. Sie hatten ihrerseits viel Geld und bezahlten in Reichsmark. Jedenfalls verdiente Stanisław gut daran, und gleichzeitig machte er sich unentbehrlich, da sie ohne ihn nicht an diese Waren herankamen. Er arbeitete mit dem Zimmermann Willy zusammen, der ein dunkelhaariger, kränklich aussehender Mann mit einer mickrigen Stimme war und der so gebückt ging, als wollte er die Erde unter seinen Füßen erforschen. Unsere Werkstatt leitete ein Tscheche namens Vyslučil, mager und ältlich, der eine große Brille mit dunklem Gestell trug, immer mit einer Zigarette im Mundwinkel und einer schief sitzenden Kappe auf dem Kopf, die an eine französische Baskenmütze erinnerte. Außerdem trug er einen gewöhnlichen blauen Arbeitsanzug. Er war mein Vorgesetzter, und es dauerte einige Zeit, bis ich mir bei ihm Achtung und Selbständigkeit erwerben konnte. Als ich ankam, zählte die polnische Gruppe etwa zehn Personen, aber zum Zeitpunkt der Auflösung der Baustelle im August 1944 war die Zahl auf achtzehn gestiegen.
Auch bei den Polen gab es einige interessante Typen. Ich erinnere mich an den Ingenieur Rowiński, seine nette Frau und ihr sechsjähriges Söhnchen, das nicht von der Seite der Mutter wich. Es war nicht

einfach, diesem Jungen beizubringen, seinen Schnabel zu halten, denn er konnte leicht etwas ausplappern, was seine Eltern verraten würde. Weiterhin gab es die Szczygielskis, die nach ein paar Gläschen ungewöhnlich mitteilsam und geschwätzig wurden. Auch dies konnte gefährlich werden. Eines Tages fragte Szczygielski mich: »Wann bist du geboren, Ignac?« Ich antwortete: »Am 27. Februar.« – – »Und dein Namenstag ist am 1. Februar, also haben sie dich vor der Geburt getauft«, erwiderte er und lachte mich aus. Daraufhin nahm ihn seine Frau mit in ihre Baracke und warf ihm sicher diese leichtfertige Bemerkung vor. Zum Glück war Rowiński neben Stanisław der einzige Zeuge dieses Gesprächs, unschädlich, da er selbst Jude war. Ein solches Geschwätz hätte uns alle verraten können. Ingenieur Szczygielski wußte alles über alle, er kannte alle Lebensläufe und noch einiges mehr. Aber er war Kommunist, also verhielt er sich loyal und schwieg. Wegen seiner politischen Einstellung hatte er aus Warschau flüchten müssen und versteckte sich wie so viele von uns in Riga.
Chmielewski, der auch auf der Baustelle arbeitete, hielt sich gerne etwas abseits, besonders wenn er über eine volle Flasche Wodka verfügte. Das kam uns sehr gelegen, denn wir wollten ihn lieber nicht um uns haben. Nawrot, genannt Janek, hatte gewelltes Haar und dunkelbraune Augen. Er ging immer mit gesenktem Kopf, eingezogen zwischen eckigen Schultern, was ihn in Verbindung mit seinem hohen Wuchs riesig aussehen ließ. Er hatte eine deutsche Freundin, die wußte, daß er Jude war. Im Büro arbeiteten auch Ludwik Druszcz und mein Freund aus Tomaszów, der blauäugige Fredek Leng, der sich von allen fern hielt. In verschiedenen Teilen der Baracken wohnten noch einige Büroangestellte, mit denen wir nicht viel zu tun hatten, wie z. B. Frau Zosia und Fräulein Irka Konarska. Später kamen noch mehr dazu, und es war ein ständiges Kommen und Gehen. Irka, eine sehr sympathische Person, mit der wir uns später näher befreundeten, pflegte auf unseren geselligen Treffen zu singen, besonders nach ein paar Gläschen Wein. Ein Pole, der an der Betonmaschine arbeitete, hieß Marian, hatte zwei linke Hände und Füße, blaue Augen und drückte sich auf eine Art aus, daß wir ihn lieber mieden.
Mein erster Arbeitstag fiel auf einen Freitag, den 13. – der richtige Tag für den Einstieg! Ich mußte mit dem russischen Kriegsgefangenen Wasyl arbeiten. Die Lebensmittel waren damals rationiert, Brot, Butter und Fleisch gab es nur auf Karten. Man bekam nicht allzu viel

davon, z. B. 20 Gramm Butter pro Woche. Die Lebensmittelkarten wurden an die Letten und uns ausgegeben. Die Mehrheit dieser Karten mußten wir allerdings wieder zurückgeben, da wir auf der Baustelle verpflegt wurden. Alles wurde mit der Gründlichkeit der deutschen Kriegsmaschinerie organisiert: zum Guten und zum Schlechten. Die Russen und die Juden aus dem Konzentrationslager erhielten überhaupt keine Karten. Für die Juden wurde zwar Essen ausgegeben, aber es war so erbärmlich, daß man damit nicht überleben konnte.

Stanisław und die lettischen Juden

Stanisław und sein Kollege Stefan, mit dem er sich angefreundet hatte, erledigten verschiedene Transaktionen, aus denen sie oft finanziellen Nutzen zogen. Sie bauten außerdem ihre Kontakte zu den Juden aus dem Konzentrationslager auf und gingen sogar so weit, daß sie beim Organisieren des Austauschs von Dokumenten, Waren usw. bis an die Grenze des Lagers vordrangen oder sogar hineingingen. Damit war ein ungeheures Risiko verbunden, denn wenn man sie gefaßt hätte, hätte das große Schwierigkeiten zur Folge gehabt. Ich füge hier Stanisławs Bericht über seine Kontakte zu den Häftlingen des Konzentrationslagers an.

»Bevor du nach Riga gekommen bist, hatte man mich zusammen mit Stefan Jaskulski in ein Zimmer eingeteilt. Wir haben uns sehr angefreundet. Kurz vor deiner Ankunft fuhr Stefan zu seiner Frau Janna nach Warschau. Vor der Abreise übertrug er mir ein kleines, aber sehr lohnendes Geschäft, das ich auf eigene Rechnung weiterführen sollte. Es beruhte auf dem Kontakt mit Harry Solowiejczyk, dem Gruppenführer der jüdischen Häftlinge, die aus dem Konzentrationslager in Kaiserwald zur Arbeit auf unsere Baustelle gebracht wurden. Er händigte mir jeden Freitag ein kleines Päckchen aus, das hauptsächlich Briefe von Häftlingen an ihre Brüder und Schwestern in einem anderen Lager bei den Dünawerken enthielt, etwa zehn Kilometer vom Rigaer Stadtzentrum entfernt. Ich fuhr damit zum Bahnhof in Riga und von dort mit der Straßenbahnlinie fünf in die Moskauer Vorstadt, wo sich eine große Gummifabrik befand. Danach ging ich etwa zwei Kilometer querfeldein zu einer Hütte am Rand des Lagers, wo gewöhnlich zwei Männer auf mich warteten, mit denen ich die Päckchen austauschte. Die Überquerung des freien Feldes war sehr ge-

fährlich, da es in Riga niemals wirklich Nacht wurde, es bildeten sich allenfalls dunkle Wolken, und meine Umrisse waren von der Straße aus zu sehen.
Eines bewölkten Abends, als ich die Hütte erreichte, war niemand da, der mich erwartete. Ich war verblüfft, wollte aber um jeden Preis meine Bezahlung mitnehmen. Daher kehrte ich auf die Straße zurück und bemühte mich, zum Lager zu gelangen. Ich unterhielt mich mit einem gewissen russischen Flüchtling, der als freier Mensch in diesem Lager wohnte. Er lud mich zu sich ein. Wir gingen zu einem Schlagbaum, der von einem SS-Mann bewacht wurde, und schon befanden wir uns im Lager. Dort mischten wir uns unter die Häftlinge. Es war neun Uhr abends, und man ließ sie für fünfzehn Minuten zur Toilette. Meine Verbindungsleute fand ich nicht. Einer der Häftlinge kam zu mir her und sagte mir, daß, wenn ich nicht sofort hinausginge, die Deutschen mich verhaften und mit den Juden zusammen einschließen würden. Ich wartete nun nicht mehr ab und gelangte glücklich wieder auf die Straße hinaus. Selbstverständlich ging ich dort nicht mehr hin. Solowiejczyk und seiner Frau habe ich sechs Wochen vor unserer Befreiung durch die sowjetische Armee zur Flucht verholfen.«

Folgende Episode berichtete Stanisław aus der Schreinerei, in der er beschäftigt war:

»Jeden Tag kamen ungefähr 150 Juden aus dem Konzentrationslager auf die Baustelle, die zu verschiedenen Beschäftigungen in Gruppen aufgeteilt wurden. Die Schreinerei leitete Fritz Kessler, ein deutscher Tischler, der auf der Baustelle wohnte. Zehn bis zwölf Juden waren dort beschäftigt. Nur drei Leute hatten das Recht, die Schreinerei zu betreten: Kessler selbst, ich und noch ein dritter, an dessen Namen ich mich nicht erinnere, der aber auch ein Deutscher war, von Beruf Schreiner. Ich fühlte mich dort sehr sicher und wohl, und ich konnte diesen Juden auch auf verschiedene Art helfen. Eines Tages, als ich gerade mit einem von ihnen sprach, hob ich plötzlich den Kopf und sah, daß Fritz Kessler vor mir stand. Ich geriet in Panik, weil ich dachte, er hätte unser Gespräch belauscht, und wußte nicht, was ich tun sollte. Wir sahen uns in die Augen. Ich erklärte ihm, daß ich diesen Juden gerade ausgeschimpft hätte wegen seiner miserablen Arbeit. Er beugte sich zu mir und schrie: »Du dummer, mickriger Pole! Dieser Jude hat mehr Verstand in der Spitze seines kleinen Fingers als du im ganzen Kopf. Scher dich fort!« Ich war äußerst beunruhigt. Nach dem Abendessen klopfte jemand an meine Tür. Herein kam Fritz Kessler, umarmte mich und sagte mit gesenkter Stimme, daß wir – wenn er nun

schon wisse, wie ich mich um diese Leute kümmere – ab jetzt zusammenarbeiten könnten. Und er zahlte mir ab da mein Gehalt aus sowie einen Anteil Wein und Wodka zum Verkaufen, damit ich vom Erlös für die Juden Lebensmittel besorgen konnte. 1946 sind wir uns wieder begegnet.«

Streit mit Vysločil

Wer regte sich schon darüber auf, was sich am nächsten Tag, in der nächsten Stunde, der nächsten Minute ereignen würde? Man plante ganz einfach nicht im voraus. Unser Leben war ereignislos, und genau das wollten wir. Hin und wieder organisierten die russischen Gefangenen irgendwelche Unterhaltungsveranstaltungen, bei denen sie russische Lieder sangen und auf dem Akkordeon spielten. Da Radios verboten waren, gab es damals wenig Musik zu hören, und deshalb war jegliche Musik überaus begehrt. Man hoffte, daß die Russen kommen würden, um uns zu befreien. Die Front befand sich lediglich hundert Kilometer entfernt. Keine große Distanz, aber sie erschien uns endlos. Mit Tränen in den Augen lauschten wir der gefühlvollen russischen Musik.

Manche der jüdischen Häftlinge des Konzentrationslagers kamen, um unsere Baracken zu putzen. Ich erinnere mich an ein junges Mädchen namens Hertha, die nur deutsch sprach. Sie hatte ihre Mutter im Lager. Eines Tages, als ich zufällig die Baracke betrat, traf ich sie dort an und gab ihr etwas Geld und Lebensmittel. Selbstverständlich mußte ich aufpassen, daß uns keiner sah und daß ich meine Sympathie für einen jüdischen Häftling nicht verriet. Weil der Führer bestimmt hatte, daß die Juden die Feinde des Dritten Reiches sind, interniert er sie in den Konzentrationslagern. Was für eine Ironie des Schicksals! Mich hielten die Deutschen für einen guten und vertrauenswürdigen Mitarbeiter, in Unkenntnis dessen, daß ich mich von den jüdischen Häftlingen nur durch meine gefälschten Papiere unterschied. Noch wenige Wochen zuvor war auch ich selbst einer dieser Häftlinge gewesen, gequält und vielleicht zum Tode verurteilt durch das Dritte Reich.

Eines Tages sagte mir Wasyl, daß am Traktor die Kupplung defekt sei und repariert werden müsse. Ich ging zur Hauptwerkstatt und berichtete Vysločil davon.

Gleichzeitig machte ich ihn darauf aufmerksam, daß Wasyl mit der Reparatur nicht vor dem späten Abend fertig werden würde.
Tatsächlich arbeiteten wir zu zweit bis um elf Uhr abends an dem Traktor, und danach ging ich zu Frauenholz, unserem Leiter, um ihm zu sagen, daß man Wasyl zum Lager zurückführen und erklären müsse, weshalb er erst so spät zurückkehrt.
Normalerweise machte das ein »vertrauenswürdiger« und bewaffneter Deutscher. Ich war mir dessen bewußt, daß ich im Falle der Flucht von Wasyl Schwierigkeiten bekommen und daß man mich der Sabotage anklagen würde – aber wer machte sich darüber schon Sorgen? Frauenholz befahl mir, Wasyl ins Lager zurückzubringen, und ich tat es.
Am zweiten Jahrestag des Todes meines Vaters, am 23. Februar 1944, erfaßte mich eine Welle von Heimweh, und ich begann, über die Zukunft nachzudenken. Vier Tage später begab ich mich zum ersten Mal nach Riga, denn ich mußte mit meinem Chef, Herrn Peters, irgendwelche Maschinenteile abholen. Auf beiden Seiten der Straße waren kleine Häuschen und baumbestandene Wege zu sehen, und sogar mitten in der Stadt gab es Parks. Das gefiel mir sehr. Überall waren kleine Gärtchen, die im Sommer sehr angenehm sein mußten. »Vielleicht werde ich das noch erleben«, dachte ich bei mir. Einstweilen braute sich jedoch auf der Arbeit ein Gewitter zusammen, denn mein Werkstattleiter Vysločil bemühte sich, aus mir sein Mädchen für alles zu machen, damit ich auf Befehl sprang. Schon ein paarmal hatte ich mich ihm widersetzt, und wir hatten uns gegenseitig angeschrien. Er nahm wohl an, daß ich seine Macht fürchtete und ihm folgen würde wie ein Sklave. Am 5. April geschah nun folgendes: Stanisław und ich waren zurückgekehrt, nachdem wir die Nacht bei unseren polnischen Freunden in der Gertrudenstraße verbracht hatten. Ich hatte Probleme damit, die Lokomotive anzulassen, und ging nach einigen vergeblichen Versuchen in die Werkstatt, um Hilfe zu holen. Vysločil schrie mich an, daß ich als Mechaniker zu nichts zu gebrauchen sei. Ich erwiderte, daß ich schließlich Elektriker und nicht Mechaniker von Beruf sei. Als Antwort darauf versetzte er mir einen Stoß. Ich verstand: Das war eine Herausforderung. Ich warf den Schraubenschlüssel, den ich gerade in der Hand hielt, auf die Erde, rempelte Vysločil an und brüllte: »Ich bin Elektriker, nicht Mechaniker! Du hast keine Arbeit für mich in meinem Fach und befiehlst mir, irgend-

einen Schrott zu reparieren!« Und ich nahm ihn kurz in den Schwitzkasten. Der Kopf fiel ihm zur Seite und die Mütze auf den Boden. Dann ließ ich ihn los. Ich stand da wie der Sieger, und alle in der Werkstatt schauten uns schweigend an. Einen Werkstattleiter der Deutschen schlagen? Dafür drohte Verhaftung, Gestapo-Verhör und vielleicht das Todesurteil. Ich aber fühlte mich irgendwie sicher. Vyslučil drohte: »Dir werde ich es zeigen! Ich melde dich der Polizei wegen Sabotage. Dafür wirst du mir bezahlen!« Er verließ die Werkstatt und ging in Richtung Lokomotive. Jetzt mußte ich erklären, weshalb ich einen »Deutschen« geschlagen hatte. Ich wischte mir die Hände ab, ging zum Büro, marschierte hinein und wandte mich direkt an Schuster, den stellvertretenden Direktor, zu dem ich in meinem gebrochenen Deutsch sagte: »Vyslučil hat mich angerempelt, und ich habe es ihm zurückgegeben. Jetzt sagt er, daß er sich bei Ihnen über mich beschweren und mich der Polizei übergeben wird. Ich bin Elektriker, aber er zwingt mich, als Mechaniker zu arbeiten, was ich nicht gelernt habe.« So redete ich etwa zwei Minuten in höchster Erregung auf Schuster ein, der mich nur teilweise verstand. Endlich sagte er: »In Ordnung. Geh jetzt zurück in die Werkstatt.« Und er fügte hinzu: »Der tschechische Idiot!« An diesem Abend geschah nichts mehr, aber Stanisław kam mit einer Flasche Wodka, die er Vyslučil als eine Art Entschuldigung von mir gab, und die Sache geriet in Vergessenheit. Ich arbeitete weiterhin bei Vyslučil, und seit dieser Zeit behandelte er mich besser. Meine Position in der Werkstatt war nun gefestigt, und ich wurde von den anderen respektiert. Man sah in mir den verantwortungsbewußten, unabhängigen Fachmann, mit dem man sich besser keinen Scherz erlaubt.
So sah in den Grundzügen die Reise nach und das Leben in Riga aus. Zusammen mit Stanisław verbrachte ich hier den Zeitraum von Anfang 1944 bis zu unserer Befreiung durch die Sowjetarmee am 13. Oktober 1944. Ich will jetzt zu meinem Tagebuch zurückkehren und es durch Erläuterungen*, die für den Leser nötig sein könnten, vervollständigen.

* Die Erläuterungen des Autors werden im folgenden durch Kursivierung kenntlich gemacht.

Aus dem Tagebuch

13. Februar 1944
Der erste Tag stand unter dem Eindruck der Arbeit. Ich bin wie betäubt. Soviel neue Dinge. Ich habe Herrn Szczygielski kennengelernt, den Ingenieur. Sehr sympathischer Mensch. Er versprach mir seine Hilfe bei der Arbeit und beim Lernen. Am Abend schrieb ich einen Brief nach Hause. Morgen werde ich ihn absenden.

14. Februar 1944
Ich erhole mich von den ersten Eindrücken. Langsam gewöhne ich mich an das neue Leben. Das Lager liegt unweit der Stadt, ungefähr fünf Kilometer entfernt, in einer hübschen, bewaldeten Gegend. Die Neuankömmlinge sind verblüfft von den gewaltigen Veränderungen, die durch organisierte menschliche Arbeit entstanden sind. Breite, befestigte Wege, Eisenbahnschienen, Magazine und eine Unmenge an fertigen oder halbfertigen Gebäuden. Als Quartier wurde mir ein halbes Zimmer (wörtlich, denn ich belegte zusammen mit einem Kollegen eine Stube) in der Wohnbaracke zuerkannt. Ich habe eine sehr angenehme Nachbarschaft: Ingenieur Szczygielski und seine Frau.
Ab dem frühen Morgen arbeitete ich auf einem Traktor zusammen mit einem Russen und drei Turkmenen beim Transport verschiedener schwerer Lasten. Die Arbeit ist interessant. Der Russe Wasyl ist bestens darüber im Bilde, daß ich eine gefährliche Konkurrenz für seine Stellung darstelle, da er durch mich ersetzt werden kann. Mich interessiert das tatsächlich überhaupt nicht. Hier arbeiten Letten, Russen, Juden – und zehn von uns. Die Deutschen sind die Aufseher. Am Abend fuhr ich in die Stadt, um einen Brief nach Hause abzuschicken (an Zenek). Ein seltsames Gefühl überkam mich. Was gibt es Neues? Wie mag es ihnen ergehen? Sind sie gesund? Keine Antwort. Was die allgemeine politische Situation an der Ostfront betrifft, steht es wohl sehr gut. Aber ich persönlich war immer Skeptiker und Pessimist.

15. Februar 1944
Stanisław hat alles im Griff und schwimmt wie immer oben, d. h. er ist auf der Höhe. Alle sind mit einem schwierigen Problem konfrontiert – der Frage der Ernährung, während er alles in Hülle und Fülle

hat. Er hat einige Kontakte in der Stadt. Er ist ein gewitzter Bursche! Vom Morgen an arbeitete ich in der Werkstatt. Die Zeit verging wie im Flug. Die Frau des Ingenieurs ist eine sehr liebenswürdige und sympathische Person. Sie sorgt sich um das Schicksal der russischen Kriegsgefangenen und der Juden. In der Tat! Sie werden nicht gut behandelt: wenig zu essen und eine solche Not! Am Abend ging ich zum Friseur. Dann fuhr ich mit verschiedenen Straßenbahnen zu ihren Endbahnhöfen, um die Stadt zu erkunden. Spät am Abend kehrte ich nach Hause zurück. Lange konnte ich nicht einschlafen, weil ich darüber nachdachte, wie ich mein Leben organisieren und die Zeit sinnvoll ausfüllen könnte.

16. Februar 1944
Den ganzen Tag arbeitete ich in der Werkstatt. Ich setzte einige Teile zusammen und übte Traktorfahren. Das Ernährungsproblem bleibt weiter wichtig. Wie sich herausstellte, hat jemand unsere Rationen geklaut. Wir beschlossen, aktiv vorzugehen und die Missetäter zu stellen. Frau Irena und ihr Mann waren maßgeblich an dieser Aktion beteiligt. Ich lernte Frau Nawrota und Fräulein Stasia näher kennen. Gleich werde ich einen Arbeitsplan für die nächste Zeit machen und einen Brief nach Warschau schreiben. Vielleicht hat der letzte Brief sie nicht erreicht.

17. Februar 1944
Erste selbständige Fahrt mit dem Traktor. Der Tag war ausgefüllt mit Arbeit, die sehr interessant ist. Am Abend fuhr ich in die Stadt, schickte den Brief ab, und bis tief in die Nacht dachte ich an meine Familie. Es ist eine sehr kalte Nacht.

18. Februar 1944
Es ist ein frostiger Morgen. Tatsächlich sind es nur neun Grad unter Null, aber an eine solche »Wärme« bin ich nicht gewöhnt. Ich saß neben Wasyl am Lenkrad des Traktors. Im Lauf des Tages kleinere Montagearbeiten. Allmählich freunde ich mich mit den anderen an. Ich denke, daß mein Chef, Herr Vyslučil, trotz seiner Erfahrungen kein Fachmann ist, weil er keine theoretischen Grundlagen hat. Er hatte z. B. eine kleine Taschenlampe, die er nicht reparieren konnte. Ich brachte das für ihn in Ordnung, und er sagte lachend: »Ich habe

nicht genug gelesen, als ich jung war.« Mit Wasyl habe ich mich näher angefreundet. An diesem Abend gingen wir alle zu einem Marionettenspiel. Natürlich blieben wir alle zusammen. Es war sehr hübsch. An zwei Momente erinnere ich mich besonders genau. Sie bezogen sich nicht auf Einzelheiten der Vorstellung. Als wir hineingingen und unsere Plätze belegten, kam erstens zu unserem Mißfallen der Deutsche Peters herein. Er war angetrunken. Zweitens fühlte ich, als in der Pause einer der russischen Kriegsgefangenen traurige russische Lieder zu singen begann, plötzlich einen Krampf im Herzen und eine seltsame innere Leere. Mir war zum Weinen zumute. Wo bin ich? Im Exil, von allen getrennt, ohne Antwort auf irgend etwas, nur Sehnsucht und Schmerz. Genau vor zwölf Monaten...

19. Februar 1944
Tagsüber Elektroarbeiten in den Baracken und in Herrn Peters Büro, zusätzlich zum Traktorfahren. Ich lernte Hertha kennen. Herr Nawrot verkaufte mir ein Jacket. Am Abend fuhr ich in die Stadt und kaufte Schreibblöcke und Bücher. Heute will ich anfangen zu lernen. Die Tage verlaufen monoton. Heute morgen fuhr Herr Szczygielski nach Wilna. Am Montag kommt er zurück. Vielleicht bringt er Neuigkeiten.

20. Februar 1944
Die Tage vergehen wie im Flug. Ehe ich mich umsehe, ist es schon Essenszeit und Feierabend. Heute arbeiteten wir nur bis zum Mittagessen. Um zwei Uhr ging ich mit Stanisław in die Stadt. Er mußte zwei Plätze aufsuchen. Er endete mit einem Mädchen in den Baracken. Am Abend ging ich bei Frau Irena vorbei. Wir redeten bis tief in die Nacht. Ich erzählte ihr von der Razzia der Deutschen in einem Teil der Solec-Straße in Warschau im letzten Jahr anläßlich des Begräbnisses eines deutschen Polizisten, den der polnische Untergrund liquidiert hatte, und von den Schmugglern, die wir sahen, als wir mit dem Zug auf dem Weg nach Warschau waren. Natürlich sagte ich ihr nicht die Wahrheit über mich, sondern erzählte einfach nur die »politischen Episoden«. Unsere Beziehung war freundschaftlich oder sogar sehr freundschaftlich. Ich spüre, daß Frau Irena sehr tiefverwurzelte patriotische Gefühle hegt. Ich bin aufrichtig erfreut darüber. Eigentlich tut sie mir ein bißchen leid, sie hat viel gelitten und unange-

nehme Erfahrungen gemacht. Jetzt hat sie natürlich einen guten Arbeitsplatz. Danach konnte ich nicht mehr lernen. Es war zu spät geworden. Ich war ziemlich unzufrieden mit mir. Lange dachte ich an meine Leute! Schon der 20. Februar; die Zeit läuft davon – und noch kein Brief aus Warschau!

21. Februar 1944
Wasyl geht mir ein bißchen auf die Nerven. Ich muß ihn etwas kürzer halten. Draußen wird es milder, es schneite den ganzen Tag. Die Luft ist sehr feucht. Heute bin ich den ganzen Tag in Gedanken bei ihnen. Tetka steht vor meinen Augen. Wie mag es ihnen ergehen? – Unruhe erfaßt mich. Verdammt, daß nicht einmal ein Brief ankommt. Ich greife mir an den Kopf. Es ist doch erst eine Woche vergangen seit meiner Ankunft, und es ist erst fünf Tage her, seit ich den Brief an Zenek geschrieben habe. Doch legt sich mir eine unklare Angst auf mein Gemüt. Was ist mit ihnen? Und was mit Zenek? Ich sitze am Tisch mit dem unbeugsamen Entschluß, den Abend mit Arbeit auszufüllen. Ich mache mich daran.

22. Februar 1944
Seit dem Morgen habe ich in der Werkstatt gearbeitet. Ich lernte ein bißchen schweißen. In der Mittagspause kam Herr Janek, und der Besuch endete damit, daß er mir einen Mantel verkaufte. Es stellte sich übrigens heraus, daß er mich scheußlich geneppt hat mit dem Preis von 200 Mark. Mit Hertha konnte ich mich heute nicht verständigen. Vielleicht morgen? Am Nachmittag war ich fast bis Feierabend mit der Reparatur eines Autos beschäftigt. Direkt vor dem Gongschlag kam Wasyl und sagte mir, daß die Kette des Traktors defekt sei. Eigentlich war ich sogar zufrieden, daß er einen Dämpfer bekommen hat, denn Vysločil hatte ihn angeranzt. Wir arbeiteten bis spät in die Nacht, wurden aber natürlich nicht fertig. Wir gingen zur Baracke zurück, und der Chef rief mich und befahl, den Russen ins Lager zu begleiten und der Wache seine späte Rückkehr zu erklären. Als ich wieder zurück war in unserer Baracke, dachte ich darüber nach. In Wirklichkeit klärt sich alles. Morgen schreibe ich einen Brief an Ludwik. Mit Frau Irena bin ich eng befreundet, eine sehr nette Frau.

23. Februar 1944
Heute ist der zweite Jahrestag des Todes meines Vaters. Die übliche Routine. Traktor fahren, in der Werkstatt arbeiten, ein Tag wie jeder andere, mit der Ausnahme, daß Slawek Szczygielski aus Wilna zurückgekehrt ist und zwei Leute mitgebracht hat, ein Ehepaar, die in der Firma arbeiten. Sie machen einen netten Eindruck. Ich fuhr in die Stadt, aber die Bank war geschlossen.

24. Februar 1944
Den ganzen Tag war ich mit Arbeiten auf der Lokomotive beschäftigt, eine sehr dreckige Tätigkeit, aber im Gegensatz dazu war der Tag sonnig und herrlich klar. Am Abend trafen wir uns, d. h. Stanisław, ich und drei andere, mit Frau Stasia und redeten bis tief in die Nacht. Ich muß anmerken, daß die Nacht hier nach offiziellen Vorgaben um zehn Uhr abends beginnt. Bei den Szczygielskis wurde außerdem die glückliche Rückkehr aus Wilna feuchtfröhlich gefeiert.

25. Februar 1944
Die Frage des Geldtauschs wird geklärt. Ich sprach mit einem der Chefs, Herrn Sibinger, und er versicherte mir, daß er das ohne Schwierigkeiten organisieren könne. In der Mittagspause sprach ich mit Herrn Nawrot, und danach reparierte ich ein Schloß in Sibingers Büro. Bei dieser Gelegenheit verlangte ich die Erstattung des Fahrpreises von 12,70 Mark von Warschau nach Riga. Es war nicht viel, aber die Befriedigung, von ihnen Geld zu bekommen, tat gut. Abend: Wasyl hat den Motor abgewürgt, und ich mußte nach Feierabend eine Stunde länger arbeiten. Dies hat mich davon abgehalten, in die Stadt zu gehen. Es wäre zu spät geworden.
Im Moment sitze ich ziemlich müde am Tisch und stütze mich faul auf. Nur der Schein einer kleinen Nachttischlampe beleuchtet einen Teil der Platte. Der Raum liegt im Halbdunkel. Der Ofen strahlt wunderbare Wärme ab. Durch die Wand kann ich die Stimmen der Szczygielskis hören. Es ist klar, daß sie trinken und bereits betrunken sind. Mir ist das irgendwie unangenehm. Es ist so billig, seine Persönlichkeit zu verlieren. Es macht einen nicht zum Helden, sondern führt zurück an den Abgrund. Ja, ich kann Tetka vor meinem geistigen Auge sehen, schön, erhaben, rein, makellos. Ich fühle einen Schmerz in der linken Brust. Sehnsucht erfüllt mich. Eine so schwere,

so schreckliche Traurigkeit lastet auf mir. Wieder dringen die Stimmen der Nachbarn durch. Welch ein Gegensatz. Es kommt mir vor, als ob ich mich von ihr für lange getrennt hätte, für schrecklich lange, für immer. Werde ich sie vielleicht niemals mehr wiedersehen? O Gott! Durch die Wand dringen ständig die betrunkenen Stimmen.

26. Februar 1944
Überraschung am Morgen. Um neun Uhr sollte ich in die Stadt fahren, weil die Firma eine Kette für den Traktor brauchte. Es ist eine große Sache. Ich wußte nicht, ob wir zur Bahnstation oder woandershin gehen würden. Mit meinem Chef, Herrn Peters, fuhr ich nach Riga. Es ist schon merkwürdig, den Arbeitsplatz tagsüber zu verlassen. Zum ersten Mal bekam ich Riga am hellichten Werktag zu Gesicht. Es machte einen sehr hübschen Eindruck auf mich. Nicht allzu kleine, aber bescheidene Häuser entlang der Straße. Die Bäume vor den Häusern bilden ein Spalier entlang der Fußwege. Es ist also gar nicht seltsam, daß die Straßen »iela« genannt werden, denn das bedeutet Allee. Das Stadtzentrum macht den Eindruck eines Parks. Wie schön muß es hier im Sommer sein. Etwa zum Mittagessen kehrten wir aus der Stadt zurück. Die Kette können wir erst am Montag abholen.
Abend: Stanisław ist nach Krakau gefahren. Ich sitze allein im Zimmer. Ich spüre, daß ich einsam bin, nicht nur in diesem Moment, sondern die ganze Zeit. Ich habe das Gefühl, daß ich Tetka nie wiedersehen werde, daß wir nie mehr zusammen sein werden. Ich habe Tränen in den Augen, am liebsten würde ich das Zimmer verlassen, hinausrennen und laut schreien, so laut wie möglich. Stattdessen sitze ich hier am Tisch. Mein Blick fällt auf mein Heft vor mir, und ich beginne zu schreiben – ich schreibe an Dich, an Euch alle, o Gott! Vielleicht bleiben wir auf immer getrennt.

27. Februar 1944
Mein 20. Geburtstag! (*Meine Dokumente machten mich ein Jahr älter. In Wirklichkeit war es mein 19. Geburtstag.*) Es ist spät am Abend. Ich sitze am Tisch und schreibe im Licht der kleinen Lampe. Erst jetzt wird mir klar, daß dies immer ein ungewöhnlicher, schöner und festlicher Tag war. Sonntag. Die freie und feiertägliche Atmosphäre versetzt

mich in eine seltsam gehobene Stimmung. Schließlich bin ich das Geburtstagskind. Aber genug davon.
Stefan kam mit seiner Frau. Anfangs war ich etwas nervös wegen der Veränderungen, die sich in meiner Situation ergeben könnten. Schließlich machte ich mir jedoch selbst klar, daß es gut sein muß, da es nun einmal so war. Ich mußte das Beste daraus machen. Stefan und seine Frau traf ich zur Mittagessenszeit. Um zwei Uhr gingen wir zu dritt – Stanisław, Stefan und ich – zum Bahnhof, um das Gepäck abzuholen. Auf dem Weg unterhielten wir uns ein wenig. In Warschau hatte sich die Situation zugespitzt. Scharfe Repressionen, der wahre Terror, öffentliche Hinrichtungen, öffentliches Aufhängen von den Balkonbrüstungen der eigenen Wohnung, Erschießungen. Die Leute sind sehr bedrückt. Kurz gesagt, Stefan brachte sehr schlimme Nachrichten aus Warschau. Er hat mich ernsthaft beunruhigt. Was ist mit meinen Leuten? Was mit Zenek?

28. Februar 1944
Arbeit auf der Lokomotive. Ich bin etwas ärgerlich, daß diese Arbeit jetzt so monoton ist. Mal sehen, vielleicht kann ich eine andere Arbeit bekommen. Am Abend fuhr ich weg, um die Stockholmer Straße zu suchen. Endlich weiß ich, wo sie ist.

29. Februar 1944
Seit dem Morgen arbeitete ich auf der Lokomotive. Ich hatte einen Streit mit Herrn Vysločil, meinem Chef, den ich ihm nie verzeihen werde. Ich wandte mich an Herrn Robert um Rat, denn ich wußte wirklich nicht, wie ich mich verhalten sollte. Herr Robert riet mir, daß ich mich absolut fernhalten und meine Arbeit völlig selbständig erledigen sollte. Außerdem riet er mir davon ab, mich bei Herrn Ratzer zu beschweren. Später, als ich sah, wie Vysločil sich mit ihm unterhielt, habe ich bedauert, daß ich es nicht getan habe. Er mußte mich ordentlich angeschwärzt haben. Aber was soll es. Auf mich trifft das Sprichwort: »Wie es ist, ist es gut, weil es ist.« Mit dieser Schlange werde ich bei der nächsten Gelegenheit abrechnen. Ich werde ihm eine scheuern, daß er die Brille verliert!
Ich lernte Fräulein Irka etwas näher kennen, nicht zu verwechseln mit der Irka Nummer zwei, die ich »Irka aus dem Büro« nenne. Sie arbeitet bei Schlesinger. Herr Janek fährt morgen nach Warschau. Ich weiß

noch nicht, was ich tun soll. Vielleicht bitte ich ihn, Briefe mitzunehmen, wenn er kann. Stefan kam am Abend. Wir schwatzten eine geschlagene Stunde. Er erzählte mir seine Erlebnisse beim Polenfeldzug 1939. Verdammt! Wie wütend ich immer noch werde allein bei der Erinnerung an Vyslučil. Verflucht noch mal! Und morgen muß ich ihm wieder gegenüberstehen – als Untergebener. Aber ich gebe mich nicht geschlagen. Von Stefan erfuhr ich, daß Vyslučil erzählt, ich hätte das Kabel der Bohrmaschine durchgebrannt. Ich weiß nicht mal, worum es sich dabei handelt. Dem Schuft werde ich es zeigen! Ich schlage ihm die Zähne ein! Ich kann es mir nicht verzeihen, daß ich kaum reagiert habe, daß ich nicht entschiedener und energischer aufgetreten bin. Heute morgen war ich so verwirrt, daß ich einfach nicht wußte, wie ich mich ihm gegenüber verhalten sollte. Aber ich werde ihm dies nicht vergessen. Die Gelegenheit wird bald kommen!

1. März 1944
Seit dem Morgen Arbeit an der Lokomotive. Es gelang mir nicht, sie anzulassen. Ich war verzweifelt, wollte aber nicht in die Werkstatt gehen und Vyslučil um Hilfe fragen. Das hätte ihm nur einen weiteren Anlaß geliefert, sich über mich zu beschweren. So versuchte ich es immer wieder, bis sie plötzlich ansprang. Ach! Welche Befriedigung fühlte ich, als ich das Geräusch des laufenden Motors hörte! Der Schlag soll diesen Kerl treffen! Bei der Arbeit lernte ich einen Deutschen namens Fritz kennen, einen typischen, offenherzigen, gutmütigen deutschen Jungen.
Nach Feierabend beschloß ich, in die Stockholmer Straße zu fahren, um den lettischen Offizier, den ich auf der Fahrt nach Riga kennengelernt hatte, zu besuchen. Nach dem Abendessen machte ich mich auf den Weg. Ich fand eine neue Strecke heraus, von der Haltestelle an den Bahnschienen entlang bis zur Straßenbahnlinie. Es war völlig dunkel, als ich vor einem Haus das Täfelchen mit der Nr. 40 erblickte. Ich klopfte an. Es öffnet mir ein SS-Offizier (Untersturmführer). Ein paar Augenblicke vergehen, bis wir uns wiedererkennen. »Sie sind der Pole aus der Eisenbahn«, sagte er schließlich. Er bittet mich hinein. Ich bin völlig verwirrt. Ich dachte, daß ich mich vielleicht mit einem Mann aus der Organisation Todt, der in einer Baracke wohnt, treffen würde. Stattdessen habe ich einen SS-Offizier in einer bestens eingerichteten Villa vor mir. Es ist mir äußerst unangenehm, daß ich

mich in Arbeitsklamotten und mit nicht völlig sauberen Händen zum Tee setzte. Die Stunde verging sehr angenehm, und mit einer Einladung für Sonntag nachmittag verließ ich die Wohnung. Es ist schwierig zu beschreiben, was ich dabei fühlte, als ich, der ich noch vor wenigen Monaten zum Abschuß freigegeben war, nun mit einem meiner Jäger Tee trank. Mir wurde klar, daß über die eigentlich normalen Verhaltensweisen menschlicher Individuen und Gruppen ein Netz aus Haß und Abneigung gelegt worden war.

4. März 1944

Stanisław liegt im Bett. Er hat Halsschmerzen, und es geht ihm schlecht. Draußen Hundewetter. Wind mit Schneeregen. Die neun Stunden Arbeit täglich an der Lokomotive passen mir überhaupt nicht. Aber Arbeit ist kein Vergnügen! Am Abend kam Irka vom Büro. Wir sind befreundet und verhalten uns ungezwungen aufrichtig zueinander. Slawek Szczygielski trägt sich mit dem Gedanken, einen Tanzabend für die Polen zu veranstalten. Ich muß morgen mit ihm darüber reden. (Das Problem, Mark zu tauschen, steht an einem toten Punkt.) Ich bin ernsthaft beunruhigt, weil keine Nachrichten aus Warschau kommen. Warum schreiben sie nicht, zum Teufel? Ob vielleicht etwas Schlimmes passiert ist? Aber nein, ich habe ein gutes Gefühl. Was ist mit Zenek? Wird er kommen? Verdammt, morgen, am Sonntag, kommt keine Post – also erst am Montag. Einen Moment vor dem Schlafengehen erinnerte ich mich an das heutige Datum und erbebte. Der 4. März. Ich schäme mich, vor mir selbst zuzugeben, daß ich den Geburtstag vergessen habe. Wie viele kostbare Erinnerungen sind mit diesem Tag verbunden! Tetka...

5. März 1944

Sonntag. Bis Mittag Arbeit an der Lokomotive. Nach dem Essen wollte ich mit Frank ins Youngson-Restaurant gehen. Schließlich fuhren wir zu viert – mit Irka und Stanisław – in die Stadt. Am Anfang versuchten wir, die Wohnung eines polnischen Bekannten von Irka zu finden, aber vergeblich. Dann kehrten wir ins Zentrum zurück, um ins Kino zu gehen. Schließlich kamen wir ohne Frank nach Hause zurück.

6. März 1944
Eigentlich weiß ich selbst nicht, weshalb ich seit dem Morgen so trübsinnig bin. Am Morgen ein Rüffel von Vyslučil, mit dem ich mich langsam geeinigt hatte. Der Motor sollte ab sieben Uhr am Morgen in Betrieb sein, sich nicht erst um sieben Uhr erwärmen. Wieder stand ich nur verdutzt da und – verflucht! – ließ seinen Vorwurf unbeantwortet. Ich schwieg, dabei hätte ich ihm erklären sollen, daß ich am Morgen die abends angekommenen Waggons entladen und daher nach Beginn der Arbeit nicht einmal eine halbe freie Stunde hatte. Aber nein. Ich beiße die Zähne zusammen und warte. Geduld ist die stärkste Waffe. Trotz der Langeweile und Gleichförmigkeit ist meine Arbeit sehr angenehm. Heute ist es draußen herrlich mild. Die Sonne wärmt. Während des Beladens der Waggons sonne ich mich. Eine angenehme Faulheit überkommt einen. Ich träume und sinniere süß vor mich hin.
In der Mittagspause erhielt ich einen Brief von Zenek. Er schreibt aus Lodz, d. h. von zu Hause, wohin er für ein paar Urlaubstage gefahren war. In zwei Tagen – Absendedatum des Briefs ist der 28. Februar – kehrt er zur Arbeit nach Warschau zurück. Am Abend fuhr ich mit Irka nach Riga. Ein sehr nettes Mädchen. Ich habe sie sogar etwas liebgewonnen. Ich komme zu dem Schluß, daß ich schrecklich faul geworden bin. Ich sollte überhaupt an mir und meiner Selbsterziehung arbeiten. Unnötigerweise gebe ich mich mit irgendwelchem materiellem Dreck ab. Das muß aufhören. Ich muß wieder zum Lernen und zur Arbeit finden. Ich führe ein schrecklich unfruchtbares, wertloses, einfach gedankenloses Leben. Das muß sich unbedingt ändern! Morgen müssen wir uns mit dem Umzug beschäftigen.

7. März 1944
Ich weiß auch nicht, weshalb ich den ganzen Tag Tetka vor Augen habe. Wie im Nebel – Augenblicke später verwischt sich ihr Bild, entfernt und verliert sich. Ich schaue umher und komme zu Bewußtsein. Das eintönige Brummen des Motors, das Quietschen des Krans und das Knirschen der Ketten. O Tetka! Sind wir wirklich so weit voneinander entfernt, für so lange getrennt – für immer? Ich wehre mich gegen diesen Gedanken und versinke in einen süßen Traum. In Gedanken versetze ich mich zurück. Ich begrüße sie, lache und küsse sie und bin zärtlich. Tetka! Ich bebe vor Ungeduld und in Erwartung

von Neuigkeiten von zu Hause. Wie gern würde ich etwas lesen – das würde es mir erleichtern, Traurigkeit, Sehnsucht und Trennung zu ertragen. In der Mittagspause bereitete ich die Antwort auf Zeneks Postkarte aus Lodz vor.
Am Abend saß Irka lange bei uns. Wir redeten und summten verschiedene Lieder (das heißt, sie sang, und ich bemühte mich, sie zu begleiten). Manchmal erfaßt mich Ekel vor mir selbst. Wie kann ich mich vergnügen, flirten (soweit man ein offenes, freundschaftliches Gespräch Flirt nennen kann), singen! Andererseits, rechtfertige ich mich vor mir selbst, ist es doch nur eine kleine Zerstreuung, gewissermaßen unerläßlich. Nun, genug des fruchtlosen Grübelns.
Tatsächlich ist Irka ein sehr liebenswürdiges, fröhliches Mädchen. Ich mag sie ganz gern. Am Abend unterhielt ich mich mit Stanisław über den Umzug. Wahrscheinlich morgen wechseln wir die Baracke. Wenn es nur schon vorüber wäre! Umzug, Umzug. Verdammt!

8. März 1944
Am frühen Morgen, als ich gerade frühstückte, klopfte Ratzer an die Tür und brachte irgendeinen jungen Mann herein. Er stellte ihn mir vor: »Ein Neuer, ein Pole aus Warschau, künftiger Mitbewohner und Arbeitskollege.« Am Anfang betrachtete ich ihn etwas schief, aber da mir mein Motto wieder bewußt wurde (»Wie es ist, ist es gut, da es ist.«), nahm ich freundlich Kontakt mit ihm auf. Leider wird er nicht mehr bei uns arbeiten, da bereits Entlassungen aus der Firma vorgenommen wurden. Er wurde von der Luftwaffe übernommen. Dort wird er viel bessere Bedingungen haben als bei uns sowie eine komplette Uniform.
In der Mittagspause erhielt ich Post von Zenek. Vor Freude sprang ich an die Decke. Endlich ein Lebenszeichen. Sogleich antwortete ich, um den Brief am Abend abzusenden. An diesem Tag lernte ich Hans näher kennen. Wir redeten wohl eine Stunde miteinander. Am Abend fahre ich mit Stanisław in die Stadt. Wir befinden uns in einer mir unbekannten Straße, als wir plötzlich Alarmsirenen und Schreie hören. Die Straßenbahnen bleiben stehen, jegliche Bewegung erstirbt. Ich fühle mich merkwürdig wohl. Völlig angstfrei bewegen wir uns auf den leeren Straßen. Wir gehen zur Gertrudenstraße. Dort warten wir den Alarm ab. Spät kommen wir nach Hause. Stasiek (der Neue) wartet schon. Er übernachtet bei uns. Morgen geht er zur Luftwaffe.

9. März 1944
Stasiek machte sich am Morgen nach Reval auf, um Formalitäten zu erledigen. Er hatte bereits seine Entlassung aus unserer Firma. Zum Mittagessen sollte er zurück sein. Mir ist es sehr recht, daß er bei der Luftwaffe in einer größeren Gruppe von Polen arbeitet, das erleichtert eine Verständigung mit ihnen und ermöglicht Kontakte. Ich bekam eine Karte von Zenek aus Lodz. Er schreibt, daß er am Nachmittag nach Skarzysko fährt. Ich bin schrecklich besorgt. Ich hätte gern einen Brief aus Warschau. Seit einer Woche bekam ich keine Nachricht von zu Hause. Ich weiß auch nicht warum, aber ich bin seltsam beunruhigt. Was ist los bei ihnen? Ich lebe in erschöpfender Anspannung. Am Nachmittag fand der Umzug statt, und endlich befinden Stanisław und ich uns in der neuen Baracke. Das soll einmal aufhören. Ich mag keine ständigen Veränderungen, und schon der Gedanke an einen Umzug verdirbt mir etwas die Laune. Jetzt habe ich es hinter mir. Ich habe beschlossen, mich mehr an die Kandare zu nehmen und meinen Tagesablauf zu organisieren und zu ordnen. Mir scheint, daß ich in einem ziemlichen Chaos stecke. Ich beschließe zu ordnen: erstens das Lernen und die Arbeit an mir selbst, zweitens das nachbarschaftliche Zusammenleben in der Baracke. Am Abend lernte ich eine polnische Familie kennen (an den Straßennamen erinnere ich mich nicht), ich weiß, daß man mit der Nr. 5 vier Haltestellen fährt, später rechts, Nr. 15, Wohnung Nr. 5. Morgen abend gehe ich dort noch einmal hin.

Kontakte zu Einheimischen, denen man vertrauen, bei denen man übernachten oder ein Zimmer mieten konnte, waren damals von großer Bedeutung. Sie waren eine Art Versicherung dafür, daß man, falls mit der Arbeit irgendetwas schiefging und man gezwungen war unterzutauchen, einen Zufluchtsort hatte. Stasiek kam nicht. Sein Koffer stand noch in unserem Zimmer. Was wohl geschehen war?

10. März 1944
Nach der Arbeit kam Stasiek, um seinen Koffer zu holen. Er ist mehr als hundert Prozent glücklich. Tatsächlich hat er gut lachen. Die Arbeitsbedingungen dort sind viel besser als unsere. Morgen nach der Arbeit kommt er uns besuchen. Vielleicht kann er sich versetzen lassen. Mit Stanisław hatte ich gerade ein ernsthaftes Gespräch über die

Veränderung unseres Zusammenlebens und der Beziehungen zu den Nachbarn, angefangen bei Einzelheiten und Kleinigkeiten.

11. März 1944
Scheußliches Tauwetter, es fällt ständig Schneeregen, das gibt noch mehr Schlamm. In den Schuhen steht mir das Wasser. (Sarkastisch könnte ich anmerken: lieber in den Schuhen als anderswo). Fühle mich seltsam traurig. Ich bin unausgeschlafen, müde, und jetzt kommt noch dieses Wetter dazu. Am Abend habe ich mir einen Merkzettel gemacht. Erster Punkt: Verabredung mit Stanisław wegen Hans. Zehn Uhr: Ich erfahre, daß Hans erkrankt ist. Noch einmal komme ich auf die momentane Eintönigkeit zurück. Es kam mir vor, als könnte ich mich aus dieser Langeweile losreißen, aber vergeblich. Ich fühle eine seltsame Leere in mir. Sehnsucht durchdringt mich. Ich schäme mich und mache mir Sorgen, wenn ich daran denke, daß sich die Zeit der Untätigkeit wiederholt. Ich muß nach Hause schreiben! Tetka! Deutlicher als je zuvor sehe ich dich vor mir! Wie gern wäre ich bei dir! Wie glücklich wären wir!
Bis zum Abend montierte ich Telefone. Ich habe erfahren, daß die Juden ab morgen nicht mehr zur Arbeit kommen werden. »Die kommen nun weg«, sagte Frau Janka, die den Tränen nahe war. Das Verhalten von Sibinger verblüffte mich etwas. Ich stand gerade nach der Auszahlung mit Herrn Robert im Büro. Eine Jüdin, die dort arbeitete, kam herein, um sich von Sibinger zu verabschieden. Deutlich bewegt streckte er ihr als erster die Hand entgegen. Ich kann das nicht fassen – ihr die Hand reichen?
Ich habe mit Stanisław geredet. Seine Einkünfte sind nun beendet. Was weiter? Ich fuhr mit dem Brief eines Russen aus dem Lager zur Adresse Bauskaja Tela Nr. 8. Sehr nette Familie. Sie haben mich sehr gastfreundlich und wohlwollend aufgenommen, aber ich fühlte mich etwas befangen und überflüssig. Der Mann und sein Bruder waren gerade dabei, an die Front zurückzukehren. Ich wurde Zeuge der Abschiedsszene zwischen Mutter und Söhnen. Die weißhaarige alte Frau kam herein und blieb an der Tür vor ihren beiden Söhnen stehen. Sie verharrten dort einen Augenblick, dann ließ sie sich weinend in die Arme der Söhne fallen. Mir traten Tränen in die Augen. Ach! Soviel Gefühl, soviel familiäre Wärme barg diese Szene in sich. Ich fühlte mich so einsam, verlassen und arm. Ich war neidisch.

12. März 1944
Es ist Sonntag. Monotonie des Zementmischers. Am Nachmittag ist es mir nicht gelungen, mein Vorhaben, einen Besuch in der Wagnerstraße zu machen, zu verwirklichen, aber ich verbrachte ihn sehr angenehm. Ich war bei Stanisław und Irka. Übrigens ist Irka ein tolles Mädchen. Sie gefällt mir gut. Am Abend war ich mit Frau Jakolska bei Janka. Ach ja! Als ich am Nachmittag bei Irka saß, sagte Sibinger, daß irgendein Pole aus Warschau angekommen sei. Ich habe ihn gesehen: ein Blonder. Mal sehen, was das für einer ist.

15. März 1944
Seit dem Morgen wird das Wetter endlich besser. Die Sonne kommt heraus – Friede und Freude kehren auf die Erde zurück. Zum Kontrast bin ich vom Morgen an in einer Scheißstimmung. Unruhe quält mich. Was geht vor? In der Mittagspause gerät Janek Nawrot in Panik. Natürlich lasse ich mich nicht verrückt machen. Ich konnte ihn etwas beruhigen. In Wirklichkeit ist es nicht so schrecklich. Die Sache mit dem »Neuen« spitzt sich allerdings zu. Ich denke ernsthaft darüber nach, wie ich mich verhalten soll. Schwer zu sagen. Ich kann ihn weder ändern noch... Das Schicksal wird entscheiden.

Der Neuzugang war schnell als Jude aus Warschau oder der Umgebung erkannt worden, der mit falschen Papieren hergekommen war. Ein Problem bestand nun darin: Wenn alle ihn so akzeptieren, wie er war, ohne Verdächtigungen, ohne etwas zu unternehmen, ohne Kommentare, hätte die Situation unverändert bleiben können. Aber wenn man über ihn reden, ihn kritisieren würde, und die Sache käme der deutschen Verwaltung zu Ohren, auf welcher Ebene auch immer, würde es wahrscheinlich zu Ermittlungen bei der Polizei oder der Gestapo kommen, und alle könnten darin verwickelt werden mit Konsequenzen, die schwer vorhersagbar waren. Es war also nötig, die Wogen zu glätten.

Stasiek von der Luftwaffe sagte mir, daß ein Teil ihrer Jungs zur Arbeit nach Deutschland gefahren sei wegen der Auflösung der örtlichen Baustelle. Er selbst hoffte auf einen Arbeitsplatzwechsel in den nächsten Wochen. Ich sprach darüber mit Herrn Chmielewski. Er behauptete, daß es jetzt an der Zeit sei abzuhauen, da sie uns sonst zur Arbeit nach Deutschland fahren würden. Ich finde das gar nicht lu-

stig. Weiß der Teufel! Vielleicht hat er wirklich recht. Man sollte darüber nachdenken, obwohl ich eigentlich eine feste Meinung in dieser Frage habe. Ich wollte nicht vor den Russen davonlaufen. Ich wünschte, jemand käme aus Warschau und brächte eine Neuigkeit.
In Gedanken kehre ich zu den Meinen zurück. Wie mag es ihnen ergehen? Ob sie gesund sind? Ob alles in Ordnung ist? – Ich würde sie so gerne wiedersehen, wenn ich auch weiß, daß es momentan fast unmöglich ist. Ich fühle mich schwach, klein, eingeschränkt. Ich kann mich nicht aussprechen! Tetka! So weit entfernt, so irreal. Aber wer weiß? Vielleicht doch? Die Zeit bringt uns doch viele Überraschungen. Und übrigens, alle verharren in der Erwartung großer Ereignisse. Die Sache mit dem »Neuen« steckt mir wie ein Keil im Kopf. Ich weiß auch nicht, was ich davon halten soll. Ach, zum Teufel! Ich flüchte mich zu meiner goldenen Regel: Es ist gut, wie es ist – weil es ist.

Der Kerosinschmuggel

17. März 1944
In der Mittagspause besuchte ich Herrn Robert, der mit einer Erkältung im Bett lag, aber morgen kommt er wieder zur Arbeit. Mit Irka sind wir sehr befreundet. Schade, daß sie so ernsthaft »engagiert« mit den Herren im Büro und durch leichte Büro-Überheblichkeit verdorben ist. Ich mag sie recht gern: Mir gefallen ihr Unternehmungsgeist, ihre Direktheit und ihre Fähigkeit, allen Männern den Kopf zu verdrehen. Ej! Paß auf, Irka! Bei der Arbeit habe ich mich der Gruppe der deutschen Arbeiter etwas angenähert. Mich interessieren die Charaktere dieser verschiedenen germanischen Typen: Der deutsche Stolz und die Selbstsicherheit stecken nicht nur in ihrem Benehmen, in den Bewegungen, sondern sogar im Blick und in der Stimme. Ich fühle mich sehr wohl in dieser solidarischen und bei der Arbeit gut eingespielten Gruppe der Deutschen. Übrigens mögen sie auch mich sehr. Das Problem des Arbeitsplatzwechsels steht noch auf der Tagesordnung. Morgen wird Stanisław sich um die Einzelheiten kümmern, dann werden wir mehr darüber wissen. Ich bin zufrieden, weil ich lerne, so daß ich meine Zeit sinnvoll verbringe. Am Abend ging ich mit Stanisław in die Gertrudenstraße. Auf diesem Gebiet entwickeln

Ignacy und sein Freund Stanisław Grosman mit dem getarnten Kerosin-Fäßchen auf dem Weg in die Gertrudenstraße in Riga, 1944

sich die Dinge höchst zufriedenstellend. Es ist eine halb polnische, halb russische Familie, teilweise an die lettische Lebensweise assimiliert. Zu Hause herrscht eine ungezwungen polnische Atmosphäre. Sie sprechen polnisch, wenn auch nicht hundertprozentig, weil sie weit von Polen entfernt leben, sie haben die polnischen Bräuche aufrechterhalten und erweisen uns unbegrenzte Gastfreundschaft. Stanisław gewann Frau Indikowska damit, daß er einen Mantel für ihre Tochter Helenka nähte. Es sollte erwähnt werden, daß die Tochter ihrerseits die Aufmerksamkeit unseres Schreiners – d. h. Stanisławs – geweckt hat. Ich fühle mich bei ihnen vollkommen ungezwungen und bedingungslos akzeptiert. Dort konzentrieren sich auch unsere »feuchten« Geschäfte.

Unter »feuchten« Geschäften ist unser Handel mit Kerosin zu verstehen, den Familie Indikowski an ihre Verwandten auf dem Land weiterverkauften. Es war ein sehr gewinnträchtiges Unternehmen, da man für einen Kanister Kerosin etwa 200 Mark verlangen konnte, und wir belieferten sie gewöhnlich etwa alle zehn Tage. Wenn man in Betracht zieht, daß unser Wochenlohn 15 Mark betrug, waren wir reich und schwammen im Geld. Wie kamen wir an das Kerosin? Das nationalsozialistische Deutschland lieferte es uns auf folgende Art: Meine Lokomotive mit den angehängten Waggons kam im gesamten Baustellenbereich zum Einsatz, da die Gleise nicht nur im und um das Gelände verlegt waren, sondern auch zu verschiedenen Lieferstellen führten, wo Zement, Stahlplatten, Holz oder andere Materialien hingebracht oder geholt werden mußten. Die Lokomotive wurde mit Kerosin betrieben, und ich zweigte dann einen Kanister Kerosin ab, wenn der Pegel im Tank meiner Lokomotive unter die Minimumlinie fiel.

Stanisław kannte sowohl die Kerosinpreise als auch Herrn Vyslučils Neigung zum Wodka oder zu anderen Alkoholika. Vermittelt durch seinen Meister Willy traf sich Stanisław mit Vysl učil und bot ihm an, daß er ihm Wodka, Wurst und Butter zu reduzierten Preisen besorgen würde. Er sagte ihm, daß ich, Ignac, Kontakte zu jemandem auf dem Lande hätte, der die Sachen liefern könnte. Und urplötzlich gestaltete sich auch die Beziehung zwischen Vysl učil und mir mehr als erfreulich. Eines wußte er jedoch nicht – daß ich, der ich Zutritt zu seinem Lagerraum für Kerosin hatte, etwa alle zehn Tage einen Extrakanister Kerosin zur Seite schaffte. Wenn gegen Feierabend die Sonne bereits unterging und Dämmerung herrschte, fuhr ich mit der Lokomotive in der Nähe des Zauns vorbei, auf das blinde Gleis zu, und warf den Kanister über den Stacheldraht ins Gebüsch außerhalb des Baugeländes. Nach der Arbeit gingen Stanisław und ich mit einer Decke über dem Arm zur Straßenbahnendhaltestelle. Vorher machten wir einen Abstecher ins Gebüsch, holten den Kanister heraus, wickelten ihn in die Decke und nahmen ihn mit in die Straßenbahn, wo wir ihn unter einen Sitz stellten. Im Stadtzentrum stiegen wir aus und marschierten zur Gertrudenstraße. Dies wiederholten wir in regelmäßigen Abständen und weitgehend ohne Hindernisse – falls man eine denkwürdige Episode außer acht läßt.

Einmal fuhr ich mit Stanisław in die Stadt, den Kanister wie üblich unter der Sitzbank verborgen, als die Straßenbahn plötzlich mitten auf der Strecke anhielt, umstellt von Polizei und Gendarmen. Unsere Herzen klopften bis zum Hals. Wir standen eilig auf und drängten, wie auch die anderen Fahrgäste, zum Ausgang. »Ausweiskontrolle! Bitte, die Ausweise!« hörten wir Stimmen von draußen auf lettisch und auf deutsch. Alle Türen der Straßenbahn wurden bewacht, und als der Wagen leer war, durften alle draußen wartenden Fahrgäste nach der Überprüfung der Papiere durch eine Tür wieder einsteigen. Nach einigen Minuten konnte die jäh unterbrochene Reise fortgesetzt werden. Bei dieser Gelegenheit waren jedoch die Pakete in der Straßenbahn nicht kontrolliert worden. Wir hatten unglaubliches Glück gehabt, denn wenn sie den Kanister gefunden hätten, wäre es für die Polizei mit Sicherheit ein Leichtes gewesen, Stanisław und mich, die wir auf der Baustelle für Brennstoffmagazine beschäftigt waren, mit dem Kerosinkanister in Verbindung zu bringen. Zum Glück ist es nicht dazu gekommen.

Unangenehm war allerdings auch das Gefühl, den 25 Kilo wiegenden Kanister unterm Arm oder auf der Schulter zu tragen und bei jedem Schritt durch die Bewegung der Luftblasen ein gluckerndes Geräusch zu verursachen. Auf diese Art floß das Kerosin von der Baustelle bis zu einem kleinen Dörfchen bei Riga und sicherte Stanisław und mir unser finanzielles Auskommen. Alle waren zufrieden. Vysločil erhielt als Zeichen guten Willens verbilligten Wodka, Ratzer bekam für ein paar Mark Weißbrot, Eier und Schinken, und auch die Beziehungen zwischen der Leitung und den polnischen Arbeitern gestalteten sich bestens. Unsere polnischen Freunde verdienten sich ein paar Mark, der Bauer bekam das Kerosin, und Stanisław und ich schwammen im Geld.

Der Brief von Zenek

18. März 1944
Ich erhielt einen Brief von Zenek. Eigentlich ist es der erste wirkliche, ausführlich geschriebene Brief. Zenek! Wieviel Selbstverleugnung und Mut erforderte sein Vorhaben. Er führte bis in die kleinsten Einzelheiten seinen Plan aus. Es gab auch unvorhergesehene Ergebnisse. Im März hat er von seinen Eltern eine Nachricht aus Lodz erhalten. Sie schrieben, daß sie und Zeneks Schwester Bronka gesund seien und arbeiteten. »Es geht uns bestens, aber es fehlt am Entscheidendsten – an Mut.« O Gott! Wie charakteristisch das ist! Soviele Gedanken würde ich jetzt gern zu Papier bringen. Soviele Fragen werden aufgeworfen.
Verdammt! Am liebsten würde ich das Heft in die Zimmerecke schleudern! Dieses ständige Aussieben nervt mich dermaßen, und manchmal geht die Unlust zu schreiben so weit, daß ich mich zwingen muß, überhaupt ein paar Worte zu kritzeln.

Ich fühlte mich bedrückt, weil ich in meinem Tagebuch nicht offen über Zenek, seine Eltern und seine Schwester Bronka schreiben konnte. Seine Familie war im Lodzer Ghetto eingeschlossen. Zenek hatte sich während seines Urlaubs nach Lodz aufgemacht und sich dort in die Straßenbahn gesetzt, die durch das Ghetto fuhr. Niemand durfte auf der Strecke quer durch das Ghetto ein- oder aussteigen, und die Bahn hielt nicht an. Durch einen Fensterspalt warf Zenek eine Karte hinaus. Sie erreichte tatsächlich seine Eltern, und es gelang ihnen zu antworten. Sie schickten ihre Karte an Zeneks Warschauer Adresse.

Aus dem Tagebuch

19. März 1944
Sonntag! Bei dieser Arbeit trifft einen der Schlag! Um zwölf Uhr Feierabend. O du Seliger! Ich schrieb Briefe an Zenek und Tetka. Morgen abend schicke ich sie ab. Am Nachmittag war ich mit Helenka und Wanda auf dem russischen Bazar. Am Abend saß ich mit Stasiek von der Luftwaffe bei Irka. Das war ziemlich unangenehm aufgrund der vulgären Art des Gesprächs. Ich bin ärgerlich auf Irka wegen ihres letzten Vergnügens. Das ist sogar für jemanden wie Irka

zu viel. Übrigens, was interessiert mich das eigentlich? Immerhin: »Homo pro se et ante se.« Gestern abend war ich mit Stanisław bei Stefan zum Abendessen. Ich habe die Diskussion mit Frank, soweit man dieses Gespräch als Diskussion bezeichnen kann, über den polnisch-deutschen Antagonismus nicht vergessen. In bezug auf Frank hatte ich mich ganz schön getäuscht. Mir war es vorgekommen, als sei er so ein typischer germanischer Kerl, aber inzwischen sehe ich in ihm einen netten, intelligenten, kultivierten Deutschen. Schade, daß der »Deutsche« so tief verwurzelt ist in ihm, daß er nämlich – um wieder zu unserer gestrigen Diskussion zurückzukehren – so besessen ist von der Idee der Vorherrschaft der Deutschen in der Welt, daß alle anderen Fragen angesichts dieses Problems ihre Bedeutung verlieren und verschwinden. Mit der polnischen Frage befaßt er sich extrem subjektiv. Typisch deutsche Kritik. Übrigens gefällt mir das sogar an ihm: Das beweist Patriotismus und den Willen, die Rolle des eigenen Vaterlands unter den Weltmächten zu stärken. Schade, daß er ausgerechnet ein Deutscher ist...

25. März 1944
Seit dem Morgen Bewegung. Verdammt! Irgendein Typ und eine Frau aus Warschau sind angekommen. Sie belegt unser Zimmer, wir dagegen kriegen den benachbarten, größeren Raum. Ich bin stinkwütend. Schon wieder ein Umzug. Ich machte mich zur Arbeit auf. Dort redete ich auf Ratzer ein, so daß auch ihm das Leben verleidet war. Nun zur Sache! Am Nachmittag begannen wir zu dritt mit den Zimmernachbarn eine Unterhaltung. Der »Neue« heißt Marian, ist von Beruf Fahrer mit hervorragenden Referenzen und ein netter, sympathischer Kerl. Fast bis zum Feierabend saßen wir zusammen und redeten. Die »Neue« sah ich beim Abendessen zum ersten Mal. Eindruck absolut günstig. Sofort machte sich im Benehmen eine gewisse Bildung und Kultur bemerkbar, eine sehr liebenswürdige und sympathische Person. Übrigens wurde sie unsere neue Nachbarin an der Westwand. Am Abend reflektierten wir die Situation und zogen unsere Schlüsse daraus. Von zu Hause die ganze Zeit über keine Post. Was ist los, verdammt?

26. März 1944
Sonntag. Bis zum Mittag normale Arbeit. Um die Mittagszeit kam Stasiek von der Luftwaffe. Wir unterhielten uns etwas über aktuelle Themen. Nach dem Essen gingen wir mit Marian in die Stadt in Sachen Kontakte. Ich begleitete ihn nach Riga. Nachdem wir drei Stunden durch die Straßen gebummelt waren, kehrten wir nach Hause zurück. Eigentlich hatten wir alles planmäßig erledigt. Im Ergebnis jedoch waren unsere Bemühungen vergeblich gewesen. Die Angelegenheiten von Herrn Chojnacki entfielen wegen zweifelhafter Möglichkeiten, und was die Jorkstraße betrifft, verliert die Sache überhaupt an Aktualität. Nach der Rückkehr unterhielt ich mich mit Stanisław. Die Sache ist ziemlich ernst, sie nimmt einfach katastrophale Ausmaße an. Ebenso dringlich ist die Angelegenheit von Stasiek. Was machen? Ich verabredete mich mit Stanisław für morgen zwei Uhr an der Haltestelle. Man mußte sich unbedingt dieser Sache annehmen.
Den Abend verbrachte ich bei Irka und Stasia. Es war sehr angenehm, einschließlich der Unterbrechung, verursacht durch einen kurzen Luftalarm. Die Zeit verging wie der Blitz. Ein einziger Augenblick störte die Harmonie. Gerade als Frank auf der Mundharmonika spielte, flirtete ich etwas mit Stasia. Plötzlich unterbrach Frank genervt sein Spiel, verabschiedete sich und ging. Er war wohl eifersüchtig wegen Stasia. Morgen werde ich mit ihm reden. Vor dem Einschlafen grübelte ich noch etwas vor mich hin. O Gott! Soviele verschiedene Gedanken drehen sich im Kopf, soviele Abwechslungen gibt es, ein solches Lebenstempo. Ich beobachte mich selbst. Was für ein leeres und stumpfsinniges Leben führe ich. Kann man das mit der spezifischen Situation, die jegliche Entfaltungsmöglichkeiten einschränkt, erklären? Morgen muß ich einen Brief nach Hause schreiben.

27. März 1944
Draußen bittere Kälte. Ich erwachte am Morgen völlig steifgefroren. Man bedenke, Ende März! Mit Frank stehe ich weiterhin auf freundschaftlichem Fuße. Mit der »Neuen« kam es beim Mittagessen zu einem unangenehmen Wortwechsel. Sie wirft mir unanständiges Benehmen vor. Ich wollte sie nur zu ihrem Besten auf etwas aufmerksam machen, es bezog sich auf ihr Kleid oder den Schlüpfer, den man

durchsah. (Marian kennt übrigens meine Beweggründe.) Sie jedoch warf mir mangelnde Erziehung vor. Und als ich mich erklären wollte, ließ sie sich nicht überzeugen. Wen kratzt es! Nach Canossa gehe ich deshalb nicht. Am wichtigsten ist, daß ich in meinen eigenen Augen absolut anständig dastehe.
Nach dem Mittagessen raffte ich mich auf und fuhr mit Stanisław in die Stadt. Die erste Etappe – Kalik-Straße 12 – löste das Problem nicht. Herr Leivencu war nicht zu Hause. Ich fuhr weiter zur Annenhofstraße 16. Das Ergebnis war etwas besser. Die Angelegenheit von Marian wird aktuell. Um sechs Uhr kehrte ich zur Baustelle zurück. Ich hatte etwas Schiß, denn wer sollte Wasyl begleiten? Aber alles ging in Ordnung. Wieder was Neues. Decker hat dem Blonden mit dem Kanister auf den Kopf geschlagen. Verdammt! Mir dreht sich alles im Kopf. Ich überlege: Kalik Straße – nicht erledigt, Hitler-Allee – auch nicht. Lediglich »Imanta«. Morgen fahre ich mit Marian dorthin. Am Abend schrieb ich nach Hause. Der Neue hat sich definitiv mit Stanisław verständigt. Ihn interessieren die Veränderungen überhaupt nicht. Hierzubleiben ist sein einziges Bestreben. Stasiek von der Luftwaffe will nach Warschau fahren. Er versucht, sich einen Passierschein zu beschaffen und hofft, zu Ostern nach Hause fahren zu können. Hundeblut! Am Abend vor dem Einschlafen dachte ich an meine Angehörigen. Ich sollte mich schämen. Ich bin dermaßen in Anspruch genommen von den gegenwärtigen Problemen, daß ich nicht mal die Zeit finde, sie zu vermissen.

28. März 1944
Am Morgen dachte ich über Zeneks Rat nach: »Gib niemals vor, ein Löwe zu sein, wenn du dich wie eine Maus verhältst. Versuche lieber, eine Maus zu sein, die wie ein Löwe handelt.« Nach der Arbeit ging ich in die Gertruden-Straße. Ich weiß auch nicht warum, aber ich gehe immer mit besonderer Freude dorthin, ohne daß ich mir selbst irgendwelche Gefühlsverwirrung vorwerfen könnte. Helenkas Mutter, die mit einem Letten verheiratet ist, stammt aus Polen und hat ihre nationalen Bindungen nicht verloren, eher hat sich ihr Mann an die polnische Kultur angepaßt. Die Kinder, vor allem Helenka, unterhalten sich meist polnisch. Über den Tod ihres Verlobten Batakow kommt sie kaum hinweg. Sie ist traurig, weint oft und erwähnt ihn ständig. Es tut mir so leid für sie, daß sie ihn verloren hat. Ich verstehe

sie um so mehr, als es mir mit Tetka ähnlich geht. Ich hoffe, daß sie noch lebt. Gleich heute schreibe ich ihr. Hoffentlich bekomme ich bald eine Antwort. Was ist nur passiert?

29. März 1944
Draußen herrscht Dezemberwetter. Schnee fällt, und der kalte Wind fährt einem durch alle Knochen. Punkt sechs Uhr nach der Arbeit kam Herr Aleksander, der russische Vorarbeiter. Wir gingen zur Gertrudenstraße. Unterwegs erzählte er mir vom Hauptmann des Kriegsgefangenenlagers der Russen und von sich. Er selbst ist in Berlin geboren, wo er auch in den ersten Kriegsjahren lebte, bis während einer Bombardierung sein Haus abbrannte, so daß seine Frau in einen Vorort ziehen mußte, wo sie nun wohnt. Herr Aleksander arbeitet als Dolmetscher für die Deutschen und ist die rechte Hand des Lagerkommandanten. Mir ist er sympathisch – gebildet, kultiviert, intelligent, ein angenehmer Gesprächspartner und sehr nett.
Genau um neun Uhr, wie ausgemacht, kamen wir an. Es war klar, daß sie sich auf unseren Besuch vorbereitet hatten. Alles war sauber und aufgeräumt, die Betten sorgfältig gemacht, und auf dem Tisch lag eine schneeweiße Tischdecke. Mit einem Wort – Festtagsstimmung! Ich war seltsam gerührt. Allein in der Fremde, im Exil, weit entfernt von meinen Angehörigen und von zu Hause, befand ich mich plötzlich in dieser dem Alltag entrückten, feiertäglichen Atmosphäre – eine Familie, Eltern, Kinder. Ich spürte nur noch herzliche Aufrichtigkeit, Wohlwollen und die Wärme des heimischen Herdes, und fast fühlte ich mich als Teil ihres häuslichen Lebens. Tränen traten mir in die Augen. Wie komisch, ich, ein erwachsener, selbständiger junger Mann unter Fremden in einem fremden Land. Ich war gerührt, hatte Heimweh, sehnte mich nach dem zurückgelassenen Zuhause und nach denen, die ich liebte. Das ist verständlich. Alles bekam einen feierlichen Charakter. Sogar die Hände des alten Indikowski, sonst immer schwarz von der Emailfarbe aus der Fabrik, schienen heute sehr viel heller zu sein. Vielleicht ist das auch alles ein wenig übertrieben, jedenfalls war die gesamte Atmosphäre sehr freundlich. Ein bißchen »Feuerwasser« und ein echtes Vorkriegsabendessen hoben die Stimmung zusätzlich. Es entwickelte sich ein ungezwungenes, nettes, häusliches Gespräch. Am Tischende saß Helenka bei uns. Ich beobachtete sie und mußte mir selbst klarmachen, daß sie wirklich bei uns

im Raum war. Schweigend und fast bewegungslos saß sie da und fixierte mit den Augen einen Punkt im Zimmer, so daß es schien, als sei sie nur körperlich anwesend. Gedankenverloren starrte sie in die Ferne. Alle Hoffnungen waren vergeblich. Sie hat sich vorgemacht, Batakow sei gar nicht gestorben, alle würden sie anlügen, er sei noch am Leben, wenn auch als Blinder. Jetzt darf sie nicht mehr so darüber denken. Batakow ist tot, begraben in einem Massengrab für Soldaten. Weit aus der Welt und für sie unerreichbar. Ich weiß auch nicht warum, aber manchmal wollte ich einfach aufstehen, zu ihr gehen, sie trösten und ihr alles erklären. Mich überkamen Schmerz, Trauer und Mitgefühl in einem Maß wie noch nie zuvor.
Die Zeit verging wie im Flug, und ehe wir uns versahen, war es neun Uhr abends. Es war höchste Zeit für den Aufbruch, um noch die letzte Straßenbahn zu bekommen. Die Aussicht auf einen 15-Kilometer-Marsch bei diesem Wetter fand ich nicht gerade lustig. Nach einer herzlichen Verabschiedung verließen wir die Wohnung. Bis spät in die Nacht grübelte ich über Helenkas Verhalten. Ich fühle eine tiefe Zuneigung und großes Mitgefühl für sie, weil ich die Tragödie verstehe, die sie durchmacht. Auch ich mußte mich von Tetka trennen. Hunderte Kilometer von ihr entfernt, kann ich nur an sie denken und über sie nachdenken.

30. März 1944
Diese sinnlose Existenz ohne jede Aktivität macht mich verrückt. Manchmal hänge ich herum und tue stundenlang nichts. Am Nachmittag kam es zu einem kleinen Spektakel. Um vier Uhr heulten plötzlich die Fabriksirenen und kündigten einen Luftalarm an. Die Arbeit wurde unterbrochen, die Motoren abgestellt. Mit einem Wort, die Welt erstarb in Reglosigkeit. Der Befehl kam: Baracken leeren, alle nach draußen! Die Aussicht auf einen mehrstündigen Aufenthalt im Freien bei diesem Wetter paßte uns jedoch nicht. Stanisław, Marian und ich schlossen uns in unserem Zimmer ein, schalteten das Licht aus, und in der Wärme und dem behaglichen Bewußtsein, die Deutschen überlistet zu haben, warteten wir drinnen das Ende des Alarms ab.
Am Abend war ich in der Gertrudenstraße. Zu Ostern sind einige auf das Land gefahren. Jozek und Elza, die jüngsten Kinder, werden bis zum Sommer dort bleiben. Ich weiß nicht, wie das Gespräch auf die

Arbeit und Pläne in der nächsten Zukunft kam. Ich versprach, die Sache mit Stanisław zu besprechen. Helenka tut mir schrecklich leid. Sie kann sich nicht beruhigen. Mit Stanisław dachte ich über den Vorschlag nach, und wir machten einen Plan, wie wir vorgehen wollten – das Hinterland vorbereiten. Und ich beschloß, ihnen von unseren Plänen zu erzählen und alle Eventualitäten bei der Arbeit zu organisieren. Keine Nachrichten von zu Hause.

31. März 1944
Man bedenke, heute haben wir den letzten Märztag, und es herrscht eine Kälte wie im Dezember. Der Tag verläuft ruhig, Arbeit auf der Lokomotive und in der Werkstatt. Was die allgemeine Situation betrifft, einschließlich des Vorschlags von Frau Indikowa, ist eine gewisse Beruhigung eingetreten.
Allerdings ist mir klar, daß es die Ruhe vor dem Sturm ist. Gerade habe ich die letzten Seiten meines Tagebuchs gelesen und komme zu dem traurigen Ergebnis, daß es sich immer nur auf trockene Fakten bezieht. Ich drücke mich nicht mehr so offen und aufrichtig aus wie früher. Ich muß daran arbeiten und mit größerer Sorgfalt schreiben.
Es ist schon spät am Abend. Ich liege müde im Bett und vor dem Einschlafen wälze ich in Gedanken die Ereignisse des Tages und grübele über die Situation nach. Etwas verdüstert meine Seele und wirft einen Schatten auf meine reinen und ungezwungenen Gedanken. Irgendwelche unguten Gefühle. Wie aufdringliche Wespen fliegen sie durch meinen Kopf. Ich versuche sie abzuschütteln. Kühl und logisch erwäge ich alle möglichen Lösungen – vergeblich. Ein Schüttelfrost erfaßt mich. Mit fiebrigen Augen schaue ich mich im Zimmer um – niemand da. Dunkelheit hüllt alles ein. Die Fenstervierecke heben sich heller vom Hintergrund der Wand ab. Ich bin hochgradig nervös und völlig erschöpft. Gedankenverloren starre ich in die Fenster. Nach einigen Minuten läßt die Anspannung nach. Langsam finde ich mein Gleichgewicht wieder. Etwas hat mich geängstigt, und ich weiß nicht, was es ist. Gottes Wille wird geschehen! Mit einem tiefen Seufzer schlafe ich ein.

1. April 1944

Prima aprilis. Erster April. Das Wetter erinnert jedoch eher an Dezember. Es friert. Samstag. Die Wochen vergehen wie im Flug. Man bedenke – schon dreieinhalb Monate seit... und fast zwei Monate in Riga. In Riga? Tatsächlich. Oft frage ich mich, ob das wirklich möglich ist, daß ich so weit weg im Norden bin, weg von zu Hause, von meiner Heimatstadt, von meinem Vaterland, wo der Ausdruck für Magenbeschwerden lautet: »Geh nach Riga!« In diesem Moment stelle ich mir das Meer vor, die Ostsee, die im Atlas wie eine kniende Frau mit betenden Händen aussieht. In der Rigaer Bucht liegt diese Stadt, und die silbrige Oberfläche des Flusses, der von Riga in die See fließt, wird von einer kalten Meeresbrise gekräuselt. Es wimmelt in Riga nur so von vielen fremden Sprachen und Stimmen – deutsch, russisch, lettisch, polnisch. Riga ist ruhig, ernst, nachdenklich, und die Stadt scheint wie in Erwartung der sich langsam, aber unvermeidlich nähernden Ereignisse zu verharren.

2. April 1944

Endlich Frühling! Der erste wirkliche Frühlingstag in diesem Jahr. Es ist warm. Ich fühle mich wunderbar. Fröhlich, voller Leben und Hoffnung schaue ich mich um. Wie schön ist die Welt! Hell erleuchtet von den Sonnenstrahlen die Kiefernwälder, die Lichtung in Sonnenstrahlen badend. Der trockene, helle Weg blendet die Augen. Alles ringsum scheint sich an der Ankunft des Frühlings zu erfreuen, saugt gierig die erste Wärme auf, alles funkelt – als würde es mit dem Sonnenlicht spielen. Ein leiser Windhauch belebt die unbewegte Luft. Frühling! Frühling! Neue Pläne, neue Hoffnungen! Draußen so schön! Wie völlig verändert denke und fühle ich. Doch Wolken düsterer Gedanken, zurückgedrängt in die erschöpfte Seele, wallen auf und verdunkeln den Horizont der aufgehenden Frühlingssonne. Wie traurig wird mir zu Mute. Wenn doch nur Tetka hier wäre. Ich würde mich anders fühlen, hätte ein Ziel vor Augen. Aber so, was für einen Sinn hat das alles? Weit weg, Hunderte Kilometer entfernt, ist sie so einsam wie ich. Monate trennen uns von den uns lieben Augenblikken, und sie sehnt sich so sehr... nach mir. Wer weiß, vielleicht erleuchtet in diesem Augenblick die Sonne genauso das Fenster, an dem sie sitzt? Vielleicht denkt sie genau wie ich in diesem Moment an die Vergangenheit, sehnt sich und träumt von ihr. Vielleicht nimmt un-

Tetka Robinson, Ignacys erste Liebe. Das Foto wurde 1943 im Ghetto Tomaszów angefertigt und war für gefälschte Papiere bestimmt. Tetka starb an Typhus im Arbeitslager Bliżyn.

sere Trennung schon bald ein Ende? Können wir uns wieder anschauen, miteinander sprechen und vergnügt sein? Tetka! Wie sehr wünschte ich die Entfernung zu überwinden, die uns trennt! Wie sehr wünschte ich mir, daß wir wieder zusammen wären! Damit wir uns gegenseitig etwas beibringen, miteinander arbeiten und uns aufmuntern könnten. Weißt du, oft, wenn ich die Straßen entlanggehe, drehe ich mich unwillkürlich um oder schaue einer Droschke nach, und meine Augen suchen nach dir. Manchmal kommt es mir vor, als seist du zu mir gekommen. Ich irre dann durch die Straßen und kann nicht mehr zur Baustelle zurückfinden. Wie gut wäre es, wenn du kommen könntest. Aber ich weiß, daß es in Wirklichkeit absolut unmöglich ist.

3. April 1944
Heute gingen die Dinge entschieden voran (bezogen auf Herrn Marian). Er verließ die Baustelle und ging mit seinem Koffer zu den Baracken der Luftwaffe. Am Abend, ich weiß nicht, aus welchem Grund, kehrte er mit Sack und Pack wieder zurück. Alles war schon wieder rückgängig gemacht worden. Wir gingen abends ins Theater und sahen die Aufführung einer russischen Wandertruppe, die für russische Kriegsgefangene spielte. Ich fühlte mich die ganze Zeit über, trotz des sehr netten Programms, seltsam unwohl. Die augenblicklichen Aufhellungen wurden gedämpft durch eine große Schwere und Traurigkeit. Ich weiß nicht, wie ich dieses Gefühl bezeichnen soll. Am Ende der Vorstellung sangen einige Gefangene völlig überraschend auf Bitten des Hauptmanns im Chor »Wolga, Wolga«. In dem Augenblick, als aus diesen männlichen, soldatischen Kehlen dieses gefühlvolle Lied voller Leben erklang, zerplatzten Trauer und Schmerz wie eine Seifenblase, und ich fühlte wieder Kraft, Energie und Begeisterung in mir. Ich war nah daran, von der Bank aufzuspringen und laut zu schreien, beschränkte mich jedoch auf eine stille Begleitung. Aus tiefstem Herzen zufrieden verließ ich das Theater.

4. April 1944
Heute ist Donnerstag. Es ist schon spät, um mich herum herrscht tiefe Stille. Die Baracken scheinen zu schlafen. Ich liege da, denke nach und tauche in das Meer der Erinnerungen ein. O Gott, sechzehn Wo-

chen. Traurigkeit überwältigt mich. Manchmal trägt mich die Sehnsucht nach Hause, in weite Ferne, zu meinen Lieben. Dann kommt es mir vor, als wäre ich bei ihnen, hörte ihre Gespräche, ihr Lachen und sähe ihre Gesichter. Ich selbst sage nichts. Mich scheinen sie nicht wahrzunehmen. Warum begrüßen sie mich nicht, weshalb beachten sie mich gar nicht? Ich rufe laut und werde mir plötzlich bewußt, daß ich in Riga bin und auf einem Feldbett in der Baracke liege. Mir ist nicht danach, heute abend mehr zu schreiben. Aber halt! Stasiek von der Luftwaffe wird abhauen! Er hat am Abend Gepäck bei uns deponiert, das er morgen früh mitnehmen will.

Die Freunde aus der Gertrudenstraße

5. April 1944
Am Morgen war Stasiek mit zwei anderen Freunden da, um sein Gepäck abzuholen. Sie fahren mit irgendeinem Truppenführer nach Warschau und hoffen, von da aus nach Ostern von der Zentrale der Organisation Todt in Wien zur Arbeit nach Italien geschickt zu werden. Soll es ihnen dort besser ergehen. Tschüß, Alter! – Draußen ist es jetzt sehr warm, wenn auch hin und wieder ein kaltes Lüftchen weht, das einen erschauern läßt.
Endlich ein Lebenszeichen von Zuhause. Beim Mittagessen erhielt ich den Brief. Gottlob, alles in Ordnung. Alle sind gesund und arbeiten. Ich bin ein wenig beruhigt. Am Abend schreibe ich zurück. Erwähnenswert ist noch die Übernachtung in der Gertrudenstraße. Um neun Uhr kamen wir mit »solidem Gepäck« an. Sie haben uns außergewöhnlich nett aufgenommen. Wir plauderten bis elf. Nach den Feiertagen wird die Zimmerfrage aktuell.

6. April 1944
Seit dem Morgen geht es mir hundeelend. Ich habe Schnupfen und bin heiser. Die Übernachtung in der Gertrudenstraße in dem kalten Zimmer war meiner Gesundheit nicht gerade zuträglich. Ich fühle mich schlecht. Der Motor wollte nicht anspringen, und ich wußte nicht, ob es daran lag, daß ich nur halb bei Bewußtsein war, oder daran, daß russische Drückeberger am Werk waren. Nach einer Stunde ging ich in die Werkstatt, um Hilfe zu holen. Ich mußte mir

Bemerkungen über meine mangelnde Kompetenz anhören. Es kam zu einer ganzen Serie von Vorwürfen des Meisters, endlich reichte es. Ich zahlte es dem Alten mit gleicher Münze zurück. Das Versprechen, das ich mir selbst gegeben hatte, die nächste Gelegenheit dafür zu nutzen, habe ich eingelöst. Mit einer kräftigen Zugabe habe ich ihm eine geknallt. Ich war so zufrieden mit mir, daß ich nicht auf den weiteren Lauf der Sache geachtet hatte. Ich weiß nur noch, daß er mir mit Polizei, Gericht und Anklage wegen Sabotage drohte. Fast hätte ich laut gelacht. Vor einigen Minuten ist er drohend und wütend weggegangen. Die Nachricht über unseren Streit hat sich in Windeseile auf der Baustelle verbreitet. Alle Polen hielten selbstverständlich zu mir. Die Deutschen von der Sorte Decker und Grieselmaier verurteilten meine Tat – einen »Deutschen« zu schlagen – als verabscheuungswürdig. Aber wer legt schon Wert auf die Meinung dieser Typen? Ich ging wieder zur Tagesordnung über. Daß der Alte jede Gelegenheit nutzen wird, um mir Knüppel zwischen die Beine zu werfen, ist mir klar, aber ich werde ihn mir so vornehmen, daß er genug hat. Für ihn reserviere ich die fürchterlichsten Waffen! Ich beschließe folgendes: Wenn Frauenholz zurückkommt, trage ich ihm die Sache vor und spreche über eine eventuelle Entlassung.
Am Morgen kam Herr Janek aus Warschau. Ich bekam einen Brief von Zenek, der mich schrecklich gerührt hat. Der liebe Kerl! Am dritten April hat er sich auf die Reise nach Lodz zu den Eltern begeben. Er hatte ein paar Tage Urlaub, also ist er gefahren. Wie gern würde auch ich wegfahren. Verdammt! Von Urlaub ist hier nicht einmal die Rede. Die Osterfeiertage muß ich in Riga verbringen. Am Abend schicke ich einen Brief an Zenek ab.

7. April 1944
Frühling in voller Pracht. Draußen ist es warm, friedlich. Wie wenig das zur entsetzlichen Wirklichkeit des Krieges paßt. Die Sache mit Vysločil zieht immer weitere Kreise. Alle sind in diesen Vorfall involviert. Am Abend fuhren wir in die Gertrudenstraße. Zusammen mit »Mama« haben wir Geschenkpäckchen für die Russen gepackt. Bis ein Uhr nachts waren wir damit beschäftigt. Ich dachte über die Motive nach, von denen sie sich leiten ließ. Ich war wirklich gerührt von der Aufrichtigkeit und dem Eifer ihres Vorgehens. Anfangs hatte ich vermutet, daß diese Sympathie einen gewissen ideologischen Hinter-

grund hätte. Aber ich konnte mich davon überzeugen, daß sie sich nur durch Mitleid und Mitgefühl für Not und Unglück leiten ließ.

8. April 1944

Ich habe mit dem Dolmetscher die Geschenkeangelegenheit erledigt und mich mit ihm für Montagnachmittag vier Uhr verabredet. Im Namen der Russen dankte er mir für die netten Geschenke. Ich sah, daß er wirklich bewegt war. Am Nachmittag fuhren wir an den Stadtrand, um der Bauskaja Iela wegen eines Arbeitsplatzes einen Besuch abzustatten. Das Problem unseres »blonden« Mitarbeiters ist sehr schwierig. Wie ich schon gesagt habe, bleibt nur eine Alternative: entweder mit ihm arbeiten oder die Arbeitsstelle wechseln. Letzteres konnte jedoch nicht realisiert werden. Wir kehrten nach Hause zurück.

Im Augenblick sitze ich am Tisch und lese und kommentiere Zeneks letzten Brief. Bei der Verwirklichung seines Plans haben sich üble Komplikationen ergeben. Aber alles ist glücklich ausgegangen. Zenek verwirklicht seine Ideen mit großer Hingabe und Opferbereitschaft – er ist fast ein Held. Tapferer, lieber Zenek! Ich war so gerührt, als ich erfuhr, daß er Ostern zu seinen Eltern fährt. Hoffentlich gelingt es ihm, einen Passierschein zu bekommen. Alle meine Gedanken sind von seiner Reise in Anspruch genommen. Wie ich ihn um seine Freiheit beneide. Wenn ich doch so frei wäre wie er! Mit Sicherheit würde ich nicht über Ostern in Riga sitzen. Und hier ist keine Rede von Urlaub. Der Schlag könnte einen treffen! Plötzlich fällt mir ein, daß wir morgen, am Sonntag, bis mittags zwölf Uhr arbeiten müssen. Ich bebe vor Wut. Ist das nicht wirklich ein Skandal? Briefe nach Hause und an Zenek schreibe ich morgen. Ich bin verdammt müde.

9. April 1944

Wer hätte vermutet, daß ich Ostern in diesem Jahr in Riga verbringe? Vielleicht gab es jemanden, der es hätte voraussehen können – ich jedenfalls nicht. Die schönen Feiertage – Arbeit bis ein Uhr. Die Cholera könnte man kriegen! Am Nachmittag fuhren wir in die Viesvall-Straße zu Herrn Szaszkiewicz und später gingen wir in Gesellschaft ins Kino. Wir sahen »Menschen, Tiere, Sensationen«. Der Film ist ziemlich dürftig, was Ausstattung, Hintergrund und die künstlerische Umsetzung überhaupt betrifft. Aber wegen der Außergewöhnlichkeit dieser Zerstreuung nahm ich ihn absolut kritiklos auf. Die Liebestragödie entwickelte sich vor dem Hintergrund des Zirkuslebens und der Attraktion und Sensation der Arena. Am Abend gingen wir zufrieden nach Hause.

10. April 1944
Ostermontag. Ich wache auf und werde mir bewußt, daß heute Ostertaufe, »Dyngus«, ist, ein polnischer Osterbrauch, bei dem man sich gegenseitig mit Wasser besprengt. Sie könnten mich im Schlaf auf meine Gesundheit begießen. Aber die Baracke schlummert noch. Auf dem Gang ertönt plötzlich die »Kriegsfanfare« in Form eines Schreis von Henryk, der den Tag eröffnet. Das erste Duell findet zwischen Henryk und Janek statt. Weitere Mitstreiter finden sich blitzartig. Sie begießen sich und wecken sich gleichzeitig. Man hört Flüstern und Gelächter, Geschrei und fröhliche Bemerkungen.
Diese Taufe dauerte bis zum Mittag. Dann wurde durch eine offizielle Ansage alles nach draußen verlegt. Gleichzeitig klärte es sich auf, es hörte völlig auf zu regnen. Die Sonne kam heraus – mit einem Wort, echtes Frühlingswetter. Mit Stanisław machte ich einen kurzen Verdauungsspaziergang. Für drei Uhr war ich mit Aleksander verabredet. Einen hübschen, wirklich feiertäglichen Abend hatten wir in der Gertrudenstraße. Herr Aleksander nannte mich »junger Freund«.

11. April 1944
Entschlossen gehe ich die Sache mit dem Blonden an. Wir werden sehen. Wieder kam es zu einer kleinen Unstimmigkeit mit Vysločil. Er wollte mich zur Betonmischmaschine stecken, aber ich habe den Angriff bestens abgewehrt, ohne die für ihn reservierte Waffe anzuwenden. Die Lage ist unverändert. Die Russen fühlen sich mir sehr verpflichtet. Diejenigen, die wissen, daß ich an jener Sache beteiligt war, sind tief dankbar. Ich bin sehr froh darüber. Ich habe geholfen, Not und Unglück zu lindern. Ich tat wirklich nicht viel, aber meine Möglichkeiten sind ja auch begrenzt. Ich habe an Zenek geschrieben. Nach der Arbeit ging ich zu der Fabrik, in der die Indikowskis arbeiten. Ich habe daran gedacht, es dort zu versuchen.

12. April 1944
Am Nachmittag habe ich mir freigenommen. Unter dem Vorwand, daß ich Zahnschmerzen hätte, machte ich mich in die Stadt auf. In der Fabrik habe ich nichts Konkretes erreicht. Danach fuhr ich ins Stadtzentrum. Ich hatte eine Stunde Zeit. Also ging ich spazieren. Ich fühlte mich seltsam befangen. Alles kam mir so fremd vor. Vor allen Schaufensterauslagen blieb ich stehen und trieb mich in den Straßen herum. Ich weiß nicht, wie lange ich herumgelaufen bin, jedenfalls befand ich mich schließlich in einer engen, kleinen Gasse, zwischen hohen Häusermauern. Ein Wagen bog ein, und das Motorengeräusch hallte noch zusätzlich in der Gasse. Ich blieb stehen und begann auf den Straßenlärm zu achten. Merkwürdige Gedanken gingen mir durch den Kopf. Traurigkeit lastete auf mir. Ich erschauerte. Alles drehte sich vor meinen Augen. Mir wurde bewußt, daß ich allein war, ganz allein in Riga. Noch nie, seit ich hier bin – und das sind jetzt schon drei Monate – habe ich einen solchen Moment erlebt. Es vergingen ein paar lange Augenblicke, in denen ich mich endlich wieder beruhigte. Dann ging ich weiter. Nach längerem Grübeln beschloß ich mit zusammengebissenen Zähnen: Weiter an mir arbeiten. Selbstvervollkommnung, Beherrschung der Sinne und des Willens, das sind die Hauptpunkte. Weiter! Voran zur Arbeit! Bis zum Sieg!
Um sieben Uhr waren Helenka, Mama und ich im Russenlager zum Musikabend. Leider konnten wir aus Zeitgründen nicht bis zum Schluß bleiben, sondern verließen frühzeitig das Konzert.

15. April 1944
Frauenholz ist wieder zurückgekommen. Alle erwarten große Veränderungen im Leben der Baustelle. Keine Neuigkeiten aus Warschau. Ich weiß nicht, wie es Zenek ergangen ist und ob er seinen Plan verwirklichen konnte. Wenn ich morgen oder am Montag keinen Brief bekomme, schreibe ich nach Warschau. Ich verabscheue mich selbst. Ich führe ein leeres, sinnloses, vergebliches, absolut wertloses Leben. Tatsächlich! Nicht einmal die Sache mit Hans ziehe ich konsequent durch. Ich hätte ihn miteinbeziehen können bei der Hilfe für die russischen Kriegsgefangenen. Aber ich halte das nicht für meine Pflicht. Ist das nicht eine Schande? Und ich könnte es doch so leicht, wenn schon nicht voranbringen oder beschleunigen, so doch auf der Stelle halten. Heute bekam ich eine Nachricht von ihm. Er ist krank, die

Mutter schreibt, daß ich ihn sogar besuchen könnte. Ich muß es versuchen. Andererseits weiß ich, daß ich sehr wenig tun kann, soweit es meine Familie betrifft. Ich bin weit weg und hilflos. Ich werde Zenek schreiben. Wir haben uns bemüht, den russischen Kriegsgefangenen zu helfen, aber irgendwie waren die Ergebnisse nicht zufriedenstellend. In der Gertrudenstraße gestalten sich die Beziehungen fast familiär. Demnächst bereiten sie für uns das Zimmer vor. Wir werden es irgendwie einrichten müssen. Mit Helenka ging ich ins Kino.

16. April 1944
Am Nachmittag fuhr ich mit Stanisław, Helenka und Austma in die Stadt, wo wir den Zoo besuchten. Den Abend verbrachten wir sehr angenehm. In der Gertrudenstraße fühlten wir uns wieder wie zu Hause. Ich weiß nicht genau, wie ihre Einstellung uns gegenüber ist, ob materielle Interessen, Freundschaft oder Absichten in bezug auf Helenka überwiegen. Das Kerosin-Geschäft hat Fortschritte gemacht, und das hat die Lebenssituation in der Gertrudenstraße enorm verbessert. Aber ich habe den Eindruck, daß die finanziellen Vorteile nicht ausschlaggebend sind. Schließlich haben sie uns viele Beweise ihrer idealistischen Haltung gegeben. Trotzdem sollten wir unser Verhalten etwas korrigieren. Gerade habe ich mich mit Stanisław darüber unterhalten, und wir haben einen Grundsatz entwickelt in bezug auf Unterbringung, Geld und Privatsphäre. Unser Entschluß lautet, diese Dinge getrennt zu halten.

20. April 1944
Am Morgen kam ich von Helenka aus der Gertrudenstraße zurück, wo ich übernachtet habe. Die Stadt war feierlich dekoriert: Führers Geburtstag! In den Schaufenstern hingen seine Portraits. Auf der Heimfahrt mit der Straßenbahn denke ich: Ich bin nun tatsächlich in Riga, und das am 20. April 1944. Ich kann es kaum glauben. Am Morgen kam es wieder zu einem üblen Zwischenfall auf der Arbeit. Ich hatte einen Streit mit Herrn Zetlmair und wandte mich an Herrn Frauenholz, um mich zu beschweren. Es stellte sich heraus, daß auch er ein verdammter Hurensohn ist. Er gab zu, daß ich im Recht war, hat aber mit keinem Wort Zetlmair zurechtgewiesen. Mir dagegen hielt er eine Moralpredigt über das illoyale Verhalten der Polen. Zum Schluß fügte er hinzu: »Wir sind hier nicht in Warschau, sondern in

Riga«, was bedeutete: Hier darf man sich nicht herausnehmen, was man sich in Warschau herausnimmt. Verdammt! Auch wenn es sein mag, daß die Redensart »Eine Krähe hackt der anderen kein Auge aus« nicht immer zutrifft, in diesem Fall trifft sie den Nagel auf den Kopf. Endlich bekam ich einen Brief von zu Hause, so daß meine Angst nach drei Wochen nun endlich ein Ende hat. Die Mutter von Hans bat mich, ihn am Wochenende zu besuchen. Ich werde mich bemühen.

21. April 1944
Seit dem Morgen wunderbares Wetter mit warmem Sonnenschein – die Welt wirkt friedlich und fröhlich. Um uns der Wald. Das monotone Brummen des Motors, auf dem ich gerade sitze, durchbricht die Stille. Wie gut würde es mir jetzt zu Hause gehen. Ich denke zurück: Mutter, Vater, Heniek. Mir ist traurig zumute, schrecklich traurig. Tetka! Dich sehe ich in diesem Augenblick vor mir. So traurig, sehnsüchtig bist du, so schmerzerfüllt siehst du mich an. Warum das? Was ist dir? Ich denke an unsere letzten gemeinsamen Tage, an unsere Gespräche und Träume.

25. April 1944
Den 22. April habe ich in der Gertrudenstraße verbracht, wo Helenkas Mutter krank zu Bett lag. Ich habe auf nichts Lust, am wenigsten auf Schreiben. Gleich gehe ich ins Bett. Am Morgen war ich wieder in der Fabrik in der Kandauer Straße, leider ohne Ergebnis, weil ich den Leiter nicht angetroffen habe. Also muß ich noch einmal dorthin, jedenfalls gibt es gewisse Erfolgschancen. Also bis zur nächsten Gelegenheit, wenn ich ein paar freie Stunden habe. Ich fühle mich wie zerschlagen. Dabei sehe ich keinen Grund dafür. Ich weiß auch nicht warum, aber ich fühle mich in letzter Zeit etwas nervös und überempfindlich. Aber was soll es. Die Sache mit Herrn Chmielewski ist ganz unsicher, d. h. ziemlich zweifelhaft meiner Meinung nach. Wir werden sehen.

Das geklaute Foto

26. April 1944
Gegen Mittag raffte ich mich auf und fuhr wieder in die Kandauer Straße. Die Sache war fast erledigt. Doch im letzten Moment war ich unentschlossen. Eigentlich habe ich selbst die endgültige Entscheidung beeinflußt, indem ich über meine nichtvorhandenen Qualifikationen sprach. Man hatte mich nicht danach gefragt. Jedenfalls habe ich nichts versäumt und alles meinem Plan entsprechend durchgeführt. Gegen Abend ging ich mit offizieller Erlaubnis des Bauleiters mit Stanisław ins Kino, das »Prunkpalast« genannt wurde. Der erste Eindruck war überwältigend. Es war ein modernes Gebäude, und oben wölbte sich eine gotische Kuppel wie ein Baldachin. Im ersten Augenblick nach dem Eintritt stand ich da wie betäubt. Das schön gestaltete Foyer mit geschmackvoll verzierten Wänden und schweren Barockmöbeln war mit vielen Gemälden ausgestattet. Es sah aus wie ein Palast aus dem 17. Jahrhundert. Erlesene Eleganz und fast überladener Reichtum der Ornamente bestimmten auch die Atmosphäre des Saals. Kandelaber mit Hunderten von Lichtern harmonierten wunderbar mit dem Ganzen. Kurz gesagt, das »Teatr Wielki« in Warschau nimmt daneben erst den zweiten Platz ein. Der Film selbst, »Lache, Bajazzo«, hinterließ bei mir einen schönen und unvergeßlichen Eindruck. Er war auf deutsch, aber trotzdem verstand ich problemlos fast alles. Der Inhalt, der auf Leoncavallos Oper »Der Bajazzo« basiert, erzählt die Tragödie eines Menschen, der als Clown nicht die Wahrheit sagen darf. Seine Frau betrügt ihn, er will weinen... und darf doch nur lachen. Schrecklich. Ich bin wirklich bewegt von diesem Film... Morgen schreibe ich einen Brief nach Hause!
Als wir den Kinosaal verlassen wollten, bemerkte Stanisław das Foto irgendeiner Schauspielerin. Sie war sehr hübsch. Er behauptete: »Sie sieht vollkommen aus wie meine Hela. Ich muß das haben.« Er stellte sich vor die Wand, wo das Foto hing, und in dem Augenblick, als keiner hersah, riß er es – Schreck aller Schrecken – ab, verbarg es unter seinem Mantel und schloß sich mir am Ende des Foyers wieder an. Mich überlief es heiß und kalt. Wenn man uns festgehalten hätte, wären wir auf der Polizeiwache gelandet mit allen Konsequenzen, an die man nicht einmal denken möchte. Zum Glück hatte es niemand bemerkt, und zu Hause schmückt das Foto nun unser Zimmer.

27. April 1944
Ich kann es selbst kaum glauben, aber es scheint, als hätte ich heute das große Los gezogen. Vyslučil hat versprochen, mir Fahrstunden zu geben bis zur Fahrprüfung. Ist das nicht ein tolles Stück? Er, der mich »Saboteur« geschimpft hat, mit dem ich seit Wochen kein Wort mehr gewechselt habe, wird plötzlich mein Lehrer. Ich könnte lachen!

28. April 1944
Es ist mir furchtbar unangenehm, daß ich überhaupt davon spreche, aber unser scheinbar so ruhiges Zimmer ist in Wirklichkeit ein wahres Schlachtfeld, ein Raum, der von Flüchen und boshaften Bemerkungen nur so widerhallt. Mit Marian ist es fast zur Schlägerei gekommen, aber das ist wirklich nicht meine Schuld. Abgesehen von üblichen häuslichen Mißklängen (gebrauchtes Wasser in der Waschschüssel, sein ungemachtes Bett), zeigte er sich als komplettes Rindvieh und unvernünftiger Kerl, mit einem Wort als »Pulverisator«, wie ich ihn am dritten Tag nach seiner Ankunft taufte. Aber das ist alles unwichtig. Mir bleibt nur übrig, an mir selbst zu arbeiten. Manchmal gibt es verdammte Widerstände. Aber ich weiß, daß ich mich in diesem Fall von der Vernunft leiten lassen muß. Wir werden sehen. Die Fahne hoch. Unter der Losung: Getreu meinen Prinzipien! Erfolg!

2. Mai 1944
Übrigens haben sich meine Beziehungen zu Marian verbessert. Vielleicht wegen der beiderseitigen Reduzierung der Spannungen. Wir haben kräftig gerauft. Die ganze Baracke hat von unserem Gebrüll gewackelt. Aber wirklich! Die Monotonie unseres Alltags kann einen wirklich erschlagen. Von der Arbeit in die Gertrudenstraße, von der Gertrudenstraße zur Arbeit. Einen Drehwurm könnte man kriegen. Endlich habe ich einen Brief aus Warschau bekommen. Gott sei Dank, alles in Ordnung.

8. Mai 1944
Seit einigen Tagen fühle ich meine Vereinsamung wieder besonders stark. Vielleicht wegen des Ärgers mit dem Zimmergenossen? Ich weiß auch nicht. Es lohnt sich gar nicht, darüber nachzudenken. Ich habe schreckliche Sehnsucht. Wie gerne würde ich alle wiedersehen.

Oft auf der Straße, oder sogar bei Helenka, wenn ich das friedliche Familienleben sehe, versinke ich in schreckliche Traurigkeit. Dann erfaßt mich eine unbekannte Apathie. Ich ziehe mich zurück, starre aus dem Fenster und denke nach. Am liebsten führe ich dann Selbstgespräche und grüble. Es fällt mir schwer, mich wieder der Realität zu stellen. Ich bin in Riga. Die Sehnsucht nach zu Hause, nach meinen Lieben beherrscht mich immer mehr. Die angenehmsten Erinnerungen der letzten Wochen verblassen, treten zurück und verschwinden. Auch die Stadt, die erst jetzt ihr wirkliches Aussehen gewinnt, fein, sauber, in einer Flut von grünen Sträuchern, Bäumen und Wiesen versinkend, kann meine Aufmerksamkeit nicht auf sich ziehen. Die einzige Versüßung meiner bitteren Stimmung ist die Gertrudenstraße. Ich weiß wirklich nicht, was ich mit mir anfangen würde, wenn ich nicht Helenka kennengelernt hätte. Ich habe ihr Zuhause so gern, und oft, wenn ich dort bin, fühle ich mich wie in meinem engsten Familienkreis. Das gestrige Treffen ließ viele angenehme, herzliche und unvergeßliche Eindrücke zurück.

22. Mai 1944
Seit einigen Tagen war die Rede von einer Fahrt ans Meer zur Villa von Frauenholz, wo wir elektrische Leitungen installieren sollten. Am Freitagmorgen fuhren wir los. Nach einstündiger Sucherei und nach erfolgreichem Reifenwechsel kamen wir an. Zum ersten Mal in meinem Leben sah ich die See. Ich stand am Strand und dachte für einen Augenblick: »Meer«. Leises Rauschen, leichtes Plätschern der Wellen. Hundert Gedanken wirbelten durch meinen Kopf. Die Ansichten der Menschen der Antike über das Meer, Jahrhunderte großer Entdeckungsreisen, so viele mannigfaltige Erzählungen, Legenden, Geschichten, gewebt mit dem Lebensfaden der Menschen am Meer. Mir stand die Gestalt eines Tauchers vor Augen, der mit letzten Kräften die Rettungsleiter erklimmt. Noch ein Schritt trennt ihn von der Plattform, noch eine Anstrengung, doch es mißlingt, und er gleitet in unbekannte Tiefen. Gott, wie viele Menschenopfer hat dieses mächtige Element verschlungen! Dabei sehen diese heranrollenden Reihen von Wellen mit ihren weißen Schaumkronen so unschuldig aus. Der Tag verlief sehr angenehm. Die Villa lag sehr malerisch in einem grünen, duftenden Park, der zum Verweilen einlud.
Sonntag, Namenstag von Helenka. Eigentlich fällt er auf den morgi-

gen Tag, aber sie begießen ihn heute. Ich habe mich für halb sieben mit Herrn Aleksander verabredet. Der Nachmittag war sehr schön und ungewöhnlich herzlich. Die Angelegenheit der Wiśniaks macht Fortschritte. Als ich mit Helenka im Park saß, war mir etwas sentimental zumute. Im ersten Moment wurde mir meine Einsamkeit bewußt. Eine Welle von Sehnsucht überschwemmte mein Gemüt, und Tränen schwammen in meinen Augen. Bis zum Abend war ich grüblerisch und düster gestimmt. Die ärmste Helenka wurde auch ganz deprimiert angesichts meiner schlechten Stimmung. Ein ernsthaftes Mädchen. Am späten Abend kehrte die gute Laune wieder zurück.

Briefe von Frau Indikowski

26. Mai 1944
Draußen Mistwetter. Es regnet pausenlos. Der kalte Wind bläst einen weg. Aber das ist noch das wenigste. Am schlimmsten ist, daß man arbeiten muß. Eigentlich kann man das nicht einmal als Arbeit bezeichnen, dieses gedankenlose Totschlagen der Zeit und das Herumbringen der Stunden bis zum Feierabend. Der Regen hörte auf. Ich stand am Blasebalg, erhitzte und beschlug irgendein Eisen. Ich bin schrecklich schläfrig und weiß selbst nicht, was mit mir los ist. Ob ich krank bin? Mir pocht es laut in den Schläfen, und ich kann jede Blutwelle fühlen, die in mein Hirn strömt. Mein erhitzter Kopf tut mir weh, als wäre er von engen Bändern zusammengeschnürt. So ein Rauschen im Kopf, ein schreckliches Rauschen. Dutzende Bilder, Hunderte Sätze, Rauschen, Chaos im Kopf. Ich könnte alles hinschmeißen: die Arbeit an dem erhitzten Eisen, die Baracke, die Baustelle und alles, alles! Was ist los mit dir, Alter? Ich fühle mich so müde, erschöpft, alt. Alt! Ja, mir war alles klar. Mir war klar, daß Jugend und Sorglosigkeit ein Ende hatten. Ich bin in den zweiten Lebensabschnitt eingetreten. Ich werde zum Mann. Dabei fühle ich mich schrecklich klein und schwach. O Gott, ist es so schwierig, erwachsen zu werden? Ich spüre eine schreckliche Schwere. Ich muß mich erholen. Tetka! Meine Gedanken drehen sich nur um dich. Ich bitte dich, Tetka, denk an alles, denk an mich, wie ich an dich denke.
Am Abend war ich in der Gertrudenstraße. Wütend auf die ganze Welt, begleitete ich Helenka in die Fabrik. Was wird aus meinen schö-

nen Plänen? Nichts. Helenka arbeitet am Samstag bis zum Abend, hat am Montag Dienst, von Urlaub scheint sie nichts hören zu wollen, und schließlich arbeite ich auch am Montag. Die Cholera kann man kriegen, verdammt! Bevor ich ging, gab mir »Mama« ein Briefchen mit der Bitte, es erst zu Hause zu lesen. Die Lage gestaltet sich sehr schwierig, sie spitzt sich richtig zu. Es geht nämlich darum, ob ich mich ernsthaft einlassen und vor den Altar treten kann. Wohl kaum! Bis tief in die Nacht dachte ich darüber nach und kam schließlich zu kristallklaren Ergebnissen: Die Beziehung halte ich auf derselben Ebene aufrecht, vielleicht noch ein wenig enger. Aber getreu dem Grundsatz, den eigenen Prinzipien treu zu bleiben, halte ich mich an Wahrheit und Recht. Der Brief von Helenkas Mutter hatte folgenden Inhalt:

Mein liebes Kind Ignac!
Ich hoffe, Dir ist es nicht unangenehm, wenn ich Dich Kind nenne. Ich bin nicht Deine Mutter, aber ich fühle mich als Mutter von euch beiden. Du hast doch deine Mutter nicht in der Nähe. Ich möchte mit Dir, Ignac, über Deine Freundschaft zu Helenka sprechen. Wie ich sehe, ist Dir Helenka nicht gleichgültig. Ich möchte Dir schreiben, was ich darüber denke. Mir kommt es so vor, als wäret Ihr noch Kinder, und wie alle jungen Leute schwebt ihr in den Wolken. Doch dieser Schritt ist sehr ernst, denn er verbindet euch für das ganze Leben. Es ist eine schwierige Verpflichtung. Betrachtet euch also von allen Seiten. Lernt eure Charaktere kennen. Wenn ihr miteinander einverstanden seid, versucht eure Vorzüge und Schwächen zu erkennen. Ihr seid keine himmlischen Engel und kennt euch erst oberflächlich. Denkt an die beiden Seiten des Lebens – die moralische und materielle, damit es keine Mißverständnisse und Enttäuschungen für das künftige Leben gibt. Wägt jeden Schritt genau ab, damit ihr euch sicher fühlt und gegenseitig versteht. Du hast noch viel Zeit und Geduld. Ignac, du bist ein wirklich ernsthafter Mensch und hast reife Lebensansichten. Es ist richtig, daß die Jugend ihr Recht fordert, ja, sie fordert es, das ist kein Geheimnis. Aber alles kann man hinauszögern, wenn es sich langsam und mit Vernunft entwickelt. Bleibt das, was ihr jetzt seid – gute Freunde. Liebt einander wie Bruder und Schwester. Ich bin von Herzen glücklich, und mit Freude blicke ich auf die echte polnische, christliche Jugend, auf eure Einmütigkeit und reine Liebe wie in einer Familie.
Ich weiß, daß auch Helenka in Freundschaft an dich denkt und glücklich ist, in Dir einen guten Freund zu haben, mit dem sie sicher und ohne Angst Augen-

blicke erleben darf, von denen sie immer geträumt hat. Schon immer wollte sie einen so guten Kameraden haben, der sie versteht. Was Helenka betrifft, noch ein letztes Wort. Für eine Ehe hat sie noch nicht den Mut, und sie fürchtet sich vor diesem Gedanken. Sie sagt, daß es ihr jetzt am besten bei ihrer Mutter geht, und mit den Menschen, mit denen sie angenehm und schön die freie Zeit verbringt, möchte sie befreundet sein. Bitte, verzeih mir, daß ich Dich so belehre, aber alles, was ich wünsche, ist nur, Dir zu sagen, was ich denke, mich mit Dir zu unterhalten wie mit meinen Kindern. Bitte sei nicht böse darüber.
Mit den besten Wünschen
Deine Mutter

7. Juni 1944
Das Leben verläuft gleichförmig und monoton, lediglich kleine private Reibereien stören die Ruhe. Mein Zusammenleben mit Stanisław gestaltet sich völlig locker. In der Gertrudenstraße herrschen rein familiäre Beziehungen. Kurz gesagt, momentan kein Wölkchen am Horizont. Vorgestern habe ich »Chalwa« in der Straßenbahn getroffen. Er hat sich überhaupt nicht verändert, deshalb habe ich ihn auch erkannt. Ist ja auch eine Kleinigkeit! Seit fünf Jahren, seit der Schule, haben wir uns nicht mehr gesehen. Es wäre wichtig, sich nun mit der politischen Situation auseinanderzusetzen, da meine Ansicht darüber der allgemeinen Meinung entgegengesetzt ist. Ich glaube nicht an ein schnelles Kriegsende. Lieber spreche ich überhaupt nicht darüber wegen meines rabenschwarzen Pessimismus.

9. Juni 1944
Seit einigen Tagen stöhnt Riga unter einer sommerlichen Hitzewelle. Herrliches Wetter! Ein völlig wolkenloser Himmel übergießt die Erde mit Wellen heißer Luft. Die Stadt döst vor sich hin, in Bewegungslosigkeit erstorben. Stille, Ruhe und ein gewisser Ernst beherrschen die Straßen. Es scheint, als erwarte die Stadt irgendeine Veränderung. Die Spannung wächst mit jedem Tag, jeder Sekunde, jedem Augenblick. Die Gedanken überfliegen hektisch die Ereignisse der letzten Tage. Die Stimmung, die in der Luft liegt, versetzt die Menschen in eine merkwürdige Nervosität. Mir selbst ergeht es nicht anders. Es ist nicht Angst, es ist keine Art von Furcht – es ist ein Instinkt, der vor entscheidenden Veränderungen warnt.

10. Juni 1944
Meine Fahrstunden sind definitiv gestrichen. Nachdem ich alle Formalitäten erledigt hatte, wurde ich persönlich zum Generalkommissar in der Braustraße 4 vorgelassen. Er eröffnete mir, daß er mir leider keine Benzinscheine aushändigen könne: »Sie müssen warten, bis die Situation geklärt ist.«

13. Juni 1944
Frauenholz ist nach Berlin gefahren, um Instruktionen entgegenzunehmen. Ob er überhaupt noch einmal zurückkommt? Ich habe meine Zweifel. Der Termin seiner Rückkehr fällt auf Montag, den 17. Juli.

Besuch bei Kozłowski

21. Juli 1944
Nachdem ich sämtliche Formalitäten erledigt hatte – bei Ratzer und Walter –, und nach vielen Schwierigkeiten technischer Art gelang es mir, aufs Land zu fahren. Wir sind nun an Ort und Stelle. Kleine, einzelne Gehöfte liegen zerstreut in der Landschaft. Der grundsätzliche Unterschied zwischen dem lettischen Dorf und unserem sind seine seltsame Struktur und die Streuung seiner einzelnen Bauernhöfe. Unser Dorf besteht aus etwa einem Dutzend Höfen, versammelt auf einem verhältnismäßig kleinen Gebiet. Im lettischen Dorf sind die Höfe völlig unabhängig voneinander, mit eigenem Brunnen, Schreinerei etc., und liegen manchmal mehrere Kilometer voneinander entfernt. In diesem Fall ist der Hof von Kozłowski einen Kilometer von Elzas Hof entfernt. Das totale Glück! Herrliche Umgebung! Die Ebene ist zur Hälfte von der hohen Wand eines halbwilden Waldes begrenzt. Zur rechten Seite fällt das Land steil ab – es scheint unter den Füßen zu flüchten und hält am Ufer des sich leicht wiegenden Wasserspiegels eines Sees an. So schön sind diese lettischen Seen! Ein Dickicht von Büschen und Gestrüpp reicht weit bis in die Mitte des Gewässers. Riesige Teppiche von Sumpfdotterblumen schmücken den See. Am Horizont zeichnet sich von weitem die Linie des Waldes ab. Es weht ein leichter Wind, der leise Geräusche verursacht. Die durch nichts getrübte Ruhe paßt zur Stimmung der Landschaft. Ich

fühle mich phantastisch. Wir übernachten im Stall, auf frischem Stroh. Ich liege da und beobachte. Durch die Spalten des Daches sehe ich das helle Mondlicht. O Gott, wieviele höchst romantische Gedanken gehen mir durch den Kopf. Ist das alles Wirklichkeit? Schreckliche Sehnsucht erfaßt mich. Ich fühle große Leere. Tetka! Tetka! Ich schlafe ein.

22. Juli 1944
Unsere Bauern sind sehr beunruhigt durch die Entwicklung der politischen Ereignisse. Seit einiger Zeit kommt eine Menge Soldaten ins Dorf – Manöver und Durchmärsche der verschiedenen Gruppen der Armee. In der vergangenen Woche haben sie Vermessungen vorgenommen. In den folgenden Tagen soll der Bau des »Vierten Schutzwalls« beginnen, Befestigungsarbeiten, Schützengräben, Bunker. Die Front nähert sich – der Sturm ist im Anzug.
Sie erzählen, daß an stillen Abenden schon der dumpfe Widerhall des Artilleriefeuers der Front zu hören sei. Nächtlicher Alarm – das war die Bombardierung Rigas.

28. Juli 1944
Stanisław kehrte allein zurück. Die politische Situation hatte sich ernsthaft verändert. Vom frühen Morgen an hing etwas in der Luft. Die russischen Kriegsgefangenen erschienen nicht auf der Baustelle. Die Bauarbeiten wurden eingestellt. Ist es wirklich wahr, daß der Augenblick kommt, der über unsere nächste Zukunft entscheidet? Die Zeit, in der sich neue Perspektiven am Horizont abzeichnen? Ich begreife den Ernst der Lage. Mein Herz klopft mächtig. Mit Sehnsucht denke ich an meine Angehörigen. Noch einmal wollte ich ihnen einen Brief schicken, aber die Post nimmt keinerlei Sendungen ins Ausland mehr an. Elza und Joseph, die beiden jüngsten Kinder der Indikowskis, sind weiterhin auf dem Land. Mit Stanisław zusammen ging ich zur Post, um ihnen ein Telegramm zu senden mit der Bitte, so schnell wie möglich nach Riga zurückzukehren.
Die Stadt durchlebt gegenwärtig eine schwere Zeit. Menschenmassen wälzen sich durch die Straßen, als seien sie von tiefem Leid ergriffen. Alle befinden sich unter starker Anspannung. Lange Reihen von Soldaten und Armeefahrzeugen ziehen durch die Straßen, überall Fahrzeuge, Pferde, Droschken. Die Polizei ist in Alarmbereitschaft, an

jeder Ecke steht ein Schutzmann, Kontrollen und Sperren an jeder Abbiegung. In höchster Anspannung erwartet die Stadt die entscheidenden Veränderungen. In der Nacht wieder Alarm, aber die Bombardierung blieb aus.

Die Auflösung der Baustelle

29. Juli 1944
Die Arbeit an der Baustelle läuft weiter. Sie nimmt jedoch eine andere Form an: die Form der Liquidierung. Alle Maschinen und wertvollen Objekte haben wir zur Anlegestelle geschafft, von wo sie in nächster Zeit auf ein Schiff verladen und nach Deutschland transportiert werden sollen. Alle rechnen damit, daß die Abfahrt jeden Augenblick erfolgen könnte. Meine Sachen habe ich bei Helenka. Ich bin völlig unabhängig, also hat die Frage der Abfahrt keinerlei Einfluß auf meine Stimmung. Übrigens habe ich ernsthafte Zweifel, was die Abreise unserer Deutschen nach Deutschland betrifft. Im kritischen Augenblick, wenn jedes Paar Männerhände zum Schutz der Grenze benötigt wird, sollten sie sie von hier weglassen? Das glaube ich nicht! Wir werden es ja sehen.

30. Juli 1944
Neue Befehle! Kein Deutscher darf ohne Genehmigung des Oberbefehlshabers von Ostland das bedrohte Gebiet verlassen. Das bedeutet, daß man die Abreise unserer Deutschen vergessen kann. Um die Mittagszeit erhielten sie den Befehl, sich für Übungen bereitzuhalten. In erhöhter Bereitschaft stellten sie sich um ein Uhr auf der Baustelle auf. Sie wurden in Autos weggefahren. Zur Arbeit werden sie sicher nicht zurückkommen, und nach Hause, nach Deutschland, kehren sie wohl erst nach dem Krieg zurück – aus der Kriegsgefangenschaft.

31. Juli 1944
Der heutige Tag wird mir bis zum Lebensende in unvergeßlicher Erinnerung bleiben. Aber der Reihe nach. Am Morgen verkündete der Hauptmann vor uns allen, daß er angesichts der gegenwärtigen Situation allen das Verlassen des Lagers ohne seine persönliche Genehmigung verbietet. Gleichzeitig merkte er an, daß er keinerlei Ge-

nehmigung erteilen werde. Wir waren verwirrt und verunsichert. Wollen sie die Baustelle in ein internationales Gefängnis verwandeln? Diese Anordnung betrifft Tschechen, Letten, Deutsche – überhaupt alle Mitglieder des Lagers. Die Cholera kann man kriegen! Die Liquidierungsarbeiten gehen weiter. Zur Mittagszeit etwas Neues: In einer Stunde sollten sich alle mit ihren Ausweispapieren beim Hauptmann melden. Also war der kritische Moment gekommen. Wie die Wahnsinnigen rannten wir über den Platz. Was tun? Ich hatte einen endgültigen Plan – mich von der Baustelle verabschieden. Die Ereignisse entwickelten sich blitzartig. Letzte Vorbereitungen und dann – in Gottes Namen! Stacheldrahtzäune, Wachen, Pfiffe – alles hinter mir. Die Würfel sind gefallen. Wladek, Chmielewski, Irka aus dem Büro, Stanisław und ich sind von der Baustelle geflüchtet. In der Stadt trafen wir auch die Ingenieure. Was nun?

3. August 1944
Schon der dritte Tag, seit wir die Baustelle verlassen haben. Das Leben verläuft ruhig, wenn die Lage auch manchmal angespannt ist. Wir sind mit den Unseren in Kontakt. Die Erlebnisse der letzten Tage, so reich an Eindrücken, bergen viele Themen, die es wert wären, in einem Tagebuch festgehalten zu werden. Ich weiß selbst nicht, warum ich mich so lustlos und unwillig zum Schreiben fühle. Die politische Situation weist auf große Veränderungen in nächster Zukunft hin. Frauenholz wurde das Auto weggenommen. Unsere Leute, die auf der Baustelle blieben, sind dort kaserniert. Morgen treffen wir uns mit Ludwik. Ich schreibe mehr, wenn ich wieder Lust dazu habe. Ich schaue auf den vor mir an der Wand hängenden Kalender und stelle fest, daß schon wieder eine Woche verflossen ist. Sieben Tage, o Gott! Was ist alles passiert in dieser Zeit. So viele Augenblicke der Unsicherheit, der Traurigkeit und Resignation. So viele Bilder und Gedanken. Doch wie blaß und unwichtig werden die Ereignisse der letzten Tage aus der Perspektive des zeitlichen Abstands erscheinen!

4. August 1944
Wir, d. h. Stanisław, die Ingenieure und ich, sind seit dem Morgen in seltsamer Stimmung und eigenartig unruhig, was wir uns selbst nicht erklären können. Wegen der geringsten Kleinigkeit gibt es Konflikte.

Der arme kleine Jurek, der kleine Sohn des Ingenieurs, bekommt es auch ab. Die Atmosphäre ist schrecklich unangenehm. Wie soll das weitergehen? Mit der Lebensmittelversorgung wird es immer schwieriger: Es gibt ein paar Brote, die Stanisław lediglich dank seiner außergewöhnlichen Fähigkeit zu handeln ergattert hatte. Die politische Situation ist ziemlich unklar. Keine Sensationen. Stille, Stille, eine Ruhe, die nichts verrät. Wir sind festgenagelt. Was tun? Ich bin übermüdet und einer nervösen Erschöpfung nahe und denke vor allem an Rückkehr. Aber konnte man sich wirklich zu Arrest, einer Untersuchung oder gar einer Kugel in den Kopf entschließen? Es geht auf zwölf Uhr mittags zu.
Ich sitze mit Marysia Rowiński im Zimmer und gebe mich einer rosaroten Welle hin – »rosaroten« Gedanken. Stanisław und Herr Rowiński kommen herein. Sie sehen sehr schlecht aus. Bekümmert und ziemlich niedergeschlagen, als bemühten sie sich, etwas sehr Unangenehmes zu verbergen. Es fällt irgendeine witzige Bemerkung, aber die paßte so wenig zu diesem Moment, zu dieser Stimmung und diesen Gedanken, daß keiner darauf achtet. Wir versuchen, ihnen die Neuigkeit aus der Nase zu ziehen, was eigentlich unnötig ist, weil Stanisław nicht die Absicht hat, etwas zu verheimlichen. Die Lage wird immer schwieriger. Vor einer Stunde wurden in der Stadt Plakate ausgehängt: »Alle, die eigenmächtig ihren Arbeitsplatz verlassen haben, müssen innerhalb von 24 Stunden dorthin zurückkehren. Falls nicht, unterliegen sie als Saboteure dem Militärgericht.«
Ich seufzte schwer. Man konnte sich nichts mehr vormachen. Ich werde zurückgehen, solange es noch möglich ist. Wir analysieren unsere Lage und beschließen, zur Baustelle zurückzukehren. Es fällt mir schwer, meine Gefühle in diesem Moment zu beschreiben und meine Gedanken auszudrücken, die mich damals beherrschten. Es war nicht Angst oder Schrecken, sondern eher Resignation und das Bewußtsein eines verlorenen Kampfes. Die letzten Augenblicke des Aufenthalts bei »Mama« erinnerten an einen Abschied verurteilter Schwerverbrecher von ihren Angehörigen. So sah es aus. Wir gehen nach Canossa. Was dann? Ich bin jetzt seltsam ruhig: das Bewußtsein, meine Pflicht getan, den Kampf aufgenommen und bis heute durchgehalten zu haben, gibt mir ein Gefühl der Zufriedenheit. Ich fühle mich sicher und entschlossen. Der Besiegte kehrt als Sieger zurück. Zur Baustelle. Deutlich spüre ich jeden Herzschlag. Ich bin mit mir im reinen.

Die ungewöhnlich herzliche Begrüßung durch unsere Kollegen und alle möglichen Garantien unserer Unantastbarkeit beruhigten uns jedoch noch nicht. Wir rechneten mit einem Befehl, unsere Dokumente abgeben zu müssen, was jegliche Zukunftspläne völlig gelähmt hätte. Alle Zeichen im Himmel und auf Erden versprechen jedoch ein ruhiges Ende unserer Angelegenheit. Herr Rowiński kam am Abend mit beruhigenden Nachrichten. Die harschen Worte des Bauleiters, Herrn Stöhrs, und der gesamten regierenden Clique der Zivilisten sowie des Hauptmanns Meinl ignorierend, erkannte man mildernde Umstände für unsere unvernünftige und strafwürdige Tat an. Die momentane Situation auf der Baustelle sieht folgendermaßen aus: Mit Ausnahme derer, die nicht mehr da sind, und uns, die wir heute zurückgekommen sind, sollen alle Polen Schiffspassagen bekommen und zusammen mit den Tschechen per Schiff nach Königsberg fahren und von dort weiter zur Arbeit nach Ungarn.

Die Flucht der Sołowiejczyks

5. August 1944
Ab dem frühen Morgen arbeiteten wir völlig normal. Lediglich Herr Kraus, der Meister, dieser Halbidiot, tönte, daß er uns ins Schwitzen bringen würde. Als ich am Abend vom Strand zurückkehrte, hatte sich ein neues Problem ergeben: Unsere Baracken waren von Soldaten der Kompagnie des Hauptmanns umstellt. Der Vorarbeiter und seine Frau waren geflohen – und der Hauptmann bringt dies mit Bewohnern unseres Lagers in Verbindung. Wir sind alle verhaftet worden und dürfen bis zu ihrer Rückkehr die Baracken nicht verlassen. Diesem Befehl unterliegen auch zwei Lettinnen. Um sieben Uhr kehrte der Hauptmann zurück. Er rief uns alle vor die Baracken und erklärte, daß er gezwungen sei, die Sache zur Aufklärung der Polizei zu übergeben und uns an einen sicheren Ort zu bringen. Wir sollten uns eine Decke holen und uns zur Abfahrt bereithalten. Ein Lastwagen lud uns auf. Wir wurden wie Verbrecher unter starker Eskorte abtransportiert, ohne zu wissen, wohin. O Gott, kann man sich unsere Situation vorstellen? Unsicher, in Unkenntnis über unser weiteres Schicksal und unter großer Anspannung. Endlich hielten wir an. Das kleine verlassene Gebäude zwischen einigen anderen Häusern sah nicht allzu

ermutigend aus: »Aussteigen, bitte!« Komisch, daß sie jetzt bitte zu uns sagten. Wir betraten das Haus, in dem wir das Erdgeschoß belegen sollten. Türen und Fenster werden bewacht. Ich seufzte: »Jeder ist seines Glückes Schmied?« O verdammte Bestimmung! O wilde Ironie! Ich grübelte und grübelte. Tief in der Nacht erst dämmerte ich ein wenig ein, aber eigentlich konnte man nicht schlafen. Das ist nicht verwunderlich.

6. August 1944
Wir hatten uns darin getäuscht, daß wir morgens um sechs Uhr zur Arbeit zurückkehren würden. Inzwischen ist es schon halb sieben oder sieben. Nichts tut sich. Die Spannung übersteigt das erträgliche Maß. Mich überkommt nervöses Frösteln. Heimlich wische ich eine Träne ab. Ich drehe mich wütend im Raum. Ein Dröhnen in den Schläfen. Was weiter? Plötzlich kommt irgendein Soldat und verkündet, daß wir frei sind. Mit Autos fahren wir zurück zur Arbeit. In dem Augenblick, in dem ich das schreibe, habe ich Tränen in den Augen. Tränen der Freude. Ob man sich unsere Freude vorstellen kann?
Am Nachmittag kam »Mama« mit Helenka. Ich bin ihnen für diesen Besuch aufrichtig dankbar. Helenka, ich danke dir so sehr für das kleine Andenken, das du mir geschickt hast.

7. August 1944
Die Arbeit läuft normal. Um die Mittagszeit verkündet Stöhr, daß alle zur Entlausung müßten, um die ärztliche Bescheinigung zu bekommen, die für die Ausreise unentbehrlich war. Wir, die drei »Saboteure« und die kleine Irka, bleiben in der Baracke zurück, da wir nicht zum ersten Transport gehören.

8. August 1944
Um zwölf Uhr mittags legte ein Schiff für unsere Firma an. Frauenholz ist meiner Meinung nach keineswegs nur ein Träumer, sondern auch ein ziemlich realer Schuft. Wir arbeiten wie wild bis zum späten Abend, ohne einen Augenblick Pause.

10. und 11. August 1944
Die Vorbereitungs- und Ladearbeiten für die Abfahrt gehen dem Ende entgegen. Nach dem Mittagessen gab Frauenholz den Befehl, daß sich alle zur Abfahrt bereitmachen sollten. Ludwik, Robert und seine Frau, Marian, Lucja und Stasia fahren in die Stadt, um ihre Sachen bei Bekannten abzuholen. Im Vorbeigehen rief mir Ludwik zu: »Ich hole die Sachen. Ich gehe jetzt!« Natürlich verstand ich. Er hatte nicht die Absicht zurückzukommen. Der Augenblick des Abschieds näherte sich. Frau Janka weinte und warf Stefan Trägheit und Schlamperei vor. Sogar in diesem Moment war sie noch bereit zu flüchten. Stefan bereute es, aber er konnte nicht mehr zurück. Sie verabschiedeten sich. Ich war ziemlich gerührt. Frau Janka war verzweifelt. Ich hätte ihr gern geholfen, aber wie – schließlich war es nicht meine Angelegenheit. Ihr Leid ging mir sehr nahe. Ich wünschte ihnen Glück und Kraft zum Überleben. Wir trennten uns. Wie seltsam unsere Wege auseinanderführen. Sie fahren weg, ich erwarte den nächsten Transport und bleibe zurück. Welch merkwürdige Entwicklung der Ereignisse. Das muß doch eine Bedeutung haben. Frauenholz, Stöhr, Sibinger, die Creme der Chefs, die tschechische Gruppe und von unseren Leuten Stefan mit seiner Frau und Kujawski – sie sind die Passagiere des Schiffs »Kate«. Die Firma Schmitt & Junk hat in Riga aufgehört zu existieren.

20. August 1944
Die Tage vergehen wie im Flug. Nach der Abfahrt der ersten Gruppe arbeiten wir gleich weiter. Wir bereiten verschiedene Ausrüstungsgegenstände der Firma für den Versand vor. Die Arbeit ist allein schon deshalb sehr anstrengend und unangenehm, weil wir mit den Deutschen zusammenarbeiten. Ihre Arroganz, ihre Überheblichkeit, ihre fanatische Verblendung! Oft balle ich einfach nur die Faust, beiße die Zähne zusammen und denke: »Das ist gar nichts. Es könnte schlimmer sein. Kopf hoch, Ignac!« Am Donnerstag, dem 17., kam eine neue Verordnung heraus. Alle Männer unter sechzig und alle Frauen unter 55 Jahren sind verpflichtet, sich bei den entsprechenden Polizeistellen zu melden, um für Befestigungsarbeiten eingesetzt zu werden. Der Ingenieur Stach Rowiński hat für uns alles bestens arrangiert. Offiziell arbeiten wir beim Hauptmann im Benzinlager, das als »Einheitsstelle« nicht verpflichtet war, seine Beschäftigten für andere Ar-

beiten abzugeben. Heute morgen haben sich Helenka und ihr Vater bei der Polizei gemeldet. Am Abend kam Helenka allein nach Hause, den Vater haben sie nach Wark an die litauische Grenze geschickt. Sie mußte außerhalb von Riga Schützengräben ausheben. Ich bin verdammt müde, aber schreiben könnte ich jede Menge. Zur Zeit gibt es die verschiedensten Ereignisse und Erlebnisse.

23. August 1944
Am Morgen gab man uns bekannt, daß wir nun von der WIFO übernommen werden würden. Mit unserer Firma verbindet uns nichts mehr. Natürlich sind wir sehr zufrieden mit dieser Veränderung. Wir lachen uns ins Fäustchen über unsere Deutschen.

24. August 1944
Heute morgen gingen die Deutschen zur Entlausung. Morgen früh erwartet sie ihr Schiff. In den nächsten drei Tagen sollen sie Riga verlassen. Wir sind in gehobener Stimmung, denn sie fahren morgen ab.

26. August 1944
Die Deutschen sind gestern nicht abgefahren. Das versprochene Schiff wartete darauf, beladen zu werden, aber es stand kein Kran zur Verfügung. Nach einstündiger Wartezeit fuhr das Schiff schließlich ab. Wie eine Seifenblase sind ihre schönen Pläne geplatzt. Wütend kehrten sie zur Baustelle zurück. Die Cholera kann man kriegen! Samstag nachmittag: Es glüht vom Himmel. Die Eintönigkeit der Tage und die unveränderte Situation versetzen einen in Lethargie. Zu nichts habe ich Lust. Wir warten nur noch auf das Ende und den Frieden. Aber wird das Ende Frieden bedeuten?

30. August 1944
Um die Mittagszeit lief ein Schiff der Firma Schmitt &Junk im Hafen ein. Das hätten nicht einmal unsere Deutschen erwartet. Wieder begann wilde Schufterei. Angespannte Muskeln, zusammengebissene Zähne. Das Herz schlägt wie ein Hammer. Dröhnen im Kopf. Ausruhen, Pause! Ich wische den Schweiß von der Stirn. Schlafen, nur noch schlafen!

Das gestohlene Radio und die Abreise der Deutschen

31. August 1944
Endlich waren sämtliche Ladearbeiten beendet. Wir schauten uns etwas unter der Hand um. Ich muß heute noch lachen, wenn ich an diese Tragikomödie mit dem Radio zurückdenke. Wir waren gewissenhaft mit der Verpackung der verschiedensten Privatgegenstände unserer Deutschen beschäftigt. Einer packte Decken zusammen, ein anderer nagelte Kisten. Auf einmal zwinkerte uns Stanisław zu und deutete auf ein Radio. Dieser schöne, mit drei Lämpchen ausgestattete Apparat hatte früher in unserer Kantine gestanden. Alles weitere ging wie von selbst. Das Radio bekam ein eigenes kleines Kistchen und wurde, hübsch verpackt, während des Beladens versehentlich zur Seite gestellt.
Eine Stunde später begab sich Stanisław mit dem Kistchen nach Hause. Es schien geklappt zu haben. Es wurde Abend. Unsere Deutschen schlugen wie die Zigeuner auf dem Deck des Schiffes Zelte auf. Wir verabschiedeten uns: »Alles Gute. Glückliche Reise.« Wenn sie doch nur wie ein Stein auf den Meeresgrund sinken würden, um als Futter für die Fische zu dienen, diese Idioten! Als wir zur Baustelle zurückgingen, hielt der Hauptmann uns an. »Wissen Sie, ob die auch das Radio mitgenommen haben?« Stanisław erstarrte, wurde aschgrau im Gesicht und antwortete, daß das Radio in Reparatur sei. Der Hauptmann befahl ihm, sich neben ihn ins Auto zu setzen und zur Klärung der Sache mit ihm zum Hafen zu fahren, um Rulla zu fragen. Die Haare standen mir zu Berge. Was, wenn der Hauptmann sich vom Zustand des Radios selbst überzeugen wollte und befehlen würde, zur Reparaturstelle zu fahren? Mir wurde heiß. In einer Stunde könnten sie schon bei uns sein und das verpackte, d. h. gestohlene Radio finden. Also wie der Blitz nach Hause. Wenn ich vor ihnen ankäme, könnte ich die Lage retten: Ich als Elektromonteur beschäftigte mich mit der Reparatur.
Schon saß ich in der Straßenbahn. Wie sie bummelte! Schon eine Viertelstunde war ich unterwegs, seit dem Gespräch mit dem Hauptmann waren schon zwanzig Minuten vergangen. Alles hing nun von der Linie drei ab. Wenn ich entgegen aller Wahrscheinlichkeit Anschluß hätte, würde ich ihnen zuvorkommen. Ich hechtete aus der

Straßenbahn, rannte wie ein Verrückter über die Straße und sprang auf die bereits fahrende Linie drei auf. Ich war völlig außer Atem. Allmählich beruhigte ich mich. Ich hatte mein Möglichstes getan. Noch ein paar Schritte, und ich war in der Wohnung. Noch ein Augenblick, und alles war vorbereitet, um jegliche Vorwürfe zurückweisen zu können. Endlich kam Stanisław zurück. »Wir waren gerade dabei, mit dem Hauptmann herzukommen, als er die Sache plötzlich für erledigt hielt, sich bedankte und wegfuhr.« Große Erleichterung.

3. September 1944
Auf der Baustelle nichts Besonderes. Langeweile, Herumlungern, von einer Ecke in die andere gehen, d. h. sich irgendeine Beschäftigung suchen. Etwa um elf Uhr Anruf von Rulla. Das Schiff läuft um 12.45 Uhr aus. Die Deutschen sollen sich zur Abreise bereitmachen. Eher hätte ich den Tod erwartet als einen solchen Befehl. Man kann sich kaum vorstellen, welche Bewegung auf einen Schlag in der deutschen Baracke und auf dem Hof ausbrach. Türenknallen, Hammerschläge, Rufe, Gelächter, Flüche. Der im Hof wartende Lastwagen knurrte ungeduldig. Noch einen Augenblick – und weg sind sie. Wieder waren wir am Ufer des Flußes Dzwina, um das Schiff zu beladen. Mit größter Genugtuung sah ich zu, wie die Deutschen in einer Schlange anstanden und auf das Verlesen der Liste warteten. Das riesige Passagierschiff »Wartheland« wurde derweil beladen. Dutzende russischer Familien und Deutscher in nicht endender Reihe gingen über den Steg. Freiwillige Evakuierung nennt sich das. Ausgemergelte Gesichter, bescheidene, ärmliche Kleidung und wenig Gepäck. Kleine Kinder drängten sich weinend und angsterfüllt an ihre Eltern. Dieser Anblick löste bei mir liebevolle Gefühle und Anteilnahme aus. Tränen liefen mir über die Wangen. Dann kehrte ich zur Baustelle zurück. Nichts störte die Stille. Ich setzte mich auf eine Bank und versank in meine Gedanken. Die Deutschen sind also weggefahren in ihr Vaterland, nach Hause. Ich denke an die letzte Zeit in Warschau. Wie geht es meinen Lieben? Wie Zenek? Das ist wohl Schicksal, Vorbestimmung.

11. September 1944
Stanisław und ich haben unser kleines Zimmer in der Gertrudenstraße bei Familie Indikowski renoviert. Wir haben hier Betten, einen kleinen Tisch, Stühle – es ist wirklich sehr nett. Die allgemeine Situation hat sich nicht geändert. Wir verbringen unsere Tage damit, ziellos durch die Straßen der Innenstadt zu gehen. Eigentlich bin ich ganz zufrieden mit dieser Faulheit. Schließlich habe ich Urlaub in Riga, ein halbes Jahr ist schon um. Ich versuche, eine andere Arbeitsstelle in der Stadt zu bekommen, und soll mich um den 15. September beim Arbeitsamt melden. Dann endet meine Arbeitserlaubnis von der Baustelle.

15. September 1944
Heute morgen begann die angekündigte russische Großoffensive. Im Zusammenhang mit meiner Arbeit hatte ich ein Gespräch mit Herrn Fischer, Oberzahlmeister und Chef der HDM Riga, der mir sagte, daß ich morgen vorbeikommen sollte, um einige Formalitäten zu erledigen. Den Kontakt verdanke ich Irka, die ihn kennt, und ich fühle mich ihr sehr verbunden.

16. September 1944
Seit dem Morgen renne ich auf Ämter und in Büros und erledige die verschiedensten Formalitäten, Quittungen, Formulare, Gespräche, Termine. Allein der Gedanke an all die verschiedenen Fragen und Schwierigkeiten, die zu überwinden sind, macht mich ganz krank. Ich kann nur ungläubig den Kopf schütteln, wenn ich an das Gespräch mit dem Chef und Leiter des Arbeitsamts denke. Als ich ihm mein Anliegen vorgebracht hatte, erhielt ich die Antwort: »Ja, bitte den Paß. Sie können zu Befestigungsarbeiten vor die Stadt fahren.« Ich weiß auch nicht, woher ich den Mut und die Unverfrorenheit nahm, ihm zu antworten, indem ich ihm direkt in die Augen sah und ohne mit der Wimper zu zucken und erhobenen Hauptes sagte: »Sie können mich nicht irgendwohin zur Arbeit schicken, da ich einen festen Arbeitsplatz habe und nicht freigestellt bin, und ohne den Befehl des Hauptmanns, des Chefs unseres Benzinlagers, werde ich zu keiner anderen Arbeit gehen.« Wenn man bedenkt, daß das Gespräch nach drei Wochen untätigen Herumlungerns und Herumtreibens in den Straßen von Riga stattfand, muß man zugeben, daß eine solche Reak-

tion ziemlich starker Nerven bedurfte. Doch es ist gutgegangen. Frei atmen konnte ich jedoch erst wieder in der Straßenbahn. Kopf hoch! Herr Fischer hat versprochen, persönlich zu intervenieren, was hoffentlich zum erwünschten Ergebnis führt. Als ich am Nachmittag noch einmal zu ihm ging, teilte er mir mit, daß ich morgen früh die Arbeit aufnehmen sollte.

Friede in Sicht

17. September 1944
Seit dem frühen Morgen bei der Arbeit. Ich arbeite jetzt in einer Auto- und Traktorenreparaturwerkstatt mit vielen Freiwilligen. Ich fühle mich völlig frei und fast ganz ungezwungen. Beim Mittagessen erinnere ich mich an das erste Mittagessen auf der Baustelle. Am Abend Luftarlarm. Die Situation wird von Tag zu Tag brenzliger. Ständig Sirenen, Luftarlarm, Artilleriefeuer. Beim letzten Luftalarm fiel eine Bombe und schlug in ein hundert Meter von uns entferntes Haus ein. Die Gewalt der Explosion riß alle Fenster und Fensterrahmen der oberen Stockwerke unseres Gebäudes heraus und demolierte sogar Zimmer. Aber das ist gar nichts. Wenn nur alles ein Ende nimmt!

19. September 1944
Situation weiterhin unverändert. Das Arbeitsamt macht Schwierigkeiten. Morgen früh soll ich wieder bei Fischer vorsprechen. Abends wieder Alarm. Es traf mich in der Straßenbahn ziemlich weit von der Stadt entfernt auf dem Nachhauseweg von Stasia. Es gab keinen Schutzraum in der Nähe. Die kleinen einstöckigen Häuschen sahen nicht besonders vertrauenerweckend aus. Die Bombardierung begann. Die weißen Lichter der Suchscheinwerfer glitten über den Himmel. Nach einem Augenblick gingen die Lichter wieder aus. Die nächtliche Stille wurde von Salven der feindlichen Flugartillerie erfüllt. Stille? Wer redet von Stille? Von der Decke brechende Teile, der von den Wänden fallende Putz, berstende Scheiben durchbrachen mit ihren Geräuschen die Stille. Und dann wieder totale, unheimliche Ruhe. Wie lange noch? Wildes Rattern eines Maschinengewehrs. Von weitem wieder Detonationen und dann wieder Stille. Die Lichter der Suchscheinwerfer erloschen. Die Welt kehrte zur Normalität zurück.

20. September 1944
Endlich konnte ich im Arbeitsamt alle Formalitäten erledigen. Morgen muß ich die Papiere abholen. Danach möchte ich den morgigen Tag mit einem Stadtbummel verbringen. Völlig entspannt. Die allgemeine Situation ohne Veränderung. Am Tag viermal Alarm. Wie wird das enden? Der Abendalarm dauerte bis Mitternacht. Bei der Entwarnung war ich bereits in tiefen Schlaf versunken.

21. September 1944
Mein Arbeitsproblem ist geklärt. Ab morgen werde ich in den Lebensmittelmagazinen des Heeres beschäftigt. Der Tag brachte absolut keine Neuigkeiten. Mit Irka bin ich ein bißchen durch die Straßen gebummelt. Sie ist ein verdammt nettes Mädchen, das ich ganz gerne mag. Eh, Alter, was heißt ganz gerne, ich mag sie sogar sehr gern, denn sie ist für mich fast wie eine Schwester.

An dieser Stelle fallen mir noch zwei Episoden aus meiner Zeit auf der Baustelle ein, an die ich mich bis heute erinnere. Fischer, der Werkstattleiter, bat mich, nach einem defekten Traktor zu sehen. Diese Zugmaschine war von Bedeutung, da sie Waggons mit Armeeausrüstung ziehen sollte. Ich überprüfte den Traktor und bemerkte, daß der Schaft des Getriebes lose war. Mir war klar, daß es das Getriebe sein mußte. Ich kroch unter den Traktor, entfernte die Ölwanne, nachdem ich das Öl abgelassen hatte, und stellte amüsiert fest, daß vier Soldaten neben dem Traktor standen und mich bei meiner Arbeit beobachteten. Mit einem Schraubenzieher stieß ich gegen die Kugellager und bemerkte, daß eines von ihnen lose war. Ich kroch hervor, richtete mich auf und sagte: »Die Kugellager müssen ersetzt werden.« Die Neuigkeit verbreitete sich im Nu bei der deutschen Belegschaft auf den Waggons, und sofort machten wir uns an die Arbeit. In einer halben Stunde war der Traktor repariert. Fischer rief mich in sein Büro, ließ mich Platz nehmen, redete einige Minuten über den siegreichen Krieg, gab mir drei Päckchen Zigaretten und dankte mir für meine gute Arbeit. Auch die Soldaten kamen zu mir her und redeten mit mir. Plötzlich war ich zum Helden geworden. Ich hatte den Transport gerettet, den sie andernfalls hätten zurücklassen müssen. Mir wurde klar, daß ich mich selbst hereingelegt hatte. Ich hatte die deutsche Kriegsmaschinerie dabei unterstützt, ihr Unrecht und ihre Greueltaten fortzusetzen, anstatt sie zu bekämpfen. Mein Tun war gegen mich selbst gerichtet. Mir war nicht bewußt gewesen, daß die Teile so schnell ersetzt werden konnten und daß die Sache so wichtig für die Deutschen war.

Bei der zweiten Gelegenheit konnte ich es wiedergutmachen. Ich sollte ein Kugellager der Kurbelwelle in einem Auto austauschen. Ich habe die Kurbelwelle entmantelt, das Kugellager ausgetauscht und den Motor wieder zusammengesetzt, jedoch so, daß die Zündung des Zylinders nicht funktionierte. Der Motor konnte nicht angelassen werden. Es war mein letzter Auftrag an diesem Tag kurz vor Feierabend. Als ich ans Ausgangstor kam, vernahm ich, wie der Fahrer des Wagens, ein Soldat, zu seinen Kumpels sagte, daß irgendein »verfluchter Idiot« den Anlasser seines Wagens ruiniert hätte. Ich hörte den Tumult und verließ schleunigst das Gelände. Diese beiden Episoden hatten mein Bewußtsein geschärft: Die Reparatur des Traktors, die die deutsche Kriegsmaschinerie unterstützte, betrachtete ich als schlechte Tat, als ein Minus; die zweite Episode, die das Auto außer Gefecht setzte, entsprach einer Sabotage und war eine gute Tat, ein Plus, so daß mein Gesamtbeitrag letztlich gleich Null war.

4. Oktober 1944

Die nervöse Spannung, in die einen die gesamte Situation versetzt, wächst ständig. Die Mehrheit der Werkstätten und Fabriken mit geringerer Bedeutung wurde bereits geschlossen. Sowohl Angestellte als auch Arbeiter hat man nach Hause geschickt. Gleichzeitig wird die Versorgungsfrage ein immer schwieriger zu lösendes Problem. Die reduzierten Lebensmittelrationen können natürlich nicht den Bedarf decken. Das Gespenst des Hungers wird immer realer. Kilometerlange Schlangen vor Bäckereien und Fleischereien warten von der Morgendämmerung bis zur völligen Dunkelheit. Not und Hunger kommen mit immer schnelleren Schritten herbei.

Der 1. Oktober war ein vielleicht für immer unvergeßlicher und außergewöhnlicher Tag, der gravierende Veränderungen in unserem Leben brachte. Gegen Mittag wurden Anordnungen über die Evakuierung Rigas bekanntgegeben. Die Aussiedlung sollte in Kürze planmäßig durchgeführt werden. Am Abend diskutierten wir dies in unserem Kreis und kamen zu dem Ergebnis, daß, was auch immer geschehen werde, es uns weniger betreffen würde als die Einheimischen. Deshalb nehme ich auch den Ernst der Lage und alle Schwierigkeiten mit völliger Ruhe auf.

Am Dienstag, dem 2. Oktober, wurde die lettische Polizei in die Armee integriert. Das Militär übernahm die Polizeiposten. Der 3. Oktober verging in äußerster Anspannung und Unruhe. Ausschreitungen,

Plünderungen, Krawalle und Schießereien waren an der Tagesordnung. Gerüchte über die begonnenen Aussiedlungsaktionen gehen durch die Stadt. Die Nervosität erreicht ihren Höhepunkt. Schwere, düstere Tage kommen auf uns zu. Eine Bombe hängt in der Luft. Die Ereignisse entwickeln sich unerbittlich weiter. Die nächste Zukunft wird es zeigen.

5. Oktober 1944
Der Arbeitstag ist für mich normal verlaufen. In der Stadt wächst die Spannung immer mehr. Bis zum Abend dauerten die Razzien an. Man sammelte die arbeitsfähigen Männer auf dem Schloß, von wo man sie noch vor Einbruch der Dunkelheit auf ein Schiff abtransportierte. Auch Stanisław ist zunächst gefaßt worden. Ich weiß nicht, durch welches Wunder er davonkam. Die Evakuierungsfrage beruhigt sich allmählich.

6. Oktober 1944
Wir leben in ständiger Angst vor den Razzien und dem Abtransport zur Arbeit nach Deutschland. Gestern abend erreichte die Spannung ihren Höhepunkt. Alle Männer verstecken sich nachts in irgendwelchen Löchern, die sie auch tagsüber nicht verlassen. Wegen der zugespitzten politischen Situation tritt die allgemeine Evakuierung in den Hintergrund. Wir können wieder aufatmen. Bei uns läuft die Arbeit nicht normal. Ganze Kolonnen von Autos, beladen mit Lebensmitteln, fahren in Richtung Innenstadt. Die Arbeit in der Werkstatt beschränkt sich vor allem darauf, angefangene Reparaturen zu beenden. Kurz gesagt – alles deutet auf eine Veränderung hin.

8. Oktober 1944
Gestern gegen Mittag bekam Grimmer, unser Abteilungschef, per Telefon den Befehl, sofort das Büro auf die andere Seite der Dzwina zu verlegen. Das betraf auch Irka, die in diesem Büro arbeitet, so daß im Augenblick der Kontakt mit ihr unterbrochen ist. Heute abend eine neue Entwicklung. Sämtliche Werkstätten sollen ebenfalls auf die andere Flußseite übergeführt werden. Der Lette, der bei den Motoren, die die Kompressoren antreiben, beschäftigt war, ist nach Deutschland abgefahren. Den Job sollte nun ich übernehmen. Doch ich dachte an Stanisław, der arbeitslos und daher besonders gefährdet war, de-

portiert zu werden, und empfahl ihn Grimmer als Kühlungsspezialisten. Der war einverstanden, und am nächsten Morgen trat Stanisław die Arbeit an.

9. Oktober 1944
Die Deutschen räumen die Magazine, Lastwagen, vollbeladen mit Lebensmitteln, fahren ständig über die Brücke in Richtung Stadt. Es ist offensichtlich, daß die Deutschen Riga verlassen. Zufällig traf ich gegen Mittag Irka. Sie war aus dem Büro geflüchtet, weil man sie abtransportieren wollte. Außer Sympathie hege ich auch noch ein ganz liebevolles Gefühl für sie. Wir bieten ihr unaufdringlich Hilfe an. Etwas zögernd entscheidet sie sich schließlich, in nächster Zeit bei uns zu bleiben. Ich kümmere mich wie ein Bruder um sie.

Stanisław und ich sammelten auch weiterhin Lebensmittelvorräte. Nie werde ich seine unternehmerische Genialität vergessen. Schon am vorherigen Tag befahl er mir, unter meinen langen blauen Arbeitshosen Kniestrümpfe zu tragen. »Wozu?« fragte ich. Er antwortete: »Sei nicht so dumm, wir müssen noch etwas Essen beschaffen.« Ich habe zwar nicht verstanden, was lange Socken mit Essensbeschaffung zu tun hatten, aber als es uns auf der Arbeit gelungen war, den Kompressor anzuwerfen, sagte Stanisław: »Jetzt gehen wir ins Magazin und überprüfen die Temperaturen. Dann stopfen wir uns verschiedene Lebensmittel in die Kniestrümpfe und gehen raus.« Ich sagte ihm nicht, daß das Überprüfen der Temperaturen gar nicht zu meinen Aufgaben gehörte. Also marschierten wir, in der einen Hand ein Thermometer, in der anderen den Werkzeugkasten, auf den wachhabenden Soldaten zu und erklärten, daß wir als Mechaniker dringend die Temperatur zu überprüfen hätten und sofort wieder zurückkehren würden. Er ließ uns passieren, und im Nu waren wir seinem Blickfeld entzogen. Wir krempelten die Hosenbeine hoch und beluden unsere Socken mit allem, was uns nur in die Hände fiel, z. B. ein Viertel Butter, ein Stück Wurst, einige Päckchen Zigaretten, ein paar Sardinendosen. Stanisław hielt eine Flasche Wodka in der Hand. Nach einigen Minuten gingen wir zurück, breitbeinig wie betrunkene Matrosen. Am Ausgang überreichte Stanisław dem Wachmann die wertvolle Flasche und wünschte ihm einen guten Tag. Diese Übung absolvierten wir nun mehrmals täglich. Und als Zugabe befahl mir Stanisław am Abend, als wir gegen sieben Uhr unseren Arbeitsplatz verließen, an einer Stelle anzuhalten, wo einige hundert Fahrräder abgestellt waren. Mit den kleinen Päckchen auf dem Rücken schwangen wir uns auf eines der Räder und fuhren einfach an dem Wachmann vorbei, der den Lagerausgang bewachte. Stanisław hatte herausgefunden, daß die Wachleute am Abend abgelöst wurden und daß der Nachtwächter nicht wissen konnte, daß wir ohne Fahrräder gekommen waren und dies auch nicht überprüfte. Nach ein paar Tagen, als es an die Liquidierung der Lebensmittelmagazine ging, hatten wir in der Gertrudenstraße bereits Unmengen von Proviant sowie zehn Fahrräder, die wir später in den schweren Zeiten verkauften, was unsere Versorgung sicherstellte.

10. Oktober 1944
Seit dem Morgen beschaffe ich mit Stanisław Lebensmittel. Bestens ausgestattet bereiten wir uns darauf vor, die nächste Zeit zu überdauern. In der Stadt wird die Lage immer heißer. Kein junger Mensch kann sich mehr auf der Straße zeigen. Razzien, Verhaftungen. Die letzten Tage...

11. Oktober 1944
Stanisław, Irka und ich verstecken uns gemeinsam. Ich weiß nicht warum, aber manchmal kommt es mir so vor, als sei sie mir so nah wie eine enge Angehörige. Ich fühle viel Liebe für sie. Sie wirkt so verständnisvoll und intelligent auf mich. Und sie ist kultiviert und feinsinnig. Sie hat Menschenkenntnis und Lebenserfahrung und die Fähigkeit, mit anderen zusammenzuleben und zu arbeiten. Ich weiß nicht, ob ich mich klar genug ausdrücke, aber genau so denke ich über sie, und deshalb ist sie mir noch näher und wichtiger. Es erscheinen keine Zeitungen mehr. Alle Betriebe sind geschlossen. Die letzten Tage der deutschen Besatzung sind gekommen. Die allerletzten!

12. Oktober 1944
Seit dem Morgen ist dumpfes Artilleriefeuer zu hören, in der Ferne Explosionen; sie stören die in der Stadt herrschende Stille. Die Stadt lebt in Erwartung der unvermeidlichen Wende. Die schwere Hand der eisernen deutschen Disziplin löste ihren abscheulichen Druck. Die deutsche Armee verläßt Riga. Nicht endenwollende Fahrzeugkolonnen wollen zum Fluß Dzwina. Gegen Mittag ebbt der Verkehr ab. Irgendeine verspätete Kolonne kommt noch des Weges. Ein einsamer Troß überquert die ruhiger werdende Trasse, eine versprengte Gruppe Soldaten marschiert über die grauschimmernde Straße. Riga

kommt allmählich zur Ruhe. Wie ein müder Wanderer nach einer anstrengenden Reise begibt sich auch die Stadt zur Ruhe, als wolle sie noch etwas rasten vor einem neuen Aufbruch.
Dann ein langes, nicht verstummendes Dröhnen. Zuerst Stille, dann kommt es lauter mit drohendem Donnern. Die Schlacht um Riga hat begonnen. Das Dröhnen erfüllt die Luft, durchbricht die Stille mit immer gewaltigerer Beschleunigung. Durch den rasenden Sturm dringt das langgezogene Zischen der Schrapnellen. Die Bombardierung erreicht ihren Höhepunkt. Der Kampf ist mit ganzer Macht entflammt, mit vollem Grauen, als ob er sich seines Ziels bewußt sei. Kampf gegen die germanische Brutalität! Ich befinde mich mit Stanisław und Irka im Schutzraum. Das Schießen beruhigt sich gegen acht Uhr ein bißchen. Wir kehren in unser Zimmer zurück. Blutiger Widerschein der Scheiben, Schwaden von dunklem Rauch, Gestank, Brandgerüche. Wir gehen zu Bett. Ich liege da und denke nach. Gott! Ob jemand verstehen kann, was sich in meiner Seele abspielte? Ein mir bis dahin unbekannter Stolz, Freude, Sicherheit und das Bewußtsein, den Kampf siegreich geführt und das Ziel erreicht zu haben, erfüllten meine Seele. Gleichzeitig verspürte ich eine Unruhe in mir. Die Ungewißheit legte sich mir schwer auf das Gemüt. Ignac! Das ist noch nicht alles, das ist nur ein Teil, das ist erst der Anfang! Die gute Stimmung verließ mich wieder. Sehnsucht, Kummer und Traurigkeit überkamen mich. Ich bin doch allein, vollkommen allein. Ich kann nicht schreiben. Papier und Tinte geben meine Gedanken nicht wirklich wieder. Niemand versteht das jetzt, niemand! Zwei große Tränen rinnen mir über die Wangen – Mutter! Tetka! Heniek!

Freitag, 13. Oktober 1944
Ich weiß nicht mehr, wie lange wir geschlafen haben. Ein gewaltiges Dröhnen riß uns aus seligem Schlummer. Ein Schrapnell schlug vor unserem Haus ein. Lärm, das Klirren berstender Scheiben, Krachen, Rennen. Mein Herz schlug unruhig. Irka schlief doch am Fenster. Ihre Stimme beruhigte mich jedoch. In den Schutzkeller! Einen Augenblick später befanden wir uns alle in Sicherheit, im Keller. Wieder begann das Schießen. Wir dösten ein bißchen vor uns hin, als mich die Stimme Griczans, des Sohns des Hauswirts, aus dem Halbschlaf riß. Halb besinnungslos, hüpfend und tanzend, raste er durch den Raum und schrie: »Die Russen sind in der Stadt!« Gott! Wer kann meinen

Zustand verstehen, meine Gedanken in diesem Augenblick? Die Träume so vieler Monate haben sich erfüllt.
Ich rannte aus dem Haus. Auf der anderen Straßenseite, etwa hundert Meter von mir entfernt, erblickte ich den ersten russischen Soldaten in grüner Uniform. Ich sah zu ihm hin. Die Maschinenpistole hing ihm an einer Schnur über der Schulter. Die langen Hosen waren aufgekrempelt und mit einer farbigen Binde über den Knöcheln festgebunden. Er trug keine Lederstiefel, sondern irgendetwas aus grünem Material, das entfernt an Schuhe erinnerte. Die große Mütze auf dem Kopf hatte Ohrenklappen, die unter dem Bart zusammengebunden waren. Ich konnte nicht begreifen, daß ein solcher Soldat den Sieg davongetragen hatte über diese disziplinierte Armee der bereits geschlagenen Deutschen, deren Soldaten bis zum letzten Augenblick absolute Ruhe und Disziplin bewahrten. Immer hatten sie saubere und gutsitzende Uniformen und glänzende Stiefel getragen, sogar noch während des Rückzugs aus Riga, und ihre Maschinenpistolen hingen bestimmt nicht an einer Schnur. Aber so sieht nun die Wirklichkeit aus. Dieser Mann, den ich vor mir hatte, repräsentierte die siegreiche Armee der Sowjetunion. Ich spürte, wie mir Tränen in die Augen traten. Freiheit! Die ersehnte Freiheit! Wie süß mir dieses Wort in den Ohren klang: Freiheit! Jetzt entwickelte sich alles mit schwindelerregendem Tempo.

Ende Oktober 1944
Wir haben uns mit dem jüdischen Ehepaar Sołowiejczyk, das aus unserem Lager geflüchtet war, getroffen. Stanisław und ich standen vor einer schwierigen Entscheidung: bleiben oder wegfahren? Dieses Dilemma beanspruchte uns bis zum 20. Oktober. Sollten wir zu erkennen geben, wer wir wirklich sind, oder weiter unter unseren falschen Namen leben? Wir entschieden uns für letzteres. Und wir beschlossen, in Riga zu bleiben. Die Russen verhielten sich äußerst mißtrauisch gegenüber allen hier arbeitenden Ausländern. Sie verdächtigten alle der Kollaboration mit den Deutschen, und der Schatten eines Zweifels genügte, um vom sowjetischen Geheimdienst NKWD verhaftet zu werden. Alle müssen arbeiten. Am 21. Oktober ging ich auf Stellensuche, und am 28. Oktober war ich schon dabei, Büro und Werkstätten der lettischen Eisenbahn mit aufzubauen. Am 30. Oktober wurde ich offiziell als Elektromechaniker bei der lettischen Eisen-

bahn Y.C.B.P. eingestellt. Während ich diese Worte schreibe, sitze ich bei flackerndem Licht am Tisch. Mir ist um vieles leichter, und ich spüre ein Gefühl von Freiheit. Dieses Tagebuch werde ich weiterführen, denn es ist mir ein Freund geworden, der mir zuhört, wenn ich zu ihm spreche. Also vorwärts! Die Freiheit ist schon da. Ich habe die gleichen Rechte wie alle anderen menschlichen Wesen. Ein neues Leben beginnt. Ich habe beschlossen, meinen Willen zu beherrschen, mein Bewußtsein zu schärfen und unerbittlich zu kämpfen, bis ich meine Ziele erreicht habe. Sei gegrüßt, Zukunft!

1. November 1944
Heute fühle ich den starken Drang, mich auszusprechen. So geht es mir zum ersten Mal seit der Befreiung aus deutscher Gefangenschaft. Vielleicht, weil heute der zweite Jahrestag jener Ereignisse ist, die meine Ansichten, meine Seele, meine Zukunft verändert haben. Vielleicht ist es auch die Vereinsamung, die ich in den letzten Tagen besonders schmerzhaft fühlte. Oder vielleicht stimmt mich auch die Unruhe, die meine Seele erfaßt hat, so düster. Ich weiß es nicht.

5. November 1944
Die letzten drei Tage standen im Zeichen organisatorischer Arbeiten. Die Möglichkeiten für Werkstattmeister sind begrenzt. In den neueröffneten Reparaturwerkstätten (Abteilung Schienenverkehr) werde ich als Autoelektriker beschäftigt. Das eröffnete mir eine neue Möglichkeit: die Beschäftigung in einer Meisterposition. Das Personal, mit dem ich zusammenarbeite, besteht zumeist aus Letten, die ziemlich unsympathisch und ungesellig sind, sowie aus zwei Leuten von uns, Joziek und irgendein Galazka. Letzterer hatte vor zwei Jahren durch einen herabfallenden Balken eine Kopfverletzung davongetragen. Nach einigen Monaten kam er wieder zur Arbeit, aber leider hat er nicht mehr alle Tassen im Schrank. Die allgemeine Situation wird immer ruhiger. Der Kriegssturm ist abgeebbt, und seine schrecklichen Spuren verwischen sich allmählich. Der Kontakt mit den anderen Polen von der Baustelle ist völlig abgerissen. Ich bin im Augenblick etwas in mich gekehrt, und die Außenwelt interessiert mich ziemlich wenig. Morgen fahre ich aufs Land in das Dorf, das ich schon einmal besucht habe.

Zweiter Besuch auf dem Bauernhof von Kozłowski

6. November 1944
Die dreißig Kilometer mit dem Fahrrad verliefen ohne besondere Vorkommnisse. Dann kreuzte sich der Weg mit einem anderen, und natürlich schlugen wir die falsche Richtung ein. Nach anderthalb Stunden des Herumfahrens fanden wir schließlich das mir bereits vom Sommerausflug bekannte Dorf Baldony. Wie ich später erfuhr, war Baldony dreimal von den Deutschen zurückerobert worden, bis es endgültig befreit wurde. War es nicht eher ein Städtchen? Verkohlte Überreste von Häusern zogen sich in langen Reihen an den Straßen entlang. Diese Gebäudeskelette und die wenigen Überreste ehemaliger menschlicher Behausungen boten einen tristen, friedhofsartigen Anblick. Ein Hauch von Not und Traurigkeit wehte uns von allen Seiten entgegen. Kein Zeichen menschlichen Lebens, nur schreckliche Leere und Einsamkeit. Langsam fuhr ich an Schutt und Ruinen vorbei. Dieses Bild war mir seltsam nah und vertraut. Ich besann mich und begriff: Tod und Zerstörung waren Teil meines Lebens. Ich bin dahin zurückgekehrt, heute noch bin ich darin verhaftet, und noch lange werde ich darin umherirren. Nach genauer Überprüfung des weiteren Weges fuhren wir in Richtung des Hofes von Kozłowski. Die Stimmung wurde um so fröhlicher, je nasser unsere Kleidung nach dem einstündigen Regen wurde. Im Schneckentempo quälten wir uns durch den aufgeweichten Weg. Endlich waren wir bei unserem Gastgeber, wo wir herzlich begrüßt wurden.

7. November 1944
Die Gegend, die ich besuchte, bildete die Hauptlinie der deutschen Gegenwehr während der Eroberung von Mitama. Das Kampfgebiet umfaßte einen breiten, einige Kilometer langen Gürtel, der sich von Nord nach Süd erstreckte. Direkt hinter dem Haus, in dem wir übernachteten, verlief die Linie des Walls. Schmale, im Zickzack gezogene Gräben hoben sich in einer scharfen, deutlich sichtbaren schwarzen Linie vom grauen Granit ab. Sie verloren sich am Horizont, indem sie sich in der Landschaft verliefen. Es herrschte Todesstille. Halb umgeworfene Telegraphenmasten mit Resten von elektrischen Leitungen wirkten wie Grabmale von Haus und Hof oder wie aus den Ruinen

ragende Kamine. Gebüsch bedeckte sorgfältig die Überreste eines zertrümmerten Autos. Vor meinen Augen entstanden Frontbilder, die ich in ihrer ganzen Fürchterlichkeit und Grausamkeit gesehen hatte. Wieder fuhren wir an der Linie der Gräben vorüber, hinter ihr der kilometerlange, durch Stacheldraht gesicherte Gürtel. Dann wieder Schutt und Asche und Ruinen. Wir erreichten den Wald. Er war eher eine belagerte Festung als eine Linie der Gegenwehr. Mit Erstaunen sah ich die Erdhöhlen, Bunker, Schützengräben, Widerstandsnester, alles sorgfältig ausgeführt. Diese Bunker und Festungen bildeten den Gipfel deutscher Kultur und Kriegskunst. Heute sind sie das Grab germanischen Hochmuts. Im tiefen Wald ein verlassenes Militärlager. Unentschlossen hielt ich an. War ich wirklich im Wald? Umgestürzte Bäume, entwurzelte Baumstümpfe, herabhängende Äste. Auch hierher war das Schlachtgewitter gekommen. Die Erde war durchpflügt von Panzerketten und Pferdehufen, übersät von Rückständen von Geschossen, Hülsen, Geschützen. Die vom Menschen verstümmelte Natur gab sich jedoch nicht geschlagen, sondern siegte.

In einem der Schützengräben lag eine Leiche, die Leiche eines deutschen Soldaten. Ich schaute sie mir vom Grabenrand aus an. Der Soldat lag in der Tiefe der Grube auf dem Rücken, ohne Stiefel, mit geöffneter Uniform. Auf der linken Brust war der kleine Adler mit dem Hakenkreuz. Geschwärzte Haut an Hals und Kopf. Tiefe schwarze Augenhöhlen gaben dem Gesicht ein maskenhaftes, gespenstisches Aussehen. Die entblößten Zähne hoben sich von dem dunklen Gesicht ab, und der Mund war wie zum Schrei geöffnet. Die verkrampften Finger krallten sich in den gelben Sand. Als ob er sterbend noch einmal ins Leben flüchten wollte. Als ob er um sein Leben bitten und flehen würde. Ich beugte mich einen Augenblick über ihn und spuckte in das geschwärzte Gesicht. Er bittet um sein Leben! Hat er überhaupt das Recht zu bitten? Plötzlich stand mir die Gestalt einer Frau vor Augen, mit ihren Kindern an einem Tisch sitzend. Dies ist seine Familie. Sie warten auf eine Nachricht von ihm, warten auf die Heimkehr des Mannes und Vaters. Also hat er noch eine Familie, die auf ihn wartet. Ich wandte mich wieder zu ihm und spuckte noch einmal. »Du wirst niemals mehr zurückkehren. Vielleicht fühlt dein Sohn, SA- oder SS-Mann, zu einem winzigen Teil diesen Schmerz und diese Traurigkeit, die du ringsum verbreitet hast.« Ich wandte mich ab. Der herannahende Abend erinnerte mich an den weiten Weg zu Kozłowski. Es war schon sehr spät, als ich zum Bauern zurückkehrte.

8. November 1944
Die Rückfahrt nach Riga verlief ohne Probleme. Es gab nur zwei kleinere Unfälle mit dem Fahrrad. Nach dem ersten Kilometer verlor ich die Luft aus dem Vorderreifen, und beim letzten, verdammtes Pech, aus dem Hinterreifen. Total erschöpft kam ich zu Hause an, zog mich gleich aus, streckte meine schmerzenden Glieder im Bett aus und fiel in einen mächtigen Schlaf.

15. November 1944
Das Leben normalisiert sich allmählich. Gestern erhielt ich meinen Einberufungsbescheid zur Armee und gleichzeitig das Freistellungszertifikat wegen meiner Beschäftigung bei der Eisenbahn. Stanisław scheint sich überhaupt keine Sorgen darüber zu machen. »Ich habe Stiefel, eine Uhr, fünf Rubel, das ist genug Geld, ob ich zur Armee gehe oder nicht.« Er nimmt es sehr leicht. Wahrscheinlich wird alles gut. Meine Arbeit in der Werkstatt verläuft langsam in normalen Bahnen. Jetzt beginnt für mich die Zeit, um an mir selbst zu arbeiten. Also zur Tat!

11. Dezember 1944
Wir befinden uns bereits in einer neuen Epoche – einer Epoche der Freiheit und Sicherheit, inmitten einer neuen Welt, neuer Ideen. Den Alptraum des Faschismus haben wir hinter uns gelassen, den Alptraum der nationalsozialistischen Wirklichkeit, diese existentielle Tragödie. Aber kann man sagen, daß ich alles hinter mir gelassen habe? Habe ich mit der Vergangenheit abgeschlossen, mich von ihr losgerissen und die Spuren aller Gedanken und der vergangenen schrecklichen Wirklichkeit verwischt? Nein, nein, dreimal nein. Ein Band ist nämlich geblieben, das man nicht lösen kann – das Band der Erinnerungen. Gott! Wird jemand irgendwann einmal diese Gedanken verstehen, die sich in meinem Kopf drehen? In manchen Augenblicken scheint es mir wieder so, als ob sich alles verflüchtigt und verliert. Und in dieser Leere bleibt nur eines: die Einsamkeit. Erinnerungen – wenn ich dieses Wort ausspreche, erfaßt mich eine gewisse Ruhe, eine seltsame Linderung. Wärme breitet sich in der Seele aus. Gleichge-

wicht kehrt zurück, als ob mit den Erinnerungen das Leben zurückkehrte. Meine Lieben! Ihr meine Liebsten! Warum nur verbüßt ihr eine so ungerechte Strafe? Warum seid ihr diesem schrecklichen Leiden ausgeliefert? Aber vielleicht haben ihre Leiden schon ein Ende, vielleicht leben sie gar nicht mehr? Gott! Gott! Ist es wirklich möglich, daß sie nicht mehr sind? Daß ich sie niemals wiedersehen werde? Ich versuche, die grausame, traurige Wahrheit aus meinen Gedanken zu verdrängen, doch schließlich stelle ich mich dieser Wahrheit. Nie mehr, nie mehr werde ich sie wiedersehen. Ich senke den Kopf, kapituliere. Das Gefühl völliger Vereinsamung kommt zurück wie eine stille Welle und erfüllt meine Seele. Erinnerungen. Welch ein teurer Ausdruck für mich! Erinnerungen – das ist für mich das Leben, denn ich lebe durch Erinnerungen! Jetzt fällt es mir leichter zu verstehen, weshalb der 6. Dezember für mich ein besonderer Tag war, weshalb meine Gedanken zu den Erinnerungen zurückgekehrt sind. Henryk ist 24 Jahre alt geworden. Kann ich ihm wenigstens im Geist gratulieren – oder gar nicht mehr? Die Tage vergehen wie im Flug. Ich habe leider nur ein paar Abendstunden für mich. Mir bleibt nur eines: lernen, lernen, lernen.

17. Dezember 1944
Vor drei Tagen war der Jahrestag jener denkwürdigen Ereignisse. Schon ein ganzes Jahr! Vor einer Woche hatte ich einen heftigen Streit mit Stanisław. Ich habe ihm für seine »Unterstützung« gedankt, täglich fünf Rubel und sein bescheuertes Verhalten. Genug. Erneut wiederholt sich die Situation vom April. Der Hund hat ihn gekratzt. Es ist schwer, aber ich komme auch allein zurecht, und ich will ihn gar nicht sehen.
Das Ausbildungsproblem hat – soweit es die formale Seite betrifft – eine positive Lösung gefunden. Übrigens hätte nicht viel gefehlt, und aus meinen weiteren Studienplänen wäre nichts geworden. Die Abendkurse in der Moskauer Straße haben sie mir endgültig abgelehnt. Es stellte sich heraus, daß ich ohne praktische Kenntnisse der russischen Sprache nicht teilnehmen können würde. Mein Russisch reichte nicht aus. Ich rannte auf verschiedene Ämter, u. a. auch zum Spracheninstitut, aber auch hier fand ich keinen Ausweg aus meiner Situation. Das Lehrangebot umfaßt das Studium der russischen Literatur. Dafür sind zumindest elementare Sprachkenntnisse des Russi-

schen nötig. Fast völlig resigniert klopfte ich an die letzte Tür, eine polnisch-russische höhere Schule. Die Unterhaltung mit dem Direktor brachte eine überraschende Lösung. Ich schäme mich etwas, es zuzugeben, aber nach dem Gespräch mit dem Schuldirektor bin ich in Tränen ausgebrochen. Schließlich wurde ich externer Schüler. Ich kann also arbeiten gehen und mich gleichzeitig mit der Klasse auf das Examen vorbereiten. Schade nur, daß das Arbeitstempo so langsam ist, der Lehrplan noch nicht völlig steht und Mangel an Lehrbüchern herrscht. Der Unterricht wird eigentlich erst im neuen Jahr beginnen. Das bekümmert und beunruhigt mich.

Dritter Besuch bei Kozłowski

Am letzten Donnerstag, dem 14. Dezember, fuhr ich um sechs Uhr morgens wieder mit dem Fahrrad zu Kozłowskis aufs Land. Das Ziel war ziemlich einfach: mit einem Fuhrwerk Holz und Kartoffeln in die Stadt zurückkehren. Das Wetter war scheußlich. Ein starker, eisiger Wind blies mir direkt ins Gesicht. Der leicht verschneite Weg erhellte die Schwärze der Nacht. Ich kam nur langsam voran. Der Wind verstärkte sich und pfiff mir entgegen, mein Gesicht war halb erfroren von der beißenden Kälte, die steifen Finger hielten unsicher den Lenker. Die Beine schmerzten stark und erzwangen eine Pause. Der Luftzug verschlug den Atem. Nach fünf Kilometern stieg ich ab und legte unter dem Schutz des nächsten Gebüschs eine Erholungspause ein. Am Himmel war bereits die rote Linie der aufgehenden Sonne zu erkennen. Ein neuer Tag, der 14. Dezember? O Gott! Wieder erfaßte mich die Welle der Erinnerungen. Genauso war es ein Jahr zuvor. Meine Liebsten! Sehe ich euch wirklich nie wieder? Die Augen verschleierten sich mir durch einen Nebel. Ich fühlte mich einsam, verlassen und unglücklich. Ich wischte mein erfrorenes Gesicht ab, erwärmte die steifen Hände, rieb meine Wangen. Ich hatte ein Ziel zu erreichen! Wieder stemmte ich mich gegen den Wind. Weiter! In Gedanken bildeten sich Erinnerungen, mir so teure Erinnerungen! Tetka! Wie ein Augenblick verging das Jahr seit dem Moment, als ich dich das letzte Mal sah. Ich habe dir das Frühstück gebracht. Du hast geschlafen. Tetka. Tetka. Versunkene Bilder folgten aufeinander wie im Film. Tetka! Heniek!

Um die Mittagszeit erreichte ich völlig erschöpft Kozłowski, wo ich erstmal ein wenig ausruhte. Unglücklicherweise war das Pferdefuhrwerk, das mich nach Riga zurückbringen sollte, in Reparatur. Kartoffeln und Brennholz sollten innerhalb der nächsten Tage geliefert werden. Dies bedeutete, daß ich auch die Rückfahrt mit dem Fahrrad bewältigen mußte. Nachdem alle Dinge besprochen worden waren, machte ich mich auf den Weg. Es war gegen drei Uhr. Die Aussicht auf weitere 47 Kilometer wirkte nicht verlockend. Um sieben Uhr abends war ich wieder in Riga. Ich muß sagen, die Strecke von 95 Kilometern an einem Tag und unter diesen Wetterbedingungen war wirklich ein Rekord. Am Abend ging ich zu einem Techniker auf ein Bier anläßlich des 14. Dezembers. Dieser Abend blieb mir in um so schönerer Erinnerung, als er für mich unmittelbar verbunden war mit den Erlebnissen der vorjährigen Dezembertage. Die Nachwirkungen der Fahrt und des Trinkgelages fesselten mich den ganzen folgenden Tag ans Bett. Ich fühlte mich hundeelend. Alle Knochen taten mir weh, und das rechte Bein konnte ich überhaupt nicht ausstrecken. Das hatte mir gerade noch gefehlt. Gestern, am Sonntag, dem 16., bin ich wieder zur Arbeit gegangen. Der Leiter hat mich heftig gescholten wegen meiner Disziplinlosigkeit. Innerhalb der nächsten drei Tage muß ich dem Büro eine schriftliche Entschuldigung vorlegen. Aber ich weiß keinen Ausweg. Mal sehen, wie ich da wieder rauskomme.

25. Dezember 1944
Wieder eine Woche um. Mit dem Schulinspektor habe ich mich noch einmal getroffen. Die eigentliche Arbeit wird nicht vor dem 15. Januar beginnen, so daß ich jetzt anfangen kann, Russisch zu lernen. Ich werde nicht untätig sein bis dahin. Bei der Arbeit keine neue Entwicklung. Redlich und solide spiele ich mich auf meine Stellung ein. Ständig tauchen neue technische Schwierigkeiten auf – aber was bedeutet das schon, »nichts bildet besser aus als der Kampf«. Die Weihnachtsfeiertage sind ziemlich ruhig verlaufen, vielleicht zu ruhig. Möglicherweise schicken sie mich dienstlich nach Moskau. Heute habe ich mit Worobiow darüber gesprochen. Vielleicht fahre ich. Das wäre prima.

30. Dezember 1944
Das Leben verläuft ruhig. Die Tage vergehen schnell, gleichförmig – fast monoton. Diese ruhige Lebensweise schlägt sich natürlich auf die Stimmung und das eigene Befinden nieder. Ich weiß selbst nicht, wie mir geschieht: Alles scheint in bester Ordnung zu sein. Ich fühle mich frei und ungezwungen – mit gleichen Rechten. Ich bin zufrieden mit der Arbeit, und ein neuer Lebensabschnitt des Lernens und der Selbsterziehung steht unmittelbar bevor. Was also, verdammt noch mal, fehlt mir? Ich weiß es selbst nicht und denke, es wird schon nichts sein. Unbedingt nötig ist, daß ich mein Privatleben reformiere: Meine Kleidung in Ordnung bringe, mir eine eigene Wohnung besorge, kurz gesagt, mich mit meinem Kram beschäftige, mich nicht vernachlässige, mich diszipliniere und organisiere. Unter dieser Losung beginne ich den letzten Tag des Jahres 1944!

1. Januar 1945
Der erste Tag des neuen Jahres. Ich überlege. Schon 1945! Zum siebten Mal hat sich im Lauf des Krieges die Jahreszahl geändert, schon Jahre trennen mich von der teuren Vergangenheit, den kostbaren Erinnerungen. Zärtliche Gefühle überkommen mich. Die Bilder der geliebten Menschen stehen mir vor Augen: Vater, Mutter, Heniek, Tetka. Diese mannigfaltigen Bilder verändern sich, Szenen ziehen an mir vorbei. Wie in Filmpausen nur die weiße, schweigende Leinwand zurückbleibt, so verbreiten sich in meiner Seele am Ende Stille und durch nichts getrübte Ruhe – stumme, einsame, dumpfe Leere. Kopf hoch! Mit neuer Energie, mit hartem, unbeugsamem Willen, von neuem das beabsichtigte Ziel zu erreichen, trete ich in das Jahr 1945 ein. Lernen, lernen, lernen!

17. Januar 1945
Das Leben gewinnt an Tempo. Es entfernt sich immer mehr von der Vergangenheit, jagt davon zu neuen Ufern. Die Formulierung »zu neuen Ufern« klingt besonders treffend, denn gegenwärtig bin ich so getrieben, daß sogar die lästigen und ärgerlichen Reibereien des alltäglichen Lebens verschwinden, sich einflechten in den harten Rhythmus des Arbeitstages. Die Arbeit absorbiert mich völlig und gibt mir viel Befriedigung. Deshalb gelingt es mir auch nicht, meine Pläne für mein Privatleben zu realisieren. Am traurigsten ist, daß finanzielle

Schwierigkeiten und Alltagssorgen meine Lernmöglichkeiten auf ein Minimum reduzieren. Ich tröste mich damit, daß sich demnächst das Provisorium des momentanen Lebens ändern und stabilisieren wird. In der letzten Woche wurde ich auf der ersten Gewerkschaftsversammlung der USWR (Union aller Arbeiter der Sowjetunion) als Mitglied aufgenommen. Nach der zweiten Versammlung schreibe ich einen Artikel für die Zeitung. Die neue russische Offensive während der letzten Tage war von durchschlagendem Erfolg. Der südliche Keil erreichte Krakau und Częstochowa, der nördliche Keil Warschau. Interessant ist die weitere Entwicklung der Offensive. Ich warte auf eine Nachricht über Tomaszów.

Die in russischen Rubeln ausgezahlten Löhne reichten nicht für Bücher oder andere lebensnotwendige Anschaffungen. Die Kantine sicherte allen eine gute Versorgung, aber man mußte nach der Arbeit, zwischen sieben und acht Uhr abends, dort erscheinen, um die warme Mahlzeit an Ort und Stelle einzunehmen und die Brotration für den nächsten Tag zu erhalten. Selbstverständlich konnte man damit leben, aber für andere Dinge, wie ich schon sagte, reichte das Geld nicht.

Die Oper in Riga

Bei meinen Ausflügen in die Stadt besuchte ich eines Abends die Oper in Riga. Dabei kam ich zum ersten Mal mit dieser Art Kunst in Berührung, und ich erinnere mich, daß ich den »Schwanensee« sah. Vor Beginn der Vorstellung bemerkte ich, daß vor der Abendkasse großer Andrang herrschte. Viele russische Offiziere versuchten, Karten für sich und ihre Begleiterinnen zu bekommen. Sie zahlten jeden Preis. Die Eintrittskarten waren meist ausverkauft, und es gab nur noch wenige auf dem Schwarzmarkt. Mir kam die Idee, tagsüber hierher zu kommen, einige Karten zu kaufen und sie am Abend mit Gewinn loszuschlagen. Eine Schwierigkeit lag jedoch darin, mich während der Arbeitszeit freizumachen. Auch war damit das Risiko verbunden, denunziert zu werden, aber mir ist nichts dergleichen zugestoßen. Also verdiente ich als Schwarzverkäufer Geld. Das wurde nun ein Teil meines Lebens. Ich weiß noch genau, wie ich die Karten einkaufte und sie am Abend wieder loswurde, wobei ich recht gut daran verdiente. Nicht nur, daß ich Geld hatte, um normal leben zu können, es gelang mir von Zeit zu Zeit auch, selbst Vorstellungen zu besuchen.

Abreisepläne und ein Brief von »Mama«

18. Januar 1945
Wie schon vermutet, entwickelt sich die Offensive in unwahrscheinlicher Geschwindigkeit. Warschau, Częstochowa, Dutzende anderer Städte – unter ihnen Szydłowiec, wo wir in die Hände des schwarzen Banditen gefallen waren – meine Hand zittert, wenn ich diese Worte schreibe: Die Erinnerungen an die Augenblicke vor dreizehn Monaten werden wieder lebendig. Die Frage einer eventuellen Rückkehr nach Hause wird allmählich aktuell. Ich warte darauf, daß Tomaszów erwähnt wird.

31. Januar 1945
Ich lebe in Erwartung des Kommenden. Ein Zeitungsartikel vom 20. Januar berichtete über die sich entwickelnde Offensive. In Windeseile waren Krakau und Częstochowa erreicht worden. Auch Tomaszów war eingenommen. Mit diesem Tag, dieser Stunde, fast mit diesem Augenblick entstand in mir der Wunsch, endgültig nach Hause zurückzukehren und meine teure Heimat wiederzusehen. Mit vollem Schwung begannen die Vorbereitungen. Rowiński, Stanisław und ich erledigten mit größter Sorgfalt die letzten Formalitäten. Ich erhielt sogar die offizielle Freistellung von der Arbeit. Nach einigen Tagen war dieses Strohfeuer allerdings wieder verloschen. Von Stanisław spreche ich nicht, er war mit mir einig – aber Stach Rowiński? Ihn konnte ich nicht verstehen. Beim Mittagessen sah ich sein Zögern und seine Unentschlossenheit. Am Abend kam es zum plötzlichen Stillstand. Herr Kuzminow, der Chef, lehnte meine Freistellung ab. Ich konnte es nicht glauben. Ich hätte eher gedacht, es ging um eine kurze Verzögerung oder Verlängerung meines Aufenthalts bei der Arbeit. Und was, wenn er überhaupt nicht die Absicht hat, mich in Zukunft freizugeben? Für mich stellt sich die Situation wie folgt dar: Der Aufschub, der aus einer zwingenden Situation resultiert, ist nur momentan, zeitlich begrenzt. Ich muß wieder nach Hause zurückkehren, schon wegen des Sprachproblems und der damit verbundenen weiteren Studien. Mein weiteres Vorgehen sieht folgendermaßen aus: 1. Brief nach Warschau schreiben, 2. Antrag auf Freistellung von der Arbeit nach Moskau formulieren, 3. meine Stellung auf der Arbeit festigen, 4. materiell unabhängig werden und eine eiserne Reserve

bilden, 5. weiterhin Russisch lernen, 6. Beginn eines gründlichen Studiums der Elektrotechnik. Vor einem Augenblick habe ich den Abschiedsbrief von »Mama« gelesen. Ich weiß gar nicht, wie ich reagieren soll. Ich fühle mich ihr gegenüber sehr verpflichtet. Der Brief lautet:

Ignac, du verläßt uns schon!
Schon fast ein Jahr ist vorüber, seit wir Dich kennengelernt haben und Du zu uns gekommen bist. Die Zeit ist schnell vergangen, in herzlicher und fröhlicher Atmosphäre, und es war ein polnisches Jahr in unserem Leben, so liebenswert und voller Freude für unsere Herzen. Ihr habt ein Stück polnischen Lebens in unseren Alltag gebracht. Nun wird uns keiner mehr diesen Geist bringen. Aber so schnell ist das vorübergegangen. Wieder herrscht diese lettische Leere wie ein unguter Geist im Hause. Mir tut es so leid um Euch, Kinder. Mir kam es vor, als wärt Ihr meine nächsten Verwandten. Es ist wahr, ihr habt Unannehmlichkeiten und Verdruß erlebt, es hätte besser sein können. Aber wie es ist, so ist es Gottes Wille. Ich vermisse Dich wie eine Mutter ihr Kind. Immer war ich traurig, wenn Dir irgendein Leid oder Kummer widerfahren ist. Und ich freute mich, wenn Du Erfolg hattest und wenn es Dir gutging. Ich wollte so sehr, daß Du Deine Einsamkeit im fremden Land unter Fremden nicht so sehr spüren solltest. Immer habe ich für Dich gebetet, Ignac, daß Dich Gott und sein süßestes Herz vor allem Übel bewahren sollte. Ich habe für Dich die Heilige Kommunion empfangen, damit Du niemals vergißt, daß Du ein Katholik bist. Denn etwas anderes kann ein Pole nicht sein. Was kann ich Dir noch auf den Weg geben als Ersatzmutter? Du verläßt uns, unser Land. Und woran wirst Du Dich erinnern? An überhaupt nichts; an Kälte, Bitternis, kalte Herzen, Enttäuschung im Land und in den Menschen. Ignac, wir behalten Dich in guter Erinnerung, uns ist es gut mit Dir ergangen, Du warst der älteste Sohn der Familie. Sei nicht böse auf Helenka. Du kennst sie gut. Sie war Dir nicht gleichgültig. Sie war keinem besser, vergiß den Kummer, den sie Dir bereitet hat. Es kommt die Zeit, wo sie es bereut, dann ist es zu spät. Gottes Wille geschehe. Vergiß uns nicht, so wie wir auch Dich nicht vergessen. Schreib uns. Bleib der Freund unserer Familie, »der Freund aus Polen«. Aber falls Du doch vergessen möchtest, dann tue es nicht sofort nach der Abreise, sondern langsam. Ich glaube, daß es Dir gutgehen wird, denn Du bist ein tapferer, edler und willensstarker Mensch. Deine Zukunft lacht Dir entgegen. Alles für Dich, Kind, alles gibt Dir Gott. Wir bleiben hier zurück wie auf einem unruhigen Meer, wo uns die Wellen auf irgendein Ufer werfen. Aber was kann der

Mensch sich selbst raten, wenn das Schicksal das höchste Recht hat und sich niemand dagegen auflehnen kann. Er lenkt, er ist der Herr! Also kehre ohne Bedauern für uns zurück. Mit Gott nach Hause, zur Familie, zu den Lieben. Unsere guten Wünsche werden Dich begleiten. Geh mit Gott, Kind, mögest Du auf jedem Schritt nur Herzlichkeit, Freundschaft und wahren Erfolg treffen. Und brüderliches Zusammensein mit Menschen. Noch eine kleine Bitte an Dich. Wenn Du in Warschau bist, lege einem Brief an uns ein wenig reine Erde bei. Das wird wie das Andenken einer kostbaren Reliquie aus meiner Heimaterde sein, wie die Erde der Märtyrer für das Land und den Glauben. Ich werde Dir für immer dankbar dafür sein. Jetzt schließe ich. Möge Gott Euch beschützen!
Mama
Zum Schluß herzlichen Glückwunsch Dir, Ignac, zum Namenstag, ich wünsche Dir alles, was nur eine Mutter ihrem Kind wünschen kann. Glück, Gesundheit, Erfolg bei allen Deinen Vorhaben, ohne Ausnahme, das gebe Dir Gott.

Im Gefängnis

4. Februar 1945
Neun Uhr abends. Aber das ist unwichtig. Wichtig dagegen ist, daß ich harte, klare Entscheidungen getroffen habe und die nächsten Tage mutig erwarte. Aber der Reihe nach. Bei der Arbeit kam es zu einem kleinen Hickhack. Eigentlich war das kein Mißverständnis, sondern ganz einfach ein übles Stück von Herrn Podża, der seine Auffassung auf Kosten meiner Autorität durchsetzen wollte. Am Abend des 1. Februar erhielt ich eine Aufforderung vom Direktor, mich am nächsten Morgen um zehn Uhr in seinem Büro zu melden. Am 2. Februar morgens gab ich Podża bekannt, daß ich zur Verwaltung ginge, und um zehn Uhr machte ich mich auf den Weg hinunter auf die Szkolnastraße. Es schien alles in Ordnung zu sein, aber wer weiß... Nach Arbeitsende kehrte ich am Nachmittag zur Werkstatt zurück. Da kam Podża auf mich zu und sagte, daß ich mich beim Direktor zu melden hätte. Erstaunt kam ich dieser Aufforderung nach und mußte mir folgendes anhören: Für die Nichterfüllung dienstlicher Pflichten würde ich mit drei Tagen Haft bestraft. Die Sache stellte sich folgendermaßen dar: Am Morgen, nachdem ich weggegangen war, hatte

Podża eine Anwesenheitsliste erstellt mit dem Hinweis, ich hätte mich am Morgen ohne seine Erlaubnis vom Arbeitsplatz entfernt. Es bleibt mir wohl nichts anderes übrig, als die Strafe abzusitzen. Aber wofür? Ich verständigte mich brieflich mit der Verwaltung (vom 3. bis 10. Februar sollte ich in Haft sein) und bat Rowiński um Klärung der Angelegenheit. Ungefähr um zwei Uhr wurde der Befehl rückgängig gemacht, und ich kehrte als freier Mensch zur Arbeit zurück. Als ich an Podża vorbeiging, verfärbte er sich vor Wut und Schreck. Das Blut schoß ihm in den Kopf. Ich werde schon mit ihm abrechnen. Warum erinnerte ich mich überhaupt an diese Sache? Es geht mir um den Charakter der Letten. Podża – ein Lette – ist, wie sie alle, unaufrichtig, ein falscher Fuffziger, unberechenbar und heimtükkisch. Ich kannte ihn gut, und ich werde mich noch mit ihm befassen. Der Schlag soll diesen lettischen Aufschneider treffen. Gestern beschloß ich, die Pläne meiner Rückkehr nach Hause wieder ins Leben zu rufen, keineswegs zum ersten Mal. Endlich habe ich mich entschlossen. In den nächsten drei Tagen fahre ich ab. Die Frage der Arbeitsfreistellung sieht gar nicht so schlecht aus, ich werde sie vermutlich bekommen. Das materielle Problem ist auch zu lösen: Anleihe bei Stanisław. Kurz gesagt: Die Zeit ist reif, ich bin mitten in den Vorbereitungen. Stach und Marysia haben sich ebenfalls entschlossen für Samstag, den 10. Februar.

6. Februar 1945
Ich sitze an einem kleinen Holztisch, blicke aus dem Fenster und sehe vor dem klaren Hintergrund des blauen Himmels sich dunkel abzeichnende Linien – von Eisengittern. Tatsächlich: Originalumgebung. Sie haben mir drei mal 24 Stunden aufgebrummt. Gestern Abend nach der Arbeit bekam ich plötzlich den Befehl, mich zu melden. Ich unterliege einer dreitägigen Haftstrafe. Worobiow hat es beschlossen. Unweit unserer Werkstatt war eine kleine Haftanstalt für Eisenbahner, die ich vom Sehen kannte. Heute habe ich also Gelegenheit, sie aus eigener Anschauung kennenzulernen. Komisch, nicht? Nach Erledigung der Formalitäten werde ich dem Wachpersonal übergeben und zur Zelle geführt. Ich bin ihr zweiter Untermieter, der erste ist ein Maschinist, der zehn mal 24 Stunden bekommen hat. Die Zelle ist klein, sauber, hatte elektrisches Licht, aber keine Heizung. Es herrschte bittere Kälte. Die erste Nacht begann um zehn Uhr abends,

als das Licht gelöscht wurde. Außer unseren Betten befanden sich noch zwei Eimer darin, der eine unter einem Wasserhahn, der zweite als Toilette. In der Nacht wachte ich mehrmals halb erfroren auf. Ich stand auf, packte mich ein und legte mich wieder hin. Am Morgen weckten sie uns um sechs Uhr, damit wir vor dem Frühstück »über unsere Untaten nachdenken konnten«. Frühstück gab es um acht, Brot mit einem Teller Suppe, dasselbe wie zum Abendessen, Mittagessen überhaupt nicht. Um neun Uhr am Vormittag mußten wir Brennholz sammeln, den Hof aufräumen und den Schnee von den Wegen kehren. Nachmittags gegen fünf Uhr erschien Stanisław und brachte mir etwas Essen. Er versicherte, daß er meinen Brief dem Direktor abgegeben hätte, daß es aber nichts änderte. Ich muß bis Freitag, den 8. Februar, um sieben Uhr abends auf meine Freilassung warten. Wieder starre ich durch das Fenster, wo sich die eisernen Stäbe vertikal und horizontal kreuzen. Der Teufel soll sie holen!

Der einzig angenehme Teil der Haft war das Wachpersonal. Wir wurden von weiblichen russischen Soldaten beaufsichtigt, die meisten von ihnen in meinem Alter, d. h. etwa zwanzig Jahre alt. Eine von ihnen, sie hieß Katya, muß wohl etwas Zuneigung zu mir gefaßt haben. Als sie uns bewachte, gab sie mir Brot und ein Stückchen Wurst und tat uns eine Extraportion Suppe auf. Wir redeten jeden Tag miteinander, und schließlich sagte sie am Donnerstag um die Mittagszeit zu mir auf russisch: »Ignac, gehst du mit mir am Samstag ins Kino? Du wirst nämlich morgen freigelassen.« Ich versprach es und gab ihr meine Adresse. Man kann sich leicht vorstellen, wie überrascht »Mama« war, als Katya erschien und ich sie in mein Zimmer einlud. Etwa zwei Stunden später, Samstag nachmittag gegen vier Uhr, war ich endlich keine Jungfrau mehr. Und wir gingen ins Kino.

Die mir erteilte dreitägige Gefängnisstrafe war Ergebnis der Auseinandersetzung zwischen Herrn Podża und mir, die auf Weihnachten des letzten Jahres zurückging. Alle Mitrbeiter unserer Werkstatt erhielten Bezugsscheine, eine Art Weihnachtsgeschenk, wenn auch in der Sowjetunion Weihnachten nicht gefeiert wurde; wir konnten dafür aus dem Lager soviel Brennholz mitnehmen, wie wir auf unseren Handschlitten laden konnten. An einem Freitagabend, an das Datum erinnere ich mich nicht mehr, nahm ich den Schlitten von Frau Indikowski und machte mich auf den Weg zum Lager. Es war schon deutlich nach sechs. Als ich dort ankam, sagte Herr Podża, es sei schon spät und ob ich nicht am nächsten Morgen um acht Uhr wiederkommen könne. Er verlangte auch den Gutschein, den ich ihm aushändigte. Dieser Bon war damals einiges wert und entsprach etwa einem vierwöchigen Lohn. Am nächsten Morgen zog ich also wieder mit dem Schlitten los, um mir das Holz zu holen. Herr Podża verlangte erneut den Gutschein von mir. Ich erklärte, daß ich ihn ihm schon gestern gegeben hätte. Aber er widersprach. Ich packte ihn am Genick und sagte: »Rück das Holz raus, oder ich lege dich hin!« Er antwortete, daß er sich wohl geirrt habe, und erlaubte mir, den Schlitten zu beladen. Wir trennten uns, wie zu erwarten, im Guten. Ich kehrte in die Gertrudenstraße zurück, wo bereits zwei Gendarmen mit Maschinenpistolen auf mich warteten und verlangten, daß ich mit ihnen zum »großen Direktor« ging. Dort warteten schon die Herren Podża und Worobiow, mein Chef, und es stellte sich heraus, daß ich des Holzdiebstahls angeklagt worden war. Der Direktor trat als Richter auf. Ich erklärte, daß ich den Gutschein bereits am Freitagabend abgegeben hätte, Herr Podża mir aber befahl, am nächsten Morgen wiederzukommen, am Samstag. Podża widersprach dem, und Worobiow erklärte, ich sei zu jung, als daß er mir glauben könne. Danach verkündete der »große Direktor«, daß ein solches Vergehen bestraft werden müsse, er aber diese Strafe momentan aussetze. Wenn es die geringste Klage über mich gebe, müsse ich drei Tage Haft absitzen. Man erlaubte mir, nach Hause zu gehen, aber mir war nun klar, daß Podża und Worobiow es auf mich abgesehen hatten und daß Kriegszustand zwischen uns herrschte. Es war nur eine Frage der Zeit, wann der Racheakt erfolgen würde. Im Grunde war die Tatsache meiner angeblichen, aber nicht beweisbaren Abwesenheit von der Arbeit, die Podża meldete, ein ausreichender Grund, um mich ins Gefängnis zu stecken, um so mehr, als ich mich nicht richtig verteidigen konnte, da ich kein Russisch sprach. Dies hatte meine Verhaftung bewirkt, die auf längere Sicht sogar zu meinem Besten war, da diese Vorfälle mich zur Entscheidung veranlaßten, in den nächsten Tagen Riga zu verlassen und nach Polen zurückzukehren. Die unklaren Pläne und Absichten nahmen schließlich Gestalt an. An die letzten russischen Tage bleiben mir sehr angenehme Erinnerungen ...

9. Februar 1945

Am Samstag oder Montag reisen wir ab. Man kann sich kaum die Rührung von »Mama« vorstellen; weinend und traurig folgt sie uns, wie ein Schatten, indem sie uns ständig zum Bleiben überreden will. Zeitweilig ist es ganz einfach unangenehm. Sie und Helenka haben uns geholfen, russische Reisepapiere zu fälschen. Es war unser letzter Abend. Am Samstagmorgen fanden wir uns auf dem Bahnhof ein.

Eine nicht enden wollende Schlange stand vor der Kasse an. Nach einer Warterei von einer halben Stunde näherten wir uns dem Schalter. Wieder traten kleinere Schwierigkeiten auf, aber schließlich erhielten wir unsere Fahrkarten. Wir erreichten sogar eine zweitägige Verlängerung ihrer Gültigkeit. Das Abreisedatum fällt definitiv auf den Montag. Mir sind also noch zwei Tage in Riga vergönnt.

11. Februar 1945
Letzter Tag in Riga. Am Nachmittag habe ich endgültig einige Sachen und Kleinigkeiten erledigt und schließlich alle Vorbereitungen abgeschlossen. Dann machte ich mit Helenka einen Abschiedsspaziergang. Wir gingen nacheinander an allen Läden und Kinos vorbei. Sie ist ein anständiges und feines Mädchen. Ich bin jedoch vor der Abreise zu sehr mit mir und meinen Angelegenheiten beschäftigt, um mich zärtlichen Gefühlen hinzugeben. Beim Abendessen trafen wir zum letzten Mal Stach und Marysia Rowiński. Es war ein herzlicher Abschied. Wer weiß, ob wir uns irgendwann im Leben noch einmal wiedersehen werden? Lebt wohl, Freunde, auf Wiedersehen, Stach. Zum letzten Mal Riga. Am Abend saßen wir alle mit »Mama« bis Mitternacht zusammen. Um zwölf Uhr erhoben wir uns mit einem Glas. Sei gegrüßt, neuer Tag! Was für ein merkwürdiger Lauf der Dinge: Genau heute – am 12. Februar – ist der Jahrestag meiner Abreise aus Warschau. Ob es ein gutes Omen ist? Es muß gut sein. Zur Tat, Mephisto! Und jetzt schlafen.

12. Februar 1945
Am Morgen begaben wir uns zum Bahnhof. Stanisław ist es gelungen, beim Bahnhofsvorsteher die Fahrkarten umzutauschen. Wir erhielten Karten direkt nach Wilna. Die letzten Momente unseres Aufenthalts in Riga waren gekommen. Auf dem Bahnhof trafen wir uns mit dem Ehepaar Kukulski, mit Stasia, der Brillenträgerin, und mit Irka. Sie fuhren alle bis Wilna mit, das heißt, wir reisten in Gesellschaft. In einer Hinsicht gefiel mir diese Kompanie nicht. Kukulskis und die anderen hatten enormes Gepäck dabei, im Durchschnitt etwa fünf Koffer pro Nase. Ich würde für niemanden den Träger spielen und selbst auch niemanden um Hilfe bitten. Da redete man von »vereinten Kräften«. Um 9.20 Uhr fuhr der Zug ab. In diesem Augenblick begann ich, an die Verwirklichung meiner Pläne zu glauben. Aber der

Weg ist noch weit. Bis Dwinsk fuhren wir ohne besondere Vorkommnisse. Zu notieren wäre allerdings, daß wir statt um ein Uhr mittags um zehn Uhr abends ankamen. Nachdem wir in einer Ortschaft namens Lenin übernachtet hatten, gingen wir zum Bahnhof von Dwinsk. In unseren Schuhen stand dermaßen das Wasser, daß man leicht Fische darin hätte halten können. Das Wasser ging bis zu den Knöcheln. Nicht so rosig gestaltete sich der nächste Reiseabschnitt: Dwinsk – Wilna. In Richtung Wilna konnte man allenfalls einen zufällig in diese Richtung fahrenden Güterzug bekommen. Nach sechsstündiger Wartezeit und vielen Aufregungen fuhren wir schließlich um drei Uhr nachmittags ab in Richtung Wilna. Während einer Kontrolle – nicht der Fahrkarten, sondern der Dokumente – begann mein Herz wie wild zu pochen. Zwei kräftige, mit Maschinenpistolen bewaffnete russische Soldaten verlangten unsere Papiere. Wir zeigten unsere gefälschten Passierscheine, die aussagten, daß wir als Flüchtlinge in unser Land zurückkehren wollten und daß uns jegliche Hilfe zuteil werden sollte. Einer der Russen drehte und wendete mein Dokument nach allen Seiten, betrachtete es mit ernster Miene, wechselte dann einige Bemerkungen mit seinem Kollegen und wandte sich mit den Worten an mich: »Du gehst zur Armee, nicht wahr?« – »Selbstverständlich, Genosse!« erwiderte ich. Nach 25 Kilometern wieder Umsteigen auf einen anderen Zug, noch eine Nachtfahrt, dann waren wir morgens um sechs Uhr in Swieciny. Die sechs Stunden im Wartesaal vergingen wie im Flug. Um 12.45 Uhr fuhr ein Personenzug nach Wilna ab, das wir um acht Uhr endlich erreichten!

15. Februar 1945
Nachdem wir bei einem Hausmeister in der Mostowastraße übernachtet hatten, gingen wir nach Piarmont. Unser Unterbringungsproblem ließen wir erst mal ruhen. Wilna hat durch den Krieg sehr gelitten. Der flüchtende »Fritz« hat alles verwüstet und gesprengt. Ganze Reihen abgebrannter, rußgeschwärzter Häuser, traurige, verlassene Ruinen. Schnell konnten wir feststellen, daß die Litauer den Polen gegenüber meist feindselig eingestellt waren. Wir fragten einen Mann auf der Straße auf polnisch nach der Adresse des Rekrutierungsbüros. Dieser Mann, der zufällig ein Pole war, antwortete: »Um Gottes Willen, sprecht kein Polnisch, ihr werdet verhaftet und von

der russischen Polizei in einen Zug nach Sibirien gesteckt.« Er zeigte uns den Weg zum Rekrutierungsbüro in der Zygmuntownastraße. Stanisław und ich hatten beschlossen, zur polnischen Armee zu gehen. Nach einer Stunde Wartezeit erhielten wir Einlaßkarten und einen Vorstellungstermin vor der Kommission. Die Sache schien erledigt zu sein. Danach gingen wir stundenlang durch die Stadt und kauften, was man kaufen konnte. Jetzt hatten wir Papiere in der Tasche und brauchten keine Angst zu haben, von der russischen Polizei deportiert zu werden.

18. Februar 1945

Zwei Nächte haben wir in der Zygmuntownastraße geschlafen. Geschlafen? Das sagt oder schreibt sich leicht, in Wirklichkeit konnte man dort kaum Schlaf finden. Das gesamte Haus ist vom Rekrutierungsbüro belegt. Im Keller befindet sich eine kleine Kammer, die einigen jungen Männern aus den umliegenden Gebieten, die vor dem Krieg zu Polen gehörten, als Unterkunft dient. Sie haben sich zur Armee gemeldet und warten auf ihren Transport nach Warschau. Das Schlafen in dem kalten Raum auf nacktem Fußboden ist keine rosige Aussicht. Die Abreise soll in sieben bis zehn Tagen stattfinden. Irka hat alles bestens erledigt. Kurz gesagt, wir sind hier auf der Durchreise.

21. Februar 1945

Die Situation hat sich verändert, aber ich erzähle der Reihe nach: Vorgestern hatten wir uns am Morgen der Kommission vorzustellen. Ich beschloß jedoch, mich zuvor mit einem Oberst zu unterhalten und die Sache im Konsulat zu besprechen. Das Gespräch mit dem Oberst brachte gar nichts. Ich nahm also mit Herrn Wolski Kontakt auf, der sich, wie sich herausstellte, im Konsulat ausgerechnet mit Fragen der Repatriierung beschäftigte. Man setzte uns auf die Liste. Er versprach, alle Ausreiseformalitäten zu erledigen. Nicht nur dies – er gab uns auch die Adresse eines Invalidenheims, wo wir ein Nachtlager fanden. Natürlich waren wir dankbar für seine Hinweise. Nun konnten wir etwas aufatmen. Hier konnte man sich beruhigt schlafen legen, sich auskleiden und die schmerzenden Beine der Länge nach ausstrecken. So verging heute der dritte Tag. Wir bummelten durch die Stadt und schlugen uns den Bauch voll mit allem, was wir kriegen konnten. Ach, ich habe vergessen zu erwähnen, daß gestern der Mann

von Irka, Tadek Kurank, Stasiek Wyszomirski und Edzio aus Riga angekommen sind.
Der von uns belegte Teil des Raums enthielt zwei Eisenbetten und führte zum großen Saal, in dem die Invaliden lebten. Ihre Betten waren der Wand entlang aufgestellt, eines neben dem anderen. Manchen fehlten Beine, andere waren blind, und ich erinnere mich noch an einen, dessen Gesicht völlig entstellt war durch eine Explosion. Er zeigte mir sein einziges Foto von sich, das ihm geblieben war aus der Zeit vor der Verletzung. Ich war erschüttert und begriff in diesem Moment plötzlich, daß wir menschlichen Wesen in Kriegszeiten bestimmt sind zu verderben. Völlig sinnlos müssen wir sterben. Wenn wir davonkommen, leiden wir für den Rest unseres Lebens unter den uns zugefügten Verletzungen. Im Saal war es sehr warm, da er von einigen Öfen geheizt wurde, die ordentlich mit Brennholz versehen wurden.

Allen Freiwilligen der polnischen Armee wurden Zertifikate ausgestellt, um sicherzustellen, daß sie nicht verhaftet oder auf der Straße festgenommen wurden, um entweder nach Sibirien deportiert oder als Hilfskräfte an der vordersten russischen Frontlinie, die nur wenige überlebten, eingesetzt zu werden.

23. Februar 1945
Heute ist der dritte Todestag meines Vaters. Wie völlig anders habe ich den ersten und zweiten Jahrestag begangen, den ersten noch gemeinsam mit Heniek in Tomaszów, den zweiten in Riga, nun den dritten – auf dem Weg zurück nach Tomaszów. Wo werde ich im nächsten Jahr sein? Tausend Erinnerungen drängen sich in meine Gedanken. Wie kostbar sind mir diese vergangenen Augenblicke, mit denen mich nur noch die Erinnerungen verbinden!

3. März 1945
Wie man hört, wird die Abreise nun doch aktuell. Heute morgen erhielten wir im Konsulat die Durchreisevisa. Um drei Uhr müssen wir uns auf dem Bahnhof einfinden. Endlich sitzen wir im Waggon. Wir haben ein Öfchen und Brennholz – d. h. wir richten es uns bequem ein. Von Abfahrt ist noch keine Rede, da nach den Worten des Transportleiters im Moment keine Lokomotive zur Verfügung steht. Jedenfalls geht der mehrtägige Aufenthalt in Wilna unwiderruflich seinem Ende entgegen.

4. März 1945
Um acht Uhr am Morgen wachte ich auf, was nicht heißt, daß ich geschlafen hätte. Erst um sieben Uhr bin ich etwas eingedämmert, der Zug war schon unterwegs. Heute ist Tetka achtzehn Jahre alt geworden. Ich wünsche ihr von ganzem Herzen das Allerbeste. Wer weiß, ob sich meine Wünsche überhaupt noch erfüllen können. Wer weiß, wo sie sich befindet. Ob sie gesund ist? Das gleichförmige Rattern der Räder schläfert einen völlig ein. Besonders nach der durchwachten Nacht. Das Wetter ist phantastisch, der Himmel wolkenlos, die Sonne wärmt, auf den sich vor uns erstreckenden Feldern funkelt der Schnee, glänzt in Tausenden von Lichtreflexen, blendet, wirft goldene Funken. Wir fahren an Bäumen und Strommasten vorbei, die Landschaft verändert sich, die einförmigen Linien am Horizont gestalten sich vielfältiger. In den Ohren das unaufhörlich tönende Rattern der Räder.

7. März 1945
Heute um zehn Uhr morgens erreichten wir den dritten Abschnitt der Reise: Białystok. Dieser Weg gehörte nicht zu den einfachen. Dabei geht es mir nicht um allgemeine Schwierigkeiten, sondern eher um die technische Seite. Unser Waggon, Teil des Evakuierungstransports Wilna–Lukow, besaß keine spezielle Ausstattung zur Beförderung von Personen. Das Gepäck war aufgetürmt bis zur Decke, beschränkte den Platz im Waggon auf einen schmalen Bereich in der Mitte. Wenn man sich vorstellt, daß hier auch das kleine Öfchen – o Wohltat! – stand, in dessen Umgebung es so heiß war, daß man, um sich nicht die Kleidung zu versengen, einen gebührenden Abstand einhalten mußte, ist es verständlich, daß man nicht gerade von Annehmlichkeiten sprechen konnte. Im Wagen befanden sich 27 Personen, er war also so überfüllt, daß – im Scherz gesprochen – einer aussteigen mußte, wenn sich ein anderer kratzen wollte. Morgens um sechs Uhr waren wir in Grodno. Um zehn Uhr abends passierten wir die Grenze. Bis Białystok dauerte diese schreckliche Transportsituation an. Alle zehn Kilometer – sechs Stunden Warterei. Endlich waren wir am Morgen in Białystok. Um die Mittagszeit erhielt ich die Erlaubnis zu einer Fahrt nach Małkinia. Im Augenblick sitze ich auf einem Korb in einem kalten Waggon und warte auf die Abfahrt des Zuges, was übrigens bedeutet, daß der Zug auch in zwei, drei Tagen

abfahren kann. Die Beine halb erfroren, fallen mir die Augen zu. Schlafen. Verdammt, wann geht es endlich weiter?

9. März 1945
Die Entfernung von Białystok nach Małkinia beträgt neunzig Kilometer, das entspricht der Hälfte des Weges nach Warschau. Beim bloßen Gedanken an diese Strecke fange ich an zu frieren. Im kalten, ungeheizten Güterwaggon erreichten wir das Ziel. Pro halber Stunde Fahrt sechs Stunden Stillstand. Dicht zusammengedrängt in einer Ecke, der eine an den anderen geschmiegt, erwarteten wir irgendwie die Morgendämmerung. Zerschlagen und fluchend erreichten wir schließlich unser Ziel. Małkinia – die große Verbindungsstation an der ehemaligen sowjetisch-deutschen Grenze von 1939. Heute ist es völlig zerstört. Ich sah die Eisenbahnabzweigung nach Treblinka – der letzte Weg meiner Mutter. Ich hatte seltsame Gefühle. Erinnerungen an unsere Familie erschienen mir in endloser Abfolge vor den Augen. In meinen Ohren erklang das Lied über Treblinka, das ich im Lager gehört hatte... Nach einem ganzen Tag vergeblichen Wartens auf irgendeinen Zug in Richtung Tłuszcz ging ich schließlich auf die Polizeistation und bat, uns eine Übernachtungsmöglichkeit zuzuteilen. Also übernachten wir in Małkinia.

10. März 1945
Am Morgen wieder unterwegs. Aber kann man das so nennen? Um zwölf Uhr warteten wir auf den Zug. Von zwölf bis zwei Uhr Reisebeginn. Um acht Uhr am Abend haben wir vierzig Kilometer hinter uns. Verdammt! Fast den ganzen Weg standen wir auf der von Schnee bedeckten Ladefläche im Freien. Der Wind blies durch uns wie durch ein Sieb. Vor Kälte klapperten wir mit den Zähnen und stampften so mit den Füßen auf, daß zeitweilig ernsthaft zu befürchten war, daß der Waggon zu Bruch gehen könnte. Noch einen Kilometer von Tłuszcz entfernt, übernachten wir in irgendeiner Bauernkate. Ich nutze diesen Moment und schreibe einige Worte auf. Morgen früh geht es weiter.

15. März 1945
Von Tłuszcz nach Warschau erwischten wir einen Heerestransport. Jetzt veränderte sich die Frage des weiteren Weges überraschend. Der

Zug hielt nicht in Praga an, sondern fuhr bis zum Danziger Bahnhof. In diesem Moment sollte ich die Eindrücke beschreiben, die uns der Anblick auf Powiśle bot, aber mir ist einfach nicht nach Schreiben zumute. Stanisław und ich beschlossen, direkt nach Koluszki zu fahren. Wir verabschiedeten uns von Irka und Stasiek: »Seid gegrüßt, wir sehen uns wieder.« Erneut begaben wir uns auf den Weg. Der Personenzug nach Koluszki sollte kurz vor sechs Uhr abends abfahren. Um sieben Uhr standen wir noch immer auf dem Westbahnhof. Von unserem Zug keine Spur. Erst um vier Uhr morgens fuhr er in den Bahnhof ein. Die Fahrt in der Bremsbude auf dem Güterwagen in einer frostigen Märznacht wäre auch kein Vergnügen gewesen. Endlich rollten wir voran, aber wohin fahren wir? O schlechter Prophet! Um acht Uhr halten wir in Skiernewice. Weiter fährt der Zug nicht. Wieder vier Stunden Warten, dann erwischen wir um zwei Uhr einen Transport nach Koluszki, das wir um acht Uhr abends erreichen. Um neun Uhr ein Zug nach Skarzysko, der – o menschliches Pech! – um ein Uhr nachts in Wykut stehenbleibt, siebzehn Kilometer von Tomaszów entfernt. Der Schlag soll sie treffen! Nach einer weiteren Nacht im Warteraum befinden wir uns um acht Uhr morgens zu Fuß auf dem Weg nach Ujazd. Mit Mühe schleppen wir das Gepäck auf diesem zehn Kilometer langen Wegabschnitt. Endlich in Ujazd, nicht mehr weit von Tomaszów.

Wieder in Tomaszów

Dort gingen wir in die erstbeste Kneipe. Es stellte sich heraus, daß der Besitzer ein alter Bekannter meines Vaters war, Jabłonski. Sein Sohn Stanisław war mein Schulfreund in der zweiten Klasse. Also der erste Bekannte auf Tomaszower Boden. Als wir Starzyce erreichten, erblickte ich unser Haus, während ich die alte Strecke der Zwangsarbeit ging. Mich drängte es nach Hause, schon erreichte ich das Brückchen über die Wolbórka.

Ich erinnere mich an den Anfang des September 1939, als sich die versprengte polnische Armee auf dem Rückzug nach Warschau befand. In den frühen Morgenstunden erwarteten wir die polnische Gegenoffensive. Ich weiß noch, wie wir zu viert, junge Leute unterschiedlichen Alters, vor dem Haus neben dem Tor standen, an die

Die Familie von Stanisław Grosman in Tomaszów, vor 1939.

Mauer gelehnt, und jemand sagte: »Die polnischen Panzer fahren von Warschau ab, um die Deutschen zu schlagen.« Ich sehe noch vor mir, wie wir die Taschentücher aus den Hosentaschen zogen und begannen, damit herumzufuchteln, indem wir die Hände über den Kopf hielten. Tatsächlich näherte sich eine lange Kolonne von Panzerfahrzeugen, als kämen sie aus der Warschauer Richtung. In Wirklichkeit waren es die deutschen Panzer, die an Tomaszów vorbeigefahren waren, als sie die sich zurückziehende polnische Armee verfolgten, und jetzt umkehrten, um Tomaszów einzunehmen. Ich erinnere mich, wie plötzlich eine Salve von Maschinengewehrfeuer ratterte und der Zementmörtel, von den Kugeln lediglich Zentimeter über uns durchsiebt, uns auf Kopf und Schultern rieselte. Da begriffen wir, daß das keine befreundeten Panzer waren und daß es nur noch um Leben oder Tod ging. Wir ließen uns mit dem Gesicht nach unten auf die Erde fallen und krochen zum Tor, um Schutz im Gebäude zu suchen.
Jetzt erinnere ich mich, daß die grauen Panzer mit den schwarzen Kreuzen vorn auf der Panzerplatte an unserem Haus vorbeidröhnten und auf alles, was sich bewegte, schossen. Ich weiß noch, daß der Sohn unseres Bäckers, der sich nicht schnell genug in Sicherheit brachte, erschossen wurde. Er lag in einer Blutlache auf dem Gehweg genau vor unserem Haus. Ich kam zum ersten Mal mit Blut in Berührung, mit dem ich später, als es reichlich floß und Tausende Seelen mit sich riß, so vertraut werden sollte. Jetzt überquerten wir die Brücke, und nach weiteren fünfzig Metern standen wir vor unserem Haus, an demselben Ort, den ich vor nicht ganz zwei Jahren in der Kolonne der Deportierten verlassen mußte, bestimmt für Bliżyn. Erhobenen Hauptes ging ich wie ein Sieger durch das Tor. Unter seinem Bogen – auch die alten Römer wurden durch einen Triumphbogen begrüßt – fühlte ich die Kraft und Stärke der siegreichen Rückkehr in mir, ohne Trompeten, ohne Hochrufe, ohne Lobredner. Mit Stanisław trat ich durch dieses Triumphtor, und wir gingen ins Haus zur Wohnung von Odzimeks, unseres Hausmeisters. Dort stellte sich uns irgendeine Frau Kulakowska vor. Ich teilte ihr mit, daß ich nach zweijähriger Vertreibung und heimatlosem Herumwandern zurückgekehrt sei. Jan Odzimek und seine Frau schauten mich an und riefen aus: »O mein Gott, das ist doch der junge Bierzyński!«
Den ersten Tag verbrachte ich bei ihnen. Stanisław ging zur ehemaligen Wohnung seiner Familie und wurde von polnischen Nachbarn

aufgenommen. An diesem Tag traf ich noch drei weitere Flüchtlinge, die hierher zurückgekommen waren. Alle drei – ich erinnere mich nicht an ihre Namen – hatten mit mir in der Schreinerei gearbeitet und waren später auch in Bliżyn gewesen. Von ihnen erfuhr ich, daß sich nach meiner Flucht im Lager nichts geändert hatte. Etwa eine Woche später räumten Kommandant Nell und seine Gruppe einer anderen Lagerverwaltung das Feld, und das Arbeitslager wurde zum »Konzentrationslager Bliżyn«. Diese Veränderung rettete meinem Bruder und seiner Frau das Leben, die wegen des Besitzes gefälschter Papiere, die ihnen Herr Wrona gebracht hatte, angeklagt worden waren. Nach ihrer Entlassung aus dem Lagerspital antwortete der neue Kommandant auf die Frage, weshalb er nicht den Befehl gegeben hätte, sie zu erschießen: »Die beiden sind so gut wie tot. Hier überlebt keiner. Es wäre schade um die Kugeln.«

Ende März oder Anfang April brach im Lager eine Typhusepidemie aus. Viele starben daran. Eines der Opfer war auch Tetka. Sie starb in der Krankenbaracke, wohin man sie brachte, als ihr Fieber bemerkt wurde. Während ich diese Worte schreibe, steht ihr Tod unwiderruflich fest. Sie war ein Teil meines Lebens; das Kapitel unserer reinen Liebe ist auf immer geschlossen und versiegelt, das Kapitel eines großen Glücks. War es Glück? Ich schaue auf dein Foto, Tetka. Deine Augen blicken mich aus dem Bild an. Du warst die einzige, die wußte, wie groß meine jugendliche Liebe zu dir war. Am 31. Mai 1944 wurden mit Ausnahme von vierzig Häftlingen alle aus Bliżyn nach Auschwitz deportiert. Von den vierzig Zurückgebliebenen flüchteten vier durch einen von ihnen entdeckten Tunnel: Sieradzki, Zołtowski, Grynszpan und Boim. Ob sie überlebt haben? Auschwitz! Eine neue Tragödie der Übriggebliebenen aus Tomaszów. Als sich die Front näherte und die Russen immer näher an Auschwitz herankamen, wurden alle Arbeitsfähigen nach Deutschland geschafft. Dieses Schicksal erlitten mein Bruder Heniek, seine Frau Halinka, ihre Schwester Roma und deren Mann Rudek, Romas Mutter, Tetkas Bruder Marys, ihre Kusine Hela und viele andere. Nur eine kleine Gruppe von Müttern und Kindern, Krüppeln und Kranken, die für das Krematorium bestimmt waren, wurden von sowjetischen Panzern befreit.

Rückkehr nach Bliżyn

26. März 1945
Am 23. März fuhr ich nach Bliżyn. Um zwei Uhr saß ich im Zug. Ich folgte der Spur, auf der ich vor zwei Jahren wandelte. Zwei Jahre, wie die Zeit davongerast ist. Mir scheint, ich hätte erst unlängst mit Tetka im Viehwaggon gesessen. Tetka! Nicht lange hielt ich mich in Bliżyn auf. Ich sah die bekannte Chaussee in Richtung Końskie, erinnerte mich an das Haus und den Landwirt, auf dessen Feld wir die Abfälle von Bliżyn gebracht haben. »Gibt es Brot?« – das war die erste Frage. Ich lächelte über diese etwas traurige Erinnerung. Bliżyn. Nach wenigen Minuten war ich beim alten Wrona. Er begrüßte mich herzlich, aber ich konnte mich nicht setzen, und nach einigen Minuten ging ich schon los – nach Bliżyn, zum Lager. Ich passierte das Polizeiwachhäuschen, an dem ich so viele Male vorbeikam, eskortiert von einem deutschen SS-Mann, wendete mich nach links und ging an dem Stacheldraht entlang in Richtung Lagereingang. Schon passierte ich das Tor. Ich befand mich im Konzentrationslager Bliżyn! Langsam blickte ich mich um. So viele Bilder standen mir vor Augen: So sieht die Vergangenheit aus. Die tragische Vergangenheit aus der Perspektive der sicheren Gegenwart. Kommandant Nell, Händele, Werner traten wie gespenstische Schatten aus den aufsteigenden Erinnerungen. Hier und heute, wenn wir mit gleichen Menschen- und Bürgerrechten hier stehen, komm heraus, verfluchter »Fritz«, und stell dich dem ehrlichen Kampf! Die Faust soll sich mit der Faust messen! Gemeiner Feigling! Vor Frauen, Kindern und solchen, für die es kein Lebensrecht gab, hast du dich als Held aufgespielt! Feigling! Die Stunde der Abrechnung ist da. Die Stunde der Rache! – Tetka, für dein Leid!

8. April 1945
Die Ostertage habe ich mit Stanisław zusammen in Warschau verbracht. Irka hat uns sehr herzlich aufgenommen. Ich konnte einige der Schmuckstücke verkaufen, die in der Piekarskastraße in Tomaszów versteckt waren. Stasiek Wróbel fuhr mit uns nach Tomaszów zurück. Er und Stanisław Grosman wollen sich [morgen] nach Gdingen aufmachen. Seit zwei Tagen nehme ich wieder am Unterricht meines alten Gymnasiums teil, leider nur in der vierten Klasse. Vielleicht gelingt es mir noch, in die zweite zugelassen zu werden. Man wird sehen.

Als ich vor einigen Tagen mit Stanisław durch Warschau schlenderte, erblickten wir einen Mann, der mit einem offenen Koffer voller Krawatten dastand. Ich schaute ihn mir an und sagte zu Stanisław: »Das ist Professor Lembke, mein Lateinlehrer.« Er erwiderte: »Das ist doch ein Volksdeutscher. Dem zeig ich es, diesem Hurensohn.« Er rief einen polnischen Polizisten herbei und erklärte: »Das ist ein Deutscher, verhaftet ihn.« Sie gingen auf Professor Lembke zu. Mir schlug das Herz bis zum Hals. Ich wußte, daß Professor Lembke unschuldig war und sich sicherlich aus Angst vor Verfolgung in Warschau versteckte. In meinem gebrochenen Russisch wandte ich mich an den Polizisten: »Ich bin vom NKWD, dem Geheimdienst. Ich kümmere mich schon um den, danke.« Meine Stimme hatte offensichtlich ziemlich entschlossen geklungen. Auch die Tatsache, daß ich eine Kosakenmütze auf dem Kopf trug, machte wohl den entsprechenden Eindruck. Der Polizist salutierte, drehte sich auf dem Absatz um und ging weg. Stanisław hatte es die Sprache verschlagen. Ich flüsterte ihm zu, daß er Ruhe geben solle, bat Professor Lembke um Entschuldigung für diesen unangenehmen Zwischenfall und wünschte ihm Erfolg. Wir gingen beide weiter. Stanisław war jedoch unversöhnlich: »Schau doch, was sie mit uns gemacht haben, schuldig oder nicht schuldig!« Ich antwortete: »Verzeih ihm, er war doch mein Lehrer. Gerade haben wir uns noch unter falschen Papieren versteckt, jetzt tut er es. Das ist Strafe genug für ihn. Ich bin sicher, daß er niemandem geschadet hat. Laß ihn, ich bitte dich.«

Ein Brief von Roma

10. Juli 1945
Ausgerechnet heute bekam ich wieder Lust, ein paar Worte in mein scheinbar vergessenes Erinnerungsbuch einzutragen. Neustadt-Glewe – hätte irgend jemand vermuten können, daß ich hier meine Angehörigen beweinen würde? Aber so ist es. Ich bin nach Neustadt-Glewe gefahren, um die Familie von Roma zu finden: ihre Schwester Halinka, die Frau meines Bruders, und ihre Mutter sollten sich angeblich hier aufhalten. Nach mehrtägigem Herumschlagen auf Bahnhöfen erreichte ich Neustadt-Glewe um neun Uhr. Entsprechend meiner Information ging ich zum Städtischen Krankenhaus. Im Sekretariat

erklärten sie mir, daß sich Halinka vermutlich im hiesigen Lazarett befand, vor einer Woche sei es aber in den Osten verlegt worden. Mein Herz wurde schwer: Was, wenn meine Hilfe zu spät kommt und das Ende schon da ist? Entschlossen, eiligen Schrittes ging ich hinauf. Noch ein paar Augenblicke, und alles wäre geklärt.
Halinka starb am 20. Juni 1945 an Tuberkulose. Meine Augen wurden hart wie Glas. Verfluchtes Schicksal! Wie lange werde ich auf meinem Lebensweg noch auf Gräber stoßen? Kalt, gefühllos und ohne Tränen stehe ich an Halinkas Grab. Es scheint, als sei es ein anderer Mensch, der hier steht, denn ich kann wohl kaum so hart sein.

Halinka Bierzyńska, geb. Aronson,
aus Tomaszów Maz., Polen
18. 12. 1920–20. 6. 1945

Ich stehe versteinert da. »Omnia sub leges mors vocat atra suas«. Aber warum sie? Warum nur ist das Schicksal so ungerecht und zerschlägt mit brutaler Rücksichtslosigkeit das Glück der Menschen? Das Grab ist sorgfältig gepflegt. Wieviel Mühe haben Zosia und Roma darauf verwendet? Wieviel Tränen sind über ihm geflossen? Roma und ihre Mutter Zosia wurden vor dem endgültigen Rücktransport nach Polen in die Tschechoslowakei zur Gesundheitskontrolle gefahren, wahrscheinlich nach Preßburg. Ich nehme etwas Erde vom Grab und Blumen zum Andenken mit. Vielleicht für Heniek? Von Roma ist folgender Brief, der an meinen Bruder gerichtet ist, überliefert:

Ankunft in Neustadt-Glewe. Wegen Platzmangels halten sie uns eine Woche lang in einem schrecklichen Schuppen. Halinka wird immer schwächer, sie sieht sehr schlecht aus und weint viel. Wir kommen ins Lager, aber die Bedingungen werden nicht besser. Schrecklicher Hunger. Halinka hustet, bekommt Fieber, hat die Grippe. Ende März geht sie auf das Krankenrevier. Ich habe damit gerechnet, daß dort bessere Bedingungen herrschen, aber leider ist es dort sehr übel. Gleichzeitig begibt sich auch Mutter, fast zu Tode erschöpft, in den Krankensaal, in dem auch Halinka liegt. Nach einigen Tagen geht es Mutter besser. Sie steht auf und pflegt Halinka bis zum letzten Tag. Am 2. Mai kommt die Freiheit zu uns, die so sehr ersehnte Freiheit. Von diesem Tag an hat Halinka alles, was sie sich wünscht. Leider geht es ihr weiterhin schlecht. Sie wird ständig schwächer und die Temperatur erreicht 39 Grad. Nach einigen Krankheitstagen wird sie in das Städtische Krankenhaus aufgenommen. Dort sind die

Bedingungen sehr gut. Aber die Tuberkulose hat sich in ihrem Organismus eingenistet. Die Krankheit schreitet schrecklich fort, sie quält sich sehr. Am 20. Juni stirbt sie. Wir haben sie auf dem hiesigen Friedhof begraben, ein Täfelchen aufgestellt, setzten Blumen, und das war alles, was man für unsere so geliebte Halinka tun konnte! Lieber Heniek, ich kann dir nicht beschreiben, wie schlecht es mir ohne sie geht, wie sie mir auf Schritt und Tritt fehlt. Und Mutter sehnt sich so, sie leidet so sehr, es war doch ihre meistgeliebte Halinka. Ich schreibe Dir das alles, weil ich nicht weiß, wann und ob wir uns wiedersehen werden, aber Du mußt die Wahrheit, diese für Dich so tragische Wahrheit, wissen, also ist es besser, wenn Du sie von mir erfährst. Wir haben sie alle sehr geliebt. Du und ich und Mutter. Wir träumten von dem Augenblick, wenn wir den Krieg überlebt haben und wieder mit unseren Männern zusammen sein würden. Das Schicksal hat uns dies leider nicht zugedacht. Das Schicksal war gemein und grausam zu uns. Heniek, Du hast glücklicherweise einen Bruder. Ignac ist ein wunderbarer Junge. Er ist erwachsen und gutaussehend, ein tapferer, tüchtiger junger Mensch. Du kannst stolz auf ihn sein. Im März ist er von Riga nach Tomaszów zurückgekommen, ist aber nicht hier hängengeblieben. Er unternahm verschiedene Reisen: Danzig, Lodz, Breslau. Im Juni erfuhr er, daß wir mit der kranken Halinka in Neustadt sind. Sofort ist er zu uns gekommen, aber leider zu spät. Halinka war nicht mehr am Leben, und wir waren schon auf dem Weg nach Tomaszów. Er besuchte nur Halinkas Grab und fuhr zurück. Und hier haben wir uns getroffen. Momentan ist er aus beruflichen Gründen in Breslau. Er hat folgende Pläne: Er möchte zu Dir fahren, um mit dir zu eurem Onkel auszuwandern. Bleib daher an Ort und Stelle. Warte auf ihn! Fahr auf keinen Fall hierher, leider lohnt es sich nicht. Ignac wird in der nächsten Woche in Tomaszów sein und von meinem Brief an Dich erfahren. Und jetzt erwarte ich eine andere Tragödie. Von meinem Mann habe ich bis jetzt keinerlei Nachricht. Von Tetka habe ich nur erfahren, daß er im vergangenen Jahr mit ihnen zusammen war. Das ist alles. Ich bitte Dich, mein Lieber, erkundige Dich überall, was mit ihm ist oder was mit ihm war. Ich bin verzweifelt, daß ich keine Nachricht habe. Ich gebe mich der trügerischen Hoffnung hin, daß er noch lebt, aber es zieht sich alles so hin, daß ich nicht weiß, was ich davon halten soll. Mutter und ich sind hier. Wir wohnen in Deinem Haus und in Deiner Wohnung. Seit einigen Tagen arbeite ich als Chemikerin in Wilanów. Das ist alles. Die Bilanz ist schrecklich. Nie hätte ich gedacht, daß es so tragisch sein könnte. Leiden ohne Ende. Sei gesund und tapfer. Der Wunsch Deiner geliebten Frau möge Dich begleiten – daß Du den Krieg überlebst. Das Bewußtsein, daß wenigstens Du lebst, wäre für sie sehr tröstlich.

Schreib uns bei Gelegenheit. Wenn Du nur irgend etwas über meinen Rudek erfährst, gib ein Zeichen.
Ich umarme und küsse Dich herzlich.
Roma

Hier endet das Tagebuch. Ich verließ Neustadt-Glewe. Die Rückkehr nach Tomaszów war emotional traumatisch. Zum einen war ich zwar glücklich, wieder in meiner Heimat in Polen zu sein, andererseits aber mischte sich dieses Gefühl mit den leidvollen Erinnerungen an die schweren Zeiten und die Enttäuschungen, die ich erfuhr, wegen der Verständnislosigkeit und mangelnden Zusammenarbeit, die meine polnischen Landsleute während meines Aufenthalts in Warschau und Riga zeigten. Mir wurde bewußt, daß Tomaszów für mich nur ein Sprungbrett in die Zukunft sein würde, die ich damals noch nicht fühlen oder voraussehen konnte. Die erste Nacht verbrachte ich in der Wohnung unseres Hausmeisters. Die Bemühungen, in unsere frühere Wohnung im zweiten Stock desselben Gebäudes wieder zurückkehren zu können, beschäftigten mich einige Tage.
Es war wohl am zweiten oder dritten Tag, jedenfalls nicht lange, nachdem ich mit Stanisław nach Hause gekommen war. Auf dem Dachboden des Hauses, in dem Heniek und Halinka vor der Deportation nach Bliżyn gewohnt hatten, waren meine Briefmarkensammlung, Familienfotos und verschiedene Andenken versteckt. Unter diesen Sachen befand sich auch ein Ohrring meiner Mutter sowie ihr Verlobungsring. Stanisław und ich gingen zusammen zu diesem Haus, das inzwischen von einer polnischen Familie bewohnt wurde, und baten um die Erlaubnis, auf den Dachboden zu steigen. Die neuen Bewohner ließen dies nur ungern zu, und sie kündigten an, daß wir, falls wir dort irgendwelche Schätze finden würden, sie mit ihnen teilen müßten. Sie folgten uns und sahen zu, wie ich meine Sachen hervorholte. Ich zeigte ihnen die Bilder und Briefmarken, aber die Schmuckstücke versteckte ich. Sie waren nicht viel wert, aber für mich aus Gefühlsgründen kostbar. Den Ring mit einem kleinen Brillanten habe ich in Warschau verkauft, als ich über Ostern mit Stanisław dort war und wir meinen Lateinlehrer getroffen haben. Dies waren unsere ersten Erfahrungen in Tomaszów.

Der Tod meines Vaters

Natürlich habe ich meine alte Briefmarkensammlung noch, und unsere Familienfotos hängen bei mir und meinem Bruder Heniek zu Hause an den Wänden. Ich erinnere mich, wie ich in Tomaszów durch die Straßen schlenderte, die manchmal schon andere Namen hatten, Geschäfte ansah und mich mit Leuten über die Vergangenheit unterhielt. Der Krieg hatte meine Altersgenossen zerstreut, und keiner von denjenigen, an die ich mich erinnerte, war zu Hause. Von den älteren Menschen kannte ich nur wenige in dieser Stadt, und die, die ich ansprach, erkannten mich nicht oder erinnerten sich nicht an mich. Daher fühlte ich mich in meiner Heimatstadt ein wenig fremd. Ich besuchte mein altes Gymnasium in der Mościckistraße und unterhielt mich mit dem Direktor, der sich sehr für mich und meine Geschichte interessierte. Schnell gelang es ihm, meine Papiere im Schularchiv herauszusuchen. Ich sah meinen Namen, der bei den Prüfungsergebnissen auftauchte. Das war nett und freundlich. Ich schrieb mich in einen Wiederholungskurs ein, und sogleich am ersten Tag in dieser Schule traf ich einen ehemaligen Klassenkameraden, mit dem ich auf einer Schulbank gesessen hatte, Przemysław Burchard. Genau wie ich war er in seine Heimatstadt zurückgekehrt. Sein Vater, Offizier der polnischen Armee, war von den Deutschen deportiert worden und umgekommen, ohne irgendeine Spur zu hinterlassen. Wir sahen uns überrascht an. Es sollte sich herausstellen, daß wir uns viel zu erzählen hatten, obwohl nach der Begrüßung zunächst einmal Schweigen zwischen uns herrschte – vielleicht, weil der Krieg unsere Ansichten verändert hatte und wir zu diesem Zeitpunkt unsere Gedanken nicht preisgeben wollten. Später wurde er ein in Polen bekannter Autor vieler Geographie- und Reisebücher, in denen er seine Erfahrungen in verschiedenen Ländern beschreibt.
Einige Tage nach meiner Rückkehr ging ich auf den Friedhof und fand die Grabstätte meines Vaters. Das waren sehr schwere Augenblicke. Ich brachte sein Grab in Ordnung, stellte ein Täfelchen mit seinem Namen auf und setzte einige Sträucher. Ich erinnerte mich an seinen Tod am 23. Februar 1942. Man hatte mir gesagt, daß er an Typhus starb, um vier Uhr nachmittags, in der Abteilung für ansteckende Krankheiten, zu der keine Außenstehenden zugelassen waren. Ich sah, wie sie seinen toten Körper aus dem Spital hinaustrugen in eine

provisorische Leichenhalle. Sein Leichnam war mit einem schwarzen Leinentuch bedeckt, das weggerutscht war und seinen kahlen, grauhaarigen Kopf enthüllte. Meine Mutter und ich standen etwa dreißig Meter entfernt. Sie weinte. Anschließend kehrten wir nach Hause zurück in die Rolnastraße 6, wo wir damals in einem kleinen Haus wohnten, das früher Professor Grębecki, unserem Polnischlehrer, gehört hatte. Die Uhr an der Wand stand still und zeigte genau die vierte Stunde an – die Todesstunde meines Vaters. Ich weiß noch, wie sehr meine Mutter davon erschüttert wurde und von neuem in Tränen ausbrach. Sie setzte sich unter die Uhr und rührte sich bis in die frühen Morgenstunden nicht von der Stelle. Später sagte sie, daß sie gefühlt hatte, wie der Vater aus dieser Uhr zu ihr sprach. Zu diesem Zeitpunkt lag mein Bruder Heniek ebenfalls an Typhus erkrankt im Hospital, aber er konnte sich von dieser Krankheit wieder erholen.

Am 13. März 1945 erhielt ich vom Magistrat eine Bescheinigung, eine Art Personalausweis. Darin wurde festgestellt, daß ich »aus einem Versteck zurückgekehrt bin«. Ich wollte nicht meine wirklichen Erlebnisse unter dem falschen Namen Bielicki angeben, da ich befürchtete, die sowjetischen oder polnischen Behörden könnten mir Schwierigkeiten machen wegen Desertation von der sowjetisch-lettischen Eisenbahn und danach aus dem sowjetisch-polnischen Freiwilligenkorps in Wilna. Ich kehrte zu meinem echten Namen Bierzyński zurück, der damals allerdings ohne »r« geschrieben wurde, was in der Aussprache keinen Unterschied macht. Später schrieb ich mich aus irgendwelchen Gründen mit »rz«, wohl deshalb, weil diese Schreibweise in den Immigrationspapieren nach Australien auftauchte.

Meine Wohnung bestand nur aus einem Zimmer, das mir offiziell am 17. März 1945 vom Wohnungsamt des Magistrats in Tomaszów zugeteilt wurde. Mit Stolz bezahlte ich die Stromrechungen, die auf meinen Namen ausgestellt waren. Etwa ab Mitte April 1945 bemühte ich mich, unser Eigentum in der Antoniegostraße zurückzubekommen. Dies kam schließlich 1947 zum Abschluß durch meinen Bruder Heniek, der der Eigentümer wurde, nachdem ich ihm aus Mailand die Vollmacht durch einen Anwalt hatte übertragen lassen. Ich hatte ihn außerdem bevollmächtigt, beim Verkauf des in der Piłsudskistraße Nr. 2 gelegenen Eigentums unseres Onkels in meinem Namen zu handeln.

Die Frage der Bildung und Ausbildung nahm in allen meinen Bestrebungen immer einen hohen Rang ein. Ich erinnere mich an die Worte meines Vaters, die er mir einmal sagte, lange vor dem Krieg, als ich noch ein kleiner Junge war: »Was du gelernt hast, gehört dir. Niemand kann es dir wegnehmen. Materielle Güter kann man erwerben und wieder verlieren.« Sobald mein Wohnungsproblem gelöst war, nahm ich mit Lehrern meiner ehemaligen Schule Kontakt auf und bat sie um eine Teilnahmebescheinigung am »geheimen Unterricht«. Die Dokumente wurden zuerst handschriftlich, dann maschinengeschrieben am 16. Juli 1945 vom pensionierten Direktor des staatlichen Gymnasiums, Professor J. Byłczyński, und der Erziehungsministerin, Janina Kazkówna, ausgefertigt. Dadurch hatte ich nun einen Beweis dafür, daß ich von 1941 bis 1942 die Untergrundschule von Tomaszów besucht hatte.

Damals war es verboten, daß sich mehr als fünf Personen, die nicht zu einer Familie gehörten, in einer Wohnung versammelten. Unsere »Klasse« bestand aus bis zu zehn Schülern, die jeden Tag von je einem Lehrer unterrichtet worden waren. Die jeweiligen Lehrer nahmen an einem Tag so viel Stoff durch, daß es für die ganze Woche reichte. Um keinen Verdacht zu erwecken, trafen wir uns jeden Tag in einer anderen Wohnung. Wir schlichen uns einzeln, im Abstand von einigen Minuten zwischen acht und neun Uhr morgens, zu dem vereinbarten Ort und verließen ihn auf dieselbe Art zwischen halb vier und halb fünf Uhr am Nachmittag. Jeder Schüler hatte einen auf die Minute exakten Zeitpunkt seiner Ankunft und seines Weggangs, der genauestens berechnet war. Die Bücher trugen wir unter dem Mantel versteckt. Es gab kein Lernmaterial, aber der Unterricht war uns sehr kostbar. Wir waren alle hochmotiviert. Trotz all der Schwierigkeiten um uns herum lernten wir eifrig. Die Papierknappheit war so groß, daß einer von uns sogar die leeren Ränder von Zeitungen für seine Notizen benutzte. Am Ende des Jahres 1941 mußten wir unsere Unterrichtszeit auf zwei Stunden täglich reduzieren, weil die Verfolgung immer schärfer wurde und jeder verpflichtet war, für die deutschen Okkupationsbehörden zu arbeiten. Zuerst war ich als Holzarbeiter beschäftigt und sägte Holzbretter auf anderthalb Meter Länge. Diese Arbeit machte ich mit einem anderen Schüler namens Roman Lindenfeld. Später bekam ich einen Arbeitsplatz in der »Tischlerei OT« – das war eine Schreinerwerkstatt und Kistenfabrik an der Stolarska- und Krzyżowastraße.

Aus meiner Untergrund-Schulzeit erinnere ich mich noch an die Namen einiger Lehrer und Schüler. Professor Różycki, den die Schüler vor dem Krieg »Kuc« genannt hatten, erteilte uns Mathematikunterricht, Professor Sanina gab Physik und Chemie, Frau Kronenberg lehrte Geschichte, Latein und Sprachen. Meine Schulkameraden waren u. a. Roman, Ela Brenner, Rysia Berliner und Zosia, die Tochter von Professor Różycki. Es gab noch mehr Schüler in dieser Gruppe, aber einige von ihnen gingen weg und andere kamen hinzu.
Stanisław und mir wurde schnell klar, daß ein Leben im kommunistischen Polen keine großen Möglichkeiten für zwei Abenteurer bereithielt, die ohne einen Pfennig in der Tasche aus der Ferne zurückgekehrt waren, ohne zu wissen, was sie erwartete und wie sie aufgenommen werden würden. Wir hatten niemanden, der uns half und mit Rat und Tat zur Seite stand, niemanden, der uns leitete. Was wir besaßen, war unsere Freiheit und ordentliche Dokumente, und wir befanden uns wieder auf dem sicheren Boden unserer Heimat. Aber was nun? Ich besuchte meinen Unterricht und erhielt ein Schulabschlußzeugnis, Stanisław entschloß sich zu reisen, um die Möglichkeiten in Gdingen oder Danzig zu erkunden. Er hatte Glück und konnte sich finanziell absichern. Mit Hela, seiner Frau, die er in Bergen-Belsen ausfindig gemacht hatte, zog er nach Berlin. Mein Kontakt zu ihnen riß ab, wurde aber 1949 wieder aufgenommen, als Stanisław und Hela, die mit ihrem ersten Kind Rita schwanger war, eines Tages in Sydney vor meiner Tür standen.

Breslau – Warschau – Mailand

Mein Aufenthalt in Tomaszów war finanziell schwierig, so daß ich beschloß, weiter nach Westen zu ziehen, im Rücken der siegreichen Armee, um mein Glück in Breslau zu versuchen. Am 16. Mai 1945 erhielt ich eine Bescheinigung, daß ich berechtigt war, mich in Breslau niederzulassen. Am 28. Mai 1945 begann ich dort meine Tätigkeit als Inspektor des Häuser-Dezernats des Breslauer Rathauses, Anfang August 1945 wurde mein Fahrrad registriert. In dieser Zeit machte ich einige Fahrten nach Warschau und Lodz, wo es zu einem Wiedersehen mit Zenek Neumark, seiner Tante Marysia und Maciej kam. Maciej war der Besitzer der Essigfabrik, in der Stanisław und ich nach

Ignatius Burnett (einstmals Ignacy Bierzyński) als frisch gebackener Dr. Ing. in Sydney.

unserer Flucht aus Bliżyn Zuflucht gefunden hatten. In Warschau lernte ich meine spätere Frau Helen Birnbaum kennen. 1954 wurde unser Sohn Leslie in Sydney geboren.
Lange Diskussionen mit Zenek und Marysia brachten mir Klarheit über meine Zukunftspläne. Zenek hatte damals vor, seine Schwester Rena, die verschiedene Konzentrationslager überlebt hatte und in Deutschland geblieben war, zu besuchen. Ich entschloß mich, zusammen mit Zenek und Helen Polen zu verlassen und nach Mailand zu gehen, wo seit vielen Jahren Zeneks Onkel lebte. Sein Name war Enrico Rosenbaum, und er besaß die Firma Poly-Photo. Helen hoffte damals, zu ihrer Schwester Lotti in die USA auswandern zu können. Ihre Familie stammte aus Deutschland, das sie wegen der Judenverfolgung vor dem Krieg verlassen mußte. Die Reise quer durch Europa verlief über Kattowitz (Polen), Landsberg und Augsburg, wo ich mich mit Zenek, Rena und Helen von etwa November 1945 bis Mitte Januar 1946 aufhielt. Über Mittenwald und den Brennerpaß erreichten wir schließlich Italien, wo wir uns in Mailand für einige Zeit niederließen. Dort heirateten Helen und ich, und wir begannen zu studieren. Das »Landing Permit« vom 23. Dezember 1946 öffnete uns das Tor zur Einwanderung nach Australien. Am Morgen des 22. September 1947 kam ich in Sydney an.

Abbildungsnachweis

Das Foto auf S. 124 wurde von Herrn Przemysław Burchard, Warschau, zur Verfügung gestellt. Der Abdruck erfolgt mit seiner freundlichen Genehmigung.

Alle übrigen Abbildungen stammen aus dem Besitz des Autors.

Lebensbilder
Jüdische Erinnerungen und Zeugnisse
Herausgegeben von Wolfgang Benz

Erich Leyens/
Lotte Andor
Die fremden Jahre
Erinnerungen
an Deutschland
Band 1
Band 10779

Eric Lucas
Jüdisches Leben auf dem Lande
Eine Familienchronik
Band 2
Band 10637

Recha Rothschild
Verschlungene Wege
Identitätssuche
einer deutschen
Jüdin
Band 9: Bd. 12239

Armin und
Renate Schmid
Im Labyrinth der Paragraphen
Die Geschichte
einer gescheiterten
Emigration
Band 6: Bd. 11467

Ladislaus Szücs
Zählappell
Als Arzt im Konzentrationslager
Band 11: Bd. 12965

Arnon Tamir
Eine Reise zurück
Von der Schwierigkeit, Unrecht wiedergutzumachen
Band 5
Band 11466

Renata Yesner
Jeder Tag war Jom Kippur
Eine Kindheit im
Ghetto und KZ
Band 10
Band 12770

Fischer Taschenbuch Verlag

fi 1712 / 1 b